煤炭企业可持续供应链运行机制研究

曾旗　周杨　著

河南大学出版社
HENAN UNIVERSITY PRESS
·郑州·

图书在版编目(CIP)数据

煤炭企业可持续供应链运行机制研究 / 曾旗,周杨著. -- 郑州:河南大学出版社,2024.6. -- ISBN 978-7-5649-5962-3

Ⅰ. F426.21

中国国家版本馆 CIP 数据核字第 2024CZ7555 号

煤炭企业可持续供应链运行机制研究

MEITAN QIYE KECHIXU GONGYINGLIAN YUNXING JIZHI YANJIU

责任编辑	张雪彩
责任校对	林方丽
封面设计	马 龙

出 版	河南大学出版社		
	地址:郑州市郑东新区商务外环中华大厦 2401 号	邮编:450046	
	电话:0371-86059701(营销部)	网址:hupress.henu.edu.cn	
排 版	河南大学出版社设计排版中心		
印 刷	广东虎彩云印刷有限公司		
版 次	2024 年 6 月第 1 版	印 次	2024 年 6 月第 1 次印刷
开 本	710 mm×1010 mm 1/16	印 张	18
字 数	304 千字	定 价	48.00 元

(本书如有印装质量问题,请与河南大学出版社营销部联系调换。)

前　　言

煤炭作为我国的主要能源资源,对于经济发展和能源安全具有重要意义。然而,在煤炭企业供应链的运行过程中逐渐出现了一系列问题。煤炭开采、运输和利用环节可能导致环境污染、资源浪费和安全风险、社会问题等挑战,而且供应链各环节之间的协调与整合也存在困难。目前,已有的政策法规和研究成果主要集中于宏观指引,缺乏对煤炭企业供应链实际问题的深入研究。因此,引入可持续供应链管理视角对煤炭企业的供应链运行机制进行研究具有重要现实意义。本书旨在提高煤炭企业供应链运行效率与稳健性,为相关主体的决策制定和调整提供理论参考与量化依据。通过研究煤炭企业可持续供应链中的关键节点、流程和参与方,探讨优化可持续供应链运作的策略与方法,以解决煤炭企业在环境、经济和社会责任方面面临的挑战,推动煤炭产业向可持续发展的方向转变。

本书基于煤炭企业可持续供应链内涵和不同发展阶段特点及存在的主要矛盾,构建了煤炭企业可持续供应链运行机制的系统框架。基于该系统框架,首先,针对煤炭企业内外部驱动因素构建了煤炭企业可持续供应链驱动机制模型,明晰了内在驱动机理;其次,针对探索阶段收益分配问题,运用成本共担契约,考虑供应链管理商联合减排,构建了完全信息下斯塔克尔伯格动态博弈模型,分析了不同情形下成本共担比例对收益分配的优化协调机制;再次,在优化阶段,将政府监管引入煤炭生产商和供应链管理商双方演化博弈,构建了三方主体协同合作演化博弈模型,并分析不同因素对于可持续供应链实现全面协调可能性及协调方式的影响机理;然后,在稳定阶段识别煤炭企业可持续供应链风险,建立全面风险评估体系,结合层次分析法和模糊综合评价法构建了风险评估模型,基于此从风险防范和风险监控提出煤炭企业可持续供应链风险具体防控机制;最后,基于可持续发展理论,在创新阶段从政治、经济、人才、技术等方面提出煤炭企业可持续供应链的保障机制建设。

研究结果表明:(1)企业可持续意愿是推动煤炭企业可持续实践的关键因素,监管、社会、市场压力和企业内部管理、资源禀赋均可促进煤炭企业可持续意愿的提升。监管和市场压力对企业可持续意愿、可持续实践均有正向影响，通过激励和约束企业行为，以推动经济、社会和环境可持续实践的改进。企业内部管理和资源禀赋通过强化可持续意愿可有效提升可持续实践水平。(2)成本共担契约可以实现煤炭生产商碳减排情形下和联合减排情形下煤炭生产商和供应链管理商的收益协调，成本共担比例受到需求价格敏感系数、市场低碳偏好水平和生产商单位成本的影响。(3)协同效应的超额收益、政府补贴以及对"搭便车"行为的惩罚增加，有利于供应链全面协同合作的实现。通过降低可持续供应链的生产成本、运营成本和扩大协同效应也可以使供应链中各主体的协同合作可能性达到最大。(4)安全作业风险、社会风险、生态环境风险、经济风险是影响煤炭企业可持续供应链稳定阶段的最主要风险因素。而可持续供应风险、管理政策风险、需求风险和信息技术风险的重要性相对较低。(5)从政治、经济、人才、技术四个方面构建全面保障体系，为实现企业的创新转型提供有力支撑。

目 录

1 绪论 ··· 1
  1.1 研究背景和意义 ·· 1
  1.2 国内外研究现状 ·· 6
  1.3 研究目标和研究内容 ·· 32
  1.4 研究方法和技术路线 ·· 34
  1.5 创新点 ·· 35

2 理论基础和相关概念界定 ··· 37
  2.1 理论基础 ·· 37
  2.2 相关概念界定 ··· 45

3 煤炭企业可持续供应链驱动机制研究 ································ 61
  3.1 本章引言 ·· 61
  3.2 煤炭企业可持续供应链驱动因素识别 ······················· 61
  3.3 煤炭企业可持续供应链驱动作用机制分析 ················ 62
  3.4 煤炭企业可持续供应链驱动机制模型构建和量表设计 ··· 70
  3.5 煤炭企业可持续供应链驱动机制实证研究 ················ 79
  3.6 本章小结 ·· 99

4 煤炭企业可持续供应链收益协调机制研究 ······················· 102
  4.1 本章引言 ·· 102
  4.2 问题描述与基本假设 ·· 103
  4.3 无契约下煤炭企业可持续供应链博弈均衡分析 ········· 106
  4.4 考虑成本共担契约下煤炭企业可持续供应链博弈均衡分析
       ·· 111

4.5 考虑成本共担契约和联合碳减排下煤炭企业可持续供应链博弈均衡分析 …… 115
4.6 企业共生方式与协调契约的影响 …… 120
4.7 本章小结 …… 134

5 煤炭企业可持续供应链协同合作机制研究 …… 137
5.1 本章引言 …… 137
5.2 煤炭企业可持续供应链双方可持续策略博弈模型 …… 139
5.3 政府监管下煤炭企业可持续供应链三方策略博弈模型 …… 146
5.4 数值模拟 …… 158
5.5 本章小结 …… 167

6 煤炭企业可持续供应链风险防控机制研究 …… 170
6.1 本章引言 …… 170
6.2 煤炭企业可持续供应链风险识别 …… 172
6.3 煤炭企业可持续供应链风险评估 …… 178
6.4 煤炭企业可持续供应链风险防范机制 …… 216
6.5 煤炭企业可持续供应链风险监控机制 …… 221
6.6 本章小结 …… 225

7 煤炭企业可持续供应链保障机制研究 …… 227
7.1 煤炭企业可持续供应链保障机制设计 …… 227
7.2 政治保障机制 …… 230
7.3 经济保障机制 …… 232
7.4 技术保障机制 …… 235
7.5 人才保障机制 …… 238

8 结论与展望 …… 242
8.1 研究结论 …… 242
8.2 研究展望 …… 246

参考文献 …… 247

附录 ··· 266
    附录1 煤炭企业可持续供应链影响因素调查问卷 ················ 266
    附录2 煤炭企业可持续供应链风险因素调查问卷 ················ 272
    附录3 A企业可持续供应链风险水平调查问卷 ···················· 275

1 绪论

1.1 研究背景和意义

1.1.1 研究背景

(1) 煤炭的主体能源地位长期不变

煤炭在我国能源体系中占据绝对优势,充当基础能源供应的核心支撑和关键驱动,对国家能源安全、经济发展及社会稳定有着至关重要的影响。作为世界上最大的煤炭生产和消费国,我国在2021年的原煤产量占国内能源总产量的67%,煤炭总消费量占国内能源消费总量的56%[1](参见图1-1、图1-2)。据煤炭工业协会预测,"十四五"末,全国煤炭消费量将控制在41亿吨左右,年均增长率约为1%。根据"十四五"规划和2035年远景目标,将实施能源资源安全战略,着重增强能源持续稳定供应和风险管控能力,确保煤炭供应安全,规划和管理煤制油气战略基地,并加强煤炭储备能力。我国"富煤、缺油、少气"的资源分布,决定了煤炭在能源消费结构中的主导地位。根据自然资源管理部门的统计数据,2022年我国的石油和天然气剩余可采储量分别约为39亿吨和6.57万亿立方米,可供全国使用年限约为19.1年和29.8年;而煤炭的可采储量约为2 070.12亿吨,已探明的煤炭储量占世界煤炭储量的12.6%,可采量位居第三,产量位居世界第一,探明储量可供开采50年。

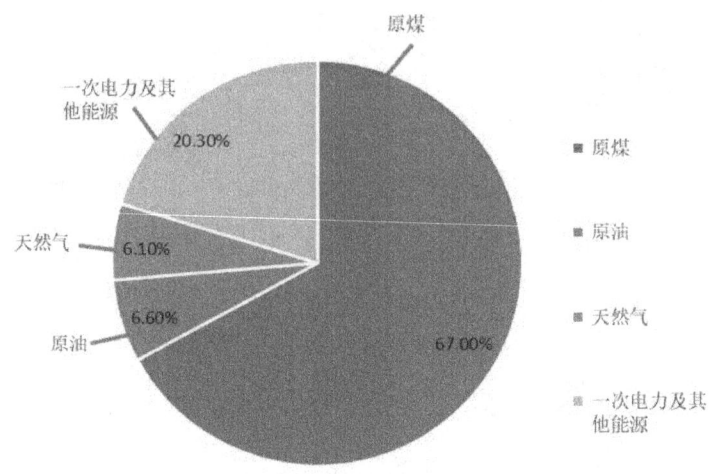

图 1-1 2021 年我国能源生产结构比例分配

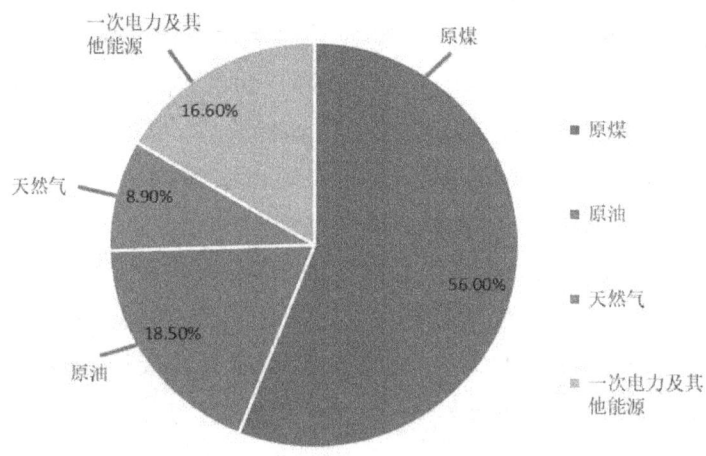

图 1-2 2021 年我国能源消费结构比例分配

(2)煤炭企业面临高质量发展转型要求

随着中国经济增速放缓和结构调整步伐加快,能源需求强度持续下降,与此同时,清洁能源得到迅速发展,煤炭需求逐渐减弱。这导致煤炭供需矛盾日益凸出,产业生产和利用的环境约束不断加强,从而导致煤炭行业的发展空间被压缩。此外,由于国际煤炭市场供需形势相对宽松,国内煤炭产能过剩的现状,进口煤对国内市场带来的冲击,进一步加剧了煤炭行业面临的外部挑战。在行业内部,竞争日益激烈,市场结构集中度持续升高,前十大煤炭企业的产量占全国原煤产量的比重由2008年的29%上升至2022年的51.3%。高度集中的市场结构容易导致企业对少数市场参与者产生过度依赖,增加了市场变化对企业稳定性的冲击。这种结构将导致价格操纵、资源垄断以及减少市场创新的可能性,从而对企业的稳定性产生不利影响。价格波动、监管的不确定性、政府对企业发展的更高要求、能源可用性、工人安全和人才缺口、向生产服务型转变缺少法律法规体系和配套机制体制等问题,都是煤炭企业面临的主要挑战。

近年来,我国政府高度重视煤炭的安全稳定供应、清洁高效利用以及煤炭资源枯竭地区的经济转型等关键领域。《煤炭工业"十四五"高质量发展指导意见》指出,面对国内外环境的不确定性和不稳定性,中国政府致力于2030年实现"碳达峰",2060年实现"碳中和",同时加快能源结构调整的步伐,并进一步加强煤炭消费总量和强度的双重控制政策措施。这些举措意味着煤炭总量的进一步增长空间将越来越有限,推动煤炭行业必须转变其传统的发展方式,不断推动转型升级,提升发展质量。为实现煤炭行业的高质量发展,关键在于充分激发煤炭企业转型改革的积极性,特别是对于大型煤炭生产企业,必须深化企业改革,并促进企业在上、中、下游实现协同发展。此外,煤炭行业还需培育新的经营模式、发展新兴业态以及提升新动能,以推动煤炭行业向具有全球竞争力的世界一流大型能源集团转型发展,从而实现煤炭工业的高质量发展,为国家经济平稳较快地发展提供安全稳定的能源保障。

(3) 我国煤炭企业供应链运作效率低下

在传统的模式中,煤炭企业将主要精力放在矿井开采、煤炭加工和生产设备的维护上,供应链中物流和销售环节,通常由第三方物流企业或经销商负责,这导致供应链的流通环节相对薄弱,缺乏统一管理和协调。这种轻流通、重生产的传统供应链模式会引发以下问题:首先,物流环节的管理不足导致运输效率低下、运输成本高昂,限制了煤炭的供应链效率和反应灵活性;其次,缺乏对物流和销售环节的整体规划和协调,容易产生库存积压、供需失衡等问题;最后,煤炭销售环节受限于区域市场和中间商的控制,供应链中的信息不对称和透明度不足,影响了市场竞争和效益。

我国煤炭企业供应链涉及大量中小型煤矿和采购方,缺乏整合和协调,供应链中的各个环节相对独立,存在碎片化和分散化的问题,导致供应链的效率低下和资源的浪费。供应链中的信息传递和共享存在不对称的情况,导致信息流通性和透明度不足。缺乏全链条的信息共享,造成信息的滞后、断档和不准确,阻碍了供应链参与方之间的有效合作和决策。同时我国煤炭供应链销售环节存在较为固定的模式和刚性的约束,一些长期合同和固定定价机制使供应链的灵活性和适应性不足,难以应对市场变化和需求波动。煤炭供应链中的安全风险较高,煤矿事故频发。一些地方对煤炭企业的监管不到位,监管措施和处罚缺乏刚性,导致安全隐患得不到有效控制。煤炭供应链存在大量的环境污染和资源浪费问题,煤炭开采、加工和利用过程中产生大量的污染物和废弃物,对环境造成严重的影响;同时,煤炭资源利用率低下,回收和循环利用程度较低。

基于以上所述,本书的主要研究目的是将可持续供应链引入煤炭企业的运作机制中,结合可持续供应链管理思想和煤炭企业供应链在运行过程中不同阶段存在的实际矛盾,对供应链运行机制系统中驱动、利益分配、协同合作、风险防控、保障机制等核心运行问题进行研究。通过不同阶段运行机制的研究以期提升煤炭企业供应链整体运行效率,提高稳定性,从而实现煤炭企业核心竞争力和高质量转型升级以及可持续优化,从本质上解决煤炭企业供应链各阶段各环节存在的实际问题,促进煤炭行业健康、高质量、可持续发展。

1.1.2 研究意义

(1)理论意义

本书旨在对煤炭企业的可持续供应链及其运行机制进行系统的理论探究。通过梳理前人在煤炭供应链管理领域的深入研究成果,同时借鉴其他类型供应链管理的先进经验,力求补充现有研究理论的不足。目前,对煤炭供应链的研究主要关注供应链金融、供应链优化、绿色供应链、风险管理等方面,鲜有涉及可持续供应链管理思想的定量研究。此外,对煤炭企业可持续供应链的运行效率和稳定性的深层次剖析也较为稀少。因此,本书将在充分梳理和总结国内外现有文献研究的基础上,形成对煤炭企业可持续供应链的系统认识,并对其运行机制进行深入探究,以提供理论支撑并丰富相关领域理论知识。

在研究过程中,将以可持续供应链管理思想为指导,运用博弈理论、供应链理论、计划行为理论、风险管理理论和利益相关者等理论内容,研究煤炭企业可持续供应链的驱动机制、利益协调机制、协同合作机制、风险管控机制和保障机制。通过构建完整的煤炭企业可持续供应链运行机制的研究框架,所得成果具备一定的理论研究价值。为实现此目标,将结合管理学中的计划行为理论、演化博弈理论、斯塔克尔伯格(Stackelberg)动态博弈模型、层次分析法与模糊综合评价等经典理论模型,并将其应用于煤炭企业可持续供应链的研究对象。在应用过程中,将根据实际情况进行基础模型的改进和提升,进而实现对相关理论模型的扩展研究。最终,研究成果可为参与煤炭企业可持续供应链实际运营的相关主体提供决策制定的理论参考。

(2)实践意义

有利于提升煤炭供应链的运作效率。通过构建供应链协同合作机制,可以促使煤炭企业可持续供应链各节点主体在追求自身利益最大化的同时,考虑到整体供应链的最佳收益,以实现共同将"蛋糕"做大的目标。这种转变是从以往的"零和博弈"思维向协同合作的理念转变,通过各主体间的全方位合作,改善供应链的整体运作水平,进而提高煤炭企业可持续供应链的实际运行效率。

有利于提高煤炭供应链的稳健性。通过明确煤炭企业可持续供应链的监管压力、社会压力、市场压力,以及供应链内部企业资源禀赋和内部管理等驱动机制,可以强化供应链的运行机制,增加供应链运行的稳健性。此外,通过供应链主体收益协调机制的建立,可以解决交易合作中黏性低、交易完成后自动分离、合作主体收益分配不协调等问题,进一步提高供应链的稳健性。另外,通过建立风险管控机制,供应链各主体可以更好地应对突发事件,减少损失,确保供应链的可持续稳定运行。

有利于促进煤炭行业的可持续性。随着可持续发展理念的普及,社会和政府对于煤炭行业的环境保护、社会责任和可持续经营提出了更高要求。煤炭企业在可持续供应链保障机制的指导下更加注重环境保护、资源节约和社会责任,从而减少对环境的负面影响,提高资源利用效率,实现煤炭行业的高质量和可持续发展。

1.2 国内外研究现状

1.2.1 煤炭供应链研究现状

国外学术界对煤炭供应链现有的研究主要集中在相关理论和方法上，且相对国内学者来说要少。国外将大宗商品销售归类为贸易服务业，并已在其供应链共性研究方面取得相对成熟的成果。这主要得益于对煤炭、石油、矿产品等大宗商品的生产和销售进行了明确的市场化和专业化分工，减少了对特定部分的重复研究。此外，国外(尤其是美国)的煤炭开采主要以露天开采为主，生产地域较为集中且主要用于发电。因此，与我国复杂的煤炭产销市场相比，其学术研究上并未呈现出迫切的必要性[2]。尽管国内学术界在煤炭供应链研究方面相对丰富，但由于我国煤炭行业经历了显著的"黄金期"和"衰退期"，煤炭"黄金期"为完全的卖方市场，煤炭产品长期供不应求，大多数煤炭企业并未重视供应链管理所带来的微小利润。由于煤炭行业供应链管理的实践起步相对较晚，我国学术界对煤炭供应链的研究相对不足且缺乏系统性。

煤炭作为一种能源，既是产品本身，也是其他产品的原材料。基于这一独特性，煤炭供应链的相关问题更具研究价值。现有研究从不同的角度分析煤炭供应链，研究的主题集中在供应链风险、供应链经济绩效、供应链环境管理、供应链优化等方面。

(1) 基于供应链风险视角

煤炭能源供应链的各个环节，包括煤炭生产、运输、发电和输电、用电，需要协调发展以保障其有效运作。在供应链中，煤炭价格、购售电价、电源布局和环境约束等多种风险源存在，这些风险可以通过供应链进行传递与扩展，从而导致风险损失的扩大。因此，对供应链各参与主体潜在风险的研究显得至关重要，以提升煤炭供应链的弹性和可持续性水平。康红普等在系统分析"双链"加速重构呈现特征的基础上，研判了对我国能源领域四个方面的影响，构建了煤炭需求波动预测模型，用于评估煤炭产量需求的波动幅度[3]。侯琳娜等通过构建煤炭企业和竞争性燃煤电厂组成的二级供应链，探讨了电厂采用自适应报价策略进行竞价时，对煤电供应链所产生的牛鞭效应[4]。谭忠富等研究了中国煤电能源供应链的绩效和风险管理，提出了基于价值型绩效的整体框架,并讨论了风险评价和中长期风险降低策略[5]。Guo 等研究了煤炭企业在面临资金约束和收益不确定性的情况下,采取的煤电供应链融资策略[6]。杨洋等针对能源供应链脆弱性建立了评价模型,并基于实证数据对模型进行检验[7]。彭红军等研究了在需求不确定性下,考虑两个级别的生产(原煤开采生产和煤炭洗选生产)时的煤炭供应链均衡供应决策问题[8]。

(2)基于经济绩效视角

供应链的最大目标是实现链条上所有环节成本最小化,不断创新供应链金融体系,改善投资、融资环境,有效提升煤炭供应链整体绩效。Liu 等提出了基于区块链技术的煤炭应收账款融资模型,并构建了以港口为主导的煤炭应收账款融资体系。研究还使用斯塔克尔伯格(Stackelberg)收益—效益模型分析了各参与方在应收账款融资过程中的收益函数[9]。高振祥等收集了山西省煤炭产运销供应链上产、运、销三家企业的数据,并使用 Shapley 值法分析了单独经营和合作经营情况下各主体的成本收益构成和利润分配[10]。韩丽萍等使用斯塔克尔伯格模型建立了煤电企业的动态博弈模型,比较分析了煤炭资源税改革前后煤炭价格、交易量及企业收益的变化,并结合实际经营指标的变化,研究了煤炭资源税改革对煤炭企业和燃煤电力企业的影响[11]。金松等研究了"能源互联网+金融"模式中金融对能源产业和能源互联网发展的作用,同时探讨了金融与能源行业的关联机制,并通过案例分析,研究了互联网时代下能源金融领域创新企业的运营模式[12]。刘佳等研究了煤炭供应链上游供应商的融资决策,建立两种融资模型,并计算出最佳融资额和最佳煤炭订货量[13]。李跃等通过实地调研的方法,建立煤炭企业价值树模型,并从有效成本约束和产品价值提升角度提出解决策略[14]。李泉林等研究了煤炭经销商的融资模式选择和最优融资额对煤炭最优订货量的影响[15]。

(3)基于环境管理视角

低碳绿色经济视角下的煤炭供应链管理改革应从源头开始实施全面的低碳化措施。这涉及对供应链的每个环节进行低碳化分析,以优化社会资源利用并提高资源利用效率,从而实现煤炭供应链的可持续发展。贺勇等构建了电煤供应链节能减排系统动力学模型,研究不同节能减排路径对能源消耗和碳排放的影响;以神华集团为例,分析了供应链各环节的能源消耗、碳排放和节能减排效果[16]。袁旭梅等设计了考虑碳排放的煤炭供需匹配流程,并提出了煤炭运输中碳排放量的计算方法[17]。廖诺等构建了碳交易政策下二级电煤供应链的碳排放系统动力学仿真模型[18]。Li等结合碳排放政策,建立一个煤炭供应链可持续设计的综合决策模型,并通过解释结构模型(ISM)比较了四种不同的碳排放政策对煤炭供应链网络优化的影响[19]。Cao等从直接成本的角度提出二氧化碳排放估算模型,进而建立系统动力学(SD)模型,并对绿色电煤供应链的全生命周期进行二氧化碳减排情景的模拟[20]。Ghadimi等将传统的LCA方法与加权模糊推理系统模型相结合,并将其应用于中国的煤能源供应链系统,验证了其适用性和有效性[21]。Da等基于价格管制、限额与交易模型以及绿色金融政策的背景,建立了考虑两级碳减排和财务约束的煤电供应链策略;采用了Stackelberg模型,研究了燃煤企业的热序实现率、碳减排策略以及电力企业的热序量[22]。Wang等建立了一个公平偏离指标模型,以最小化公平偏差为目标,并约束于碳交易试点的部门生产水平;构建了一个碳配额分配模型,通过协调各环节的碳配额,实现了煤电供应链企业内部的碳配额总排放和可交易性的目标[23]。Cardoso分析了煤链上的各种赋值语言及其与采煤和燃烧地区的关系,使用话语分析方法来确定评价语言的频率和相关性[24]。Luo等采用概念方法估算了煤炭开采、选洗、运输和消耗四个过程的碳排放量[25]。

(4)基于供应链优化视角

当前我国煤炭供应链管理存在组织结构分散、供应管理理念不先进和信息化手段不健全等问题,影响了供应链的盈利水平和煤炭行业整体竞争力。供应链优化研究可以有效提升煤炭行业的可持续发展水平,从而促进社会整体的可持续性。吉峰等提出了一个针对煤炭企业内部供应链优化的模型,以企业利润最大化和客户满意度最高化为目标函数,并考虑了多个因素如原煤生产量、洗选品种与数量、客户需求等,旨在提升供应链效率[26]。Belov等开发了一个元启发算法式物流规划系统,该系统集成了列车调度、库存管理和船舶调度等模块,可以用来指导经营政策和未来投资的变化[27]。Zhou等针对煤制液体燃料供应链的最优规划问题,以产品需求不确定性下煤制液体燃料供应链利润最大化为目标,建立了两阶段随机规划模型[28]。Li等采用了投入产出分析和APL模型相结合的方法,从宏观层面对中国产业链的演变进行实证分析[29]。Osborne等指出供应链的整合包括为创造净值而设计、计划、执行、控制和监控的交付链活动,既包括建立适当的基础设施,利用物流,同步供应与需求,并持续测量/监控性能[30]。Zhou等研究了不确定条件下多梯级煤炭供应链的联合容量规划和配电网优化问题,并提出了两阶段随机整数规划模型[31]。Benalcazar 等针对煤炭供应链的建模和产煤企业与煤炭贸易企业的战略供应链规划问题,提出了混合整数线性规划模型[32]。

1.2.2 可持续供应链研究现状

面临新常态下全球贸易和关税政策的风险、市场需求多变、环境挑战以及来自利益相关者、声誉风险和企业社会责任、资金约束等造成的严重威胁和高度不确定性,企业将可持续供应链作为一项战略选择,以确保长期利益并在市场中获得绝对竞争优势[33]。可持续供应链已成为供应链的重要分支和新的研究方向,国内外学者对可持续供应链的研究成果丰富,但是仍缺乏系统的研究体系。本书首先采用文献计量学相关知识对可持续供应链知识结构、演变和趋势进行量化分析;其次采用系统文献综述的方法,对国内外可持续供应链文献进行归纳和总结。

1.2.2.1 国内外文献计量分析

(1)数据来源

本书利用 CiteSpace 6.1.R4 对可持续供应链领域进行了文献计量学综述,文献样本基于国内中国知网、外文"Web of Science"这两大数据库系统,相关文献数据收集截止日期为 2022 年 12 月。国内文献检索来源选取 CNKI 数据库中 SCI、EI、核心、CSSCI 和 CSCD 数据库,经过几次检索后发现,虽然有些文献关键词中没有"可持续",但内容与"可持续供应链"内容有关,故选取"可持续供应链""可持续产业链""绿色供应链""低碳供应链""供应链可持续发展""社会责任 and 供应链""政府补贴 and 供应链"作为篇名进行检索,文献检索时间限定为 2002—2022 年。文献选择为期刊或学位论文,删除与搜索内容无关的文献后,共得到 1 243 篇文献。外文文献检索来源主要为"Web of Science"核心数据库,该数据库包含了 1900 年以来发表的大部分文献,包括世界领先期刊 12 000 余种。为保证检索文献的全面性,设置检索标题为"sustainable supply chain"或"green supply chain"或"sustainable * supply chain",文献检索时间限定为 2002—2022 年,文章类型为期刊和综述,语言为英语,检索出 2 202 篇文献,在剔除与主题无关文献后,共检索到 1 304 篇文献。

(2)国内外关于可持续供应链研究的发文量趋势分析

图 1-3 显示了自 2002 年以来,不同年份的中文文献发表数量。从图中可以看出,2005 年之前,国内关于"可持续供应链"研究的文献发表很少。2009 年之后,文献发表数量快速增长,2017 年达到 99 篇。这反映了国内学者近年来对"可持续供应链"这一课题的研究兴趣越来越浓。

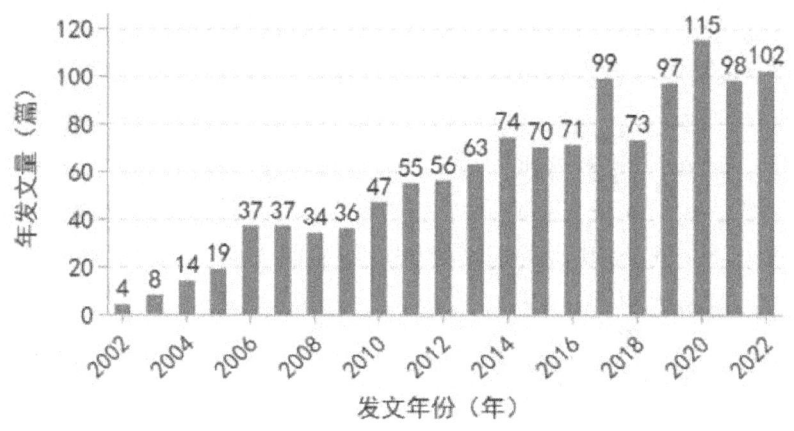

图 1-3 国内可持续供应链年度发表分布统计图

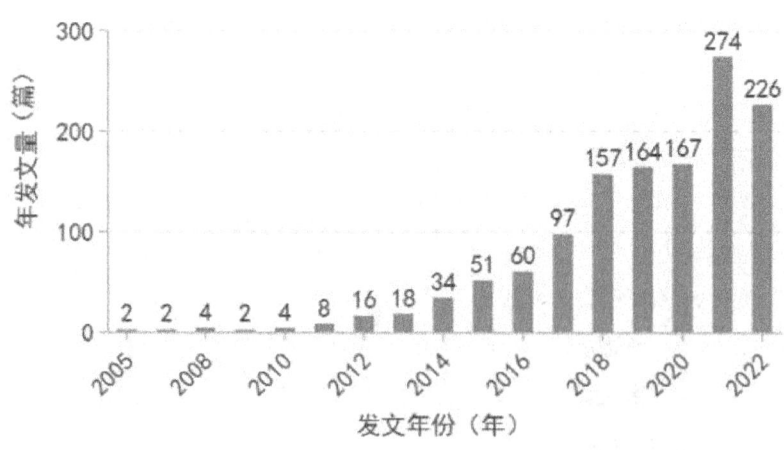

图 1-4 国外可持续供应链年度发表分布统计图

图 1-4 显示了自 2002 年以来不同年份的英文文献数量。从图中可以看

出,在 2013 年之前,关于"可持续供应链"的英文文章数量较少。2014 年以后,英文发文量开始进入研究爆发期,2021 年达到 274 篇。这反映出近年来国外学者对"可持续供应链"的研究越来越感兴趣。由此可知,2012 年之前是"可持续供应链"研究的初始阶段,各种研究还不成熟,都处于探索阶段。随着学者发表文章数量的增加,到 2018 年,关于"可持续供应链"的研究已逐渐进入成熟阶段,学者们从各个方面对该课题进行了研究。2021 年以后,随着初步研究日趋成熟,学者们需要对该课题进行更深入的研究,这也给学者们带来了重大的挑战。因此未来的学者应该从更深入和创新的角度来研究"可持续供应链"。

(3)国内外关于可持续供应链研究的作者分布

由图 1-5 可以看出,2002—2022 年,国内关于可持续供应链研究的学者,发文量前 10 的作者分别为姚锋敏、韩同银、金浩、刘丽、孙嘉轶、马静、朱晨、张庆宇、刘名武、关志民等人,其中姚锋敏是发文量最多的作者。从合作网络来看,可持续供应链的研究已经形成了小集中、大分散的特征,形成了几个核心研究团队,但各团队之间联系强度非常弱。从图中可以观察到,我国可持续供应链研究已初步形成了三个核心研究团队,即以姚锋敏、孙嘉轶为核心,以刘丽、金浩、韩同银为核心,以赵道致、原白云、李友东为核心的研究团队。从合作强度来看,团队内部合作强度较大,但研究团队之间仍处于独立研究阶段。由图 1-6 可知,2002—2022 年在国外英文期刊发表论文数量前 10 的作者分别为 Reza Farzipoor Sean、Minglang Tseng、Charbel Jose Chiappetta Jabbour 和 Ming K. Lim 等人,其中 Reza Farzipoor Sean 和 Minglang Tseng 是发文量排前两位的作者。通过分析这些作者的最早发文时间,发现发文量前 10 的学者均是于 2014 年后开始研究可持续供应链,且保持高发文量的。

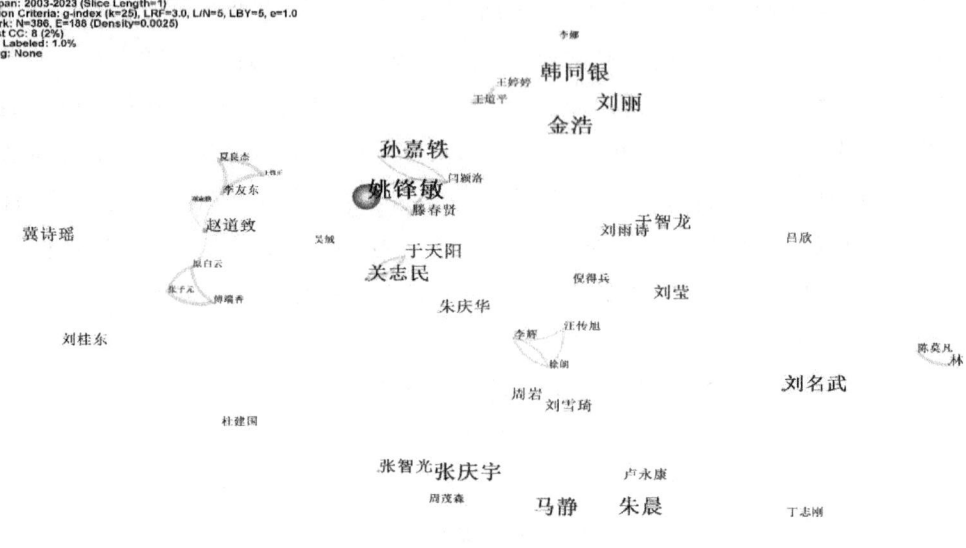

图 1-5　国内可持续供应链高产作者合作网络

图 1-6　国外可持续供应链高产作者合作网络

(4)国内外关于可持续供应链研究的来源期刊分布

2002—2022年,国内学者关于可持续供应链研究的文章主要发表在《中国管理科学》《科技管理研究》《运筹与管理》《物流技术》《软科学》等核心期刊上,其中《中国管理科学》发表的文献数量最多,主要发表于宏观经济管理与可持续发展专题。国外关于可持续供应链的研究,2002—2022年发文量前5的期刊分别为 *Journal of Cleaner Production*、*Sustainable*、*International Journal of Production Economics*、*International Journal of Production Research* 和 *Annals of operations research*,其中 *Journal of Cleaner Production* 是发文量最多的期刊,占比高达40%。"可持续供应链"研究领域的文献主要发表在以上期刊,学者可以参考发表在这些期刊上的文献,从而促进学术的交流和合作。

表1-1 国内可持续供应链研究来源期刊排名

序号	来源期刊	发文量
1	《中国管理科学》	60
2	《科技管理研究》	52
3	《运筹与管理》	45
4	《物流技术》	37
5	《软科学》	37

表1-2 国外可持续供应链研究来源期刊排名

序号	来源期刊	发文量
1	*Journal of Cleaner Production*	254
2	*Sustainable*	214
3	*International Journal of Production Economics*	72
4	*International Journal of Production Research*	65
5	*Annals of operations research*	41

(5)国内外关于可持续供应链研究的发文机构分析

由图1-7可知,2002—2022年,国内研究可持续供应链的机构主要为哈尔滨理工大学、南京航空航天大学、东北大学、深圳大学。其中,哈尔滨理工大学是该期间发表相关论文数量最多的机构。从二级机构来看,可持续供应链研究主要集中在经济与管理学院。从地理分布来看,可持续供应链研究的机构主要集中在中东部地区,这表明可持续供应链研究能力与经济发展水平、社会公众意识存在正相关关系。此外,通过分析主要机构的相关文献,发现各机构之间存在一定的合作关系,主要合作机构网络有东北大学—重庆交通大学—电子科技大学、南京航空航天大学—中国社会科学院等。总体而言,虽然存在一定的合作关系,但合作强度相对较低。合作机构网络的形成主要由作者学术背景和关系主导,跨学科机构之间的合作几乎没有。

由图1-8可知,国外发文量前5的机构分别为:伊斯兰阿扎德大学(伊朗)、德黑兰大学(伊朗)、考文垂大学(英国)、南丹麦大学(丹麦)、伍斯特理工大学(美国)。通过分析发现国际范围内各大高校之间有较为密切的合作,但中国学者与其他国家合作尚不密切。发文量前5的国家为中国、美国、英国、伊朗、印度,其中,中国学者发文量达245篇,但研究机构和人员过于分散,尚未形成聚集效应。通过对同一时间段国内外发文机构的发文量的对比可以发现,全世界范围内,可持续供应链研究主要集中在高校,其次分布于各研究院、经济研究中心等机构。

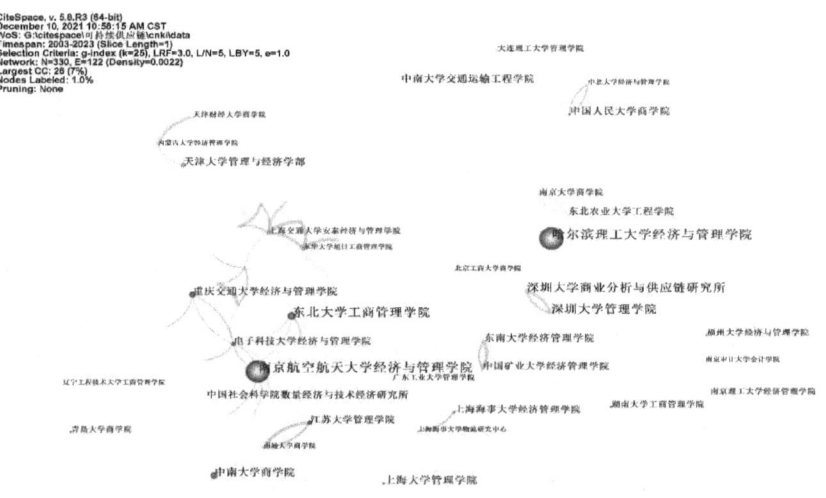

图1-7 国内可持续供应链发文机构合作网络

(6)国内外关于可持续供应链研究的关键词共现对比分析

通过将国内外数据库中可持续供应链相关文献采取关键词共现分析,可以得出国内外可持续供应链关键词共现图谱,如图1-9和图1-10所示。在对

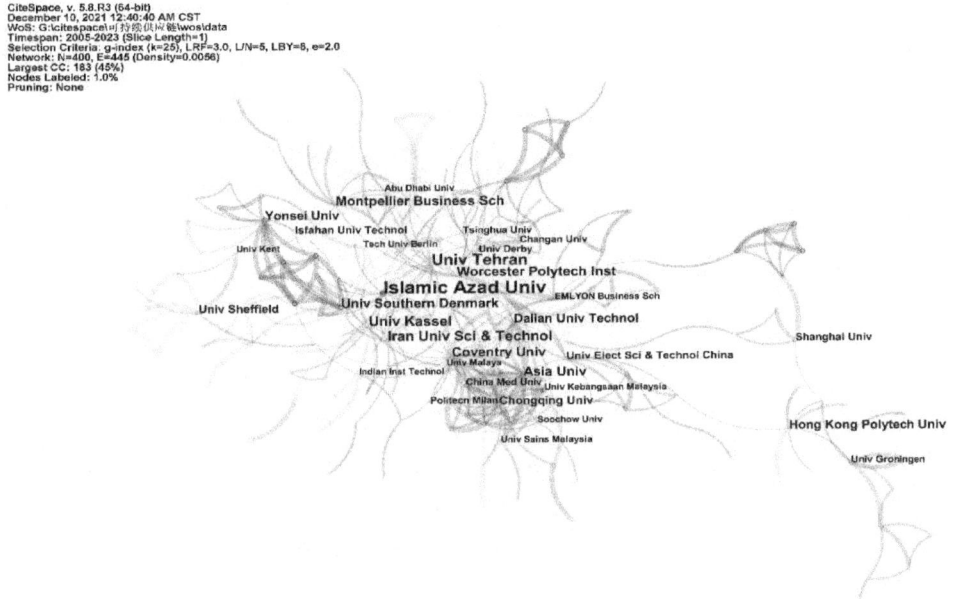

图 1-8 国外可持续供应链发文机构合作网络

国内文献进行关键词共现分析后,得到 351 个关键词节点及 460 条连线,密度为 0.007 5。而国外数据库中,关键词图谱为 79 个节点,314 条连线,密度为 0.101 9。连线颜色的深浅代表关键词的时效性强弱,节点的大小反应关键词出现的频率高低。核心关键词周围的关键词是影响这一核心内容的影响因素和具体措施,这也指出了国内外学者们关于可持续供应链的研究方向。通过对比分析发现:可持续供应链、绿色低碳、影响因素等都是国内外学者讨论的热点话题,研究理论热点为生命周期理论、利益相关者理论、可持续理论、博弈论等供应链常用理论方法。国内外研究的不同之处在于:国外更加注重宏观层面如可持续供应链概念框架的建立、可持续供应链系统模型的构建、可持续供应链设计;国内研究则更加侧重于政府层面的可持续政策(如碳中和、政府补贴政策等)对供应链(绿色供应链、低碳供应链)的影响研究,以及具体行业供应链可持续性的研究,如对制造业、食品、农产品供应链的可持续性研究。

(7)国内外关于可持续供应链主题热点对比分析

前文中对供应链关键词进行了研究分析,进一步探究可持续供应链的研究热点显得更为必要。基于对可持续供应链关键词对比分析,本节采用最大似然算法对相关文献样本进行聚类分析,在聚类结果中 S 值大于 0.5 代表聚

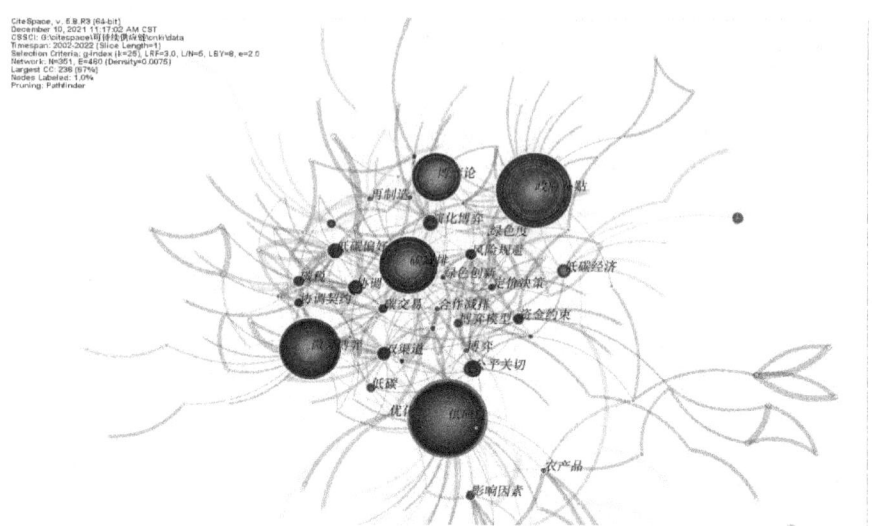

图 1-9　国内可持续供应链关键词图谱

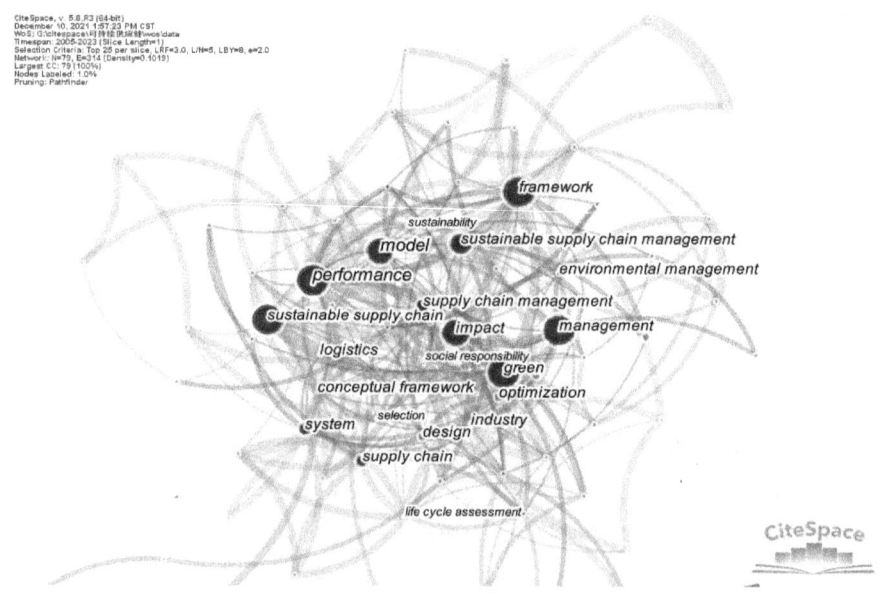

图 1-10　国外可持续供应链关键词图谱

类结果的可信度较高。国内关于可持续供应链的研究中所有关键词总共被分为 9 大类。根据软件识别出的关键词,可以进一步发现,有些关键词由于含义相近,可以进行合并(如低碳偏好、低碳经济可以整合为碳减排,演化博弈、微分博弈、博弈模型可以整合为博弈论),合并后的关键词共分为 5 大类,如表 1-

3 所示,关键词聚类图谱如图 1-11 所示。国外关于可持续供应链的研究中所有关键词总共被分为 10 大类。经过进一步合并得出 5 大类,如表 1-4 所示,关键词聚类图谱如图 1-12 所示。

表 1-3　国内可持续供应链研究热点

分类	S值	关键词
集群 1	0.875	供应链;绿色制造;政府补贴;可持续性;企业社会责任
集群 2	0.949	绿色度;演化博弈;微分博弈;协调;公平关切
集群 3	0.768	政府补贴;供应链;社会福利;再制造;风险规避
集群 4	0.882	碳减排;碳交易;低碳偏好;双渠道;低碳推广
集群 5	0.883	影响因素;优化;低碳行为;企业;对策

表 1-4　国外可持续供应链研究热点

分类	S值	关键词
集群 1	0.825	sustainable supply chain management; sustainable operations management; literature review; operational performance; systematic review
集群 2	0.639	social sustainability; blockchain technology; information technology; resource based view; innovation management
集群 3	0.715	life cycle assessment; sustainable supply chain; supply chain; network design; optimization
集群 4	0.743	game theory; consumer environmental awareness; government intervention; competition; remanufacturing
集群 5	0.752	multi-objective optimization; reverse logistics; biofuels; production; greenhouse gases emissions

(8)国内外关于可持续供应链研究趋势对比分析

在了解可持续供应链研究的关键词、热点后,本节采用 Citation Burst 分析可持续供应链的研究趋势和研究的前沿热点,可以得到如图 1-13 所示的关于可持续供应链研究关键词凸显图谱。从图中可以得出,国内外可持续供应链研究整体发展趋势分为三个时期:第一时期为可持续供应链探索阶段,此阶段研究以环境绩效为主。由于全球气候问题逐渐受到国际社会的重视,对可持续供应链的构建提出迫切性要求,国内学者更加注重绿色供应链、可持续供应链对策的研究,国际学者则对可持续供应链的概念、维度、结构展开研究。第二时期为可持续供应链应用优化阶段。在这一阶段中,按照《京都议定书》的协议规定:发达国家从 2005 年开始承担减少碳排放量的义务,而发展中国

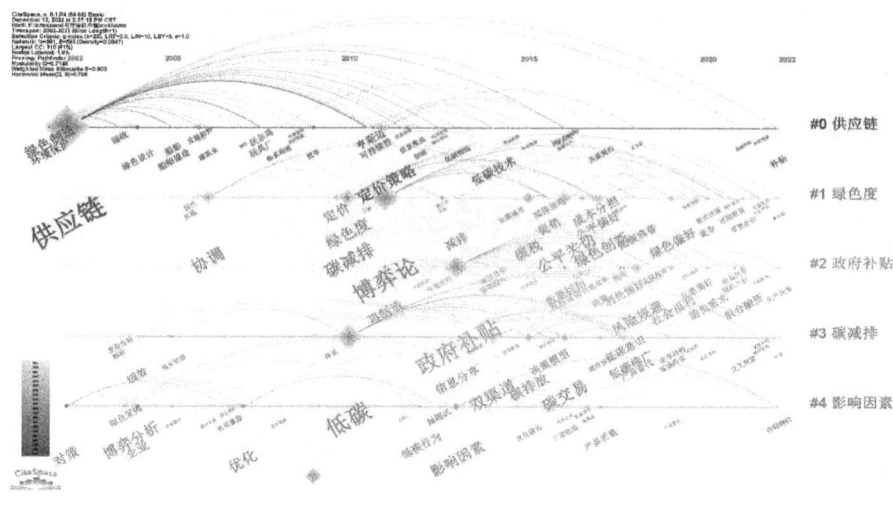

图 1-11 国内可持续供应链关键词聚类图

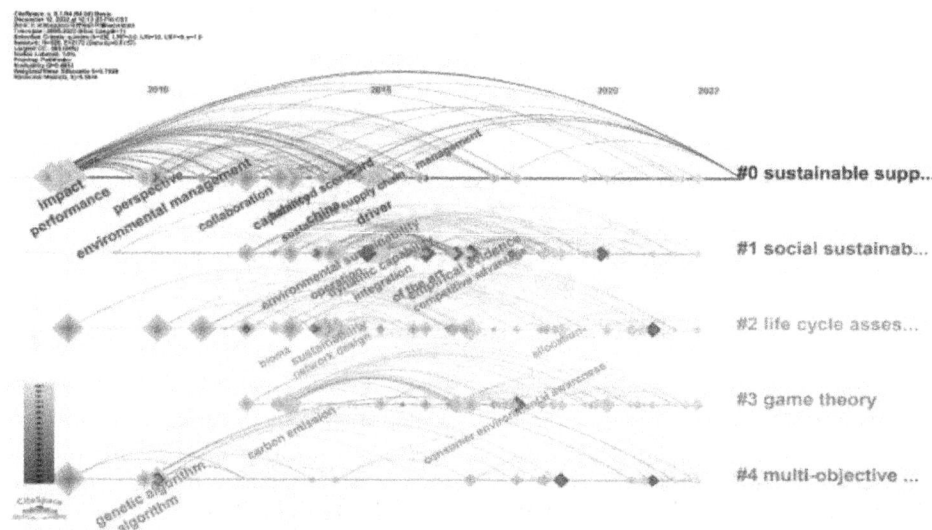

图 1-12 国外可持续供应链关键词聚类图

家则从 2012 年开始承担减排义务。结合国内"碳达峰""碳中和"目标,国内学者研究视角从绿色供应链转向低碳供应链,同时更加注重对社会效能的深入研究(如可持续供应链构建的影响因素、社会责任、政府补贴对供应链可持续发展的制约和促进以及可持续供应链协同优化);国外学者则更加注重对可持续供应链各环节优化的研究,包括供应商的选择、产品回收、绩效评价以及影响因素的研究。同时随着可持续供应链概念的蓬勃发展,如何在具体行业、企业中提升供应链可持续性的议题开始成为热门话题。第三时期为数字化发展背景下可持续供应链,可持续供应链进入稳定发展期,该时期面临区块链、大数据、工业4.0、风险、资金约束等新常态,外部环境不断变化,风险因素升级,供应链时刻面临着中断风险,企业供应链的可持续性、韧性面临前所未有的挑战。如何提升供应链数字化水平,增强供应链的可视化、透明度及弹性是当前可持续供应链所关注的热点研究方向。

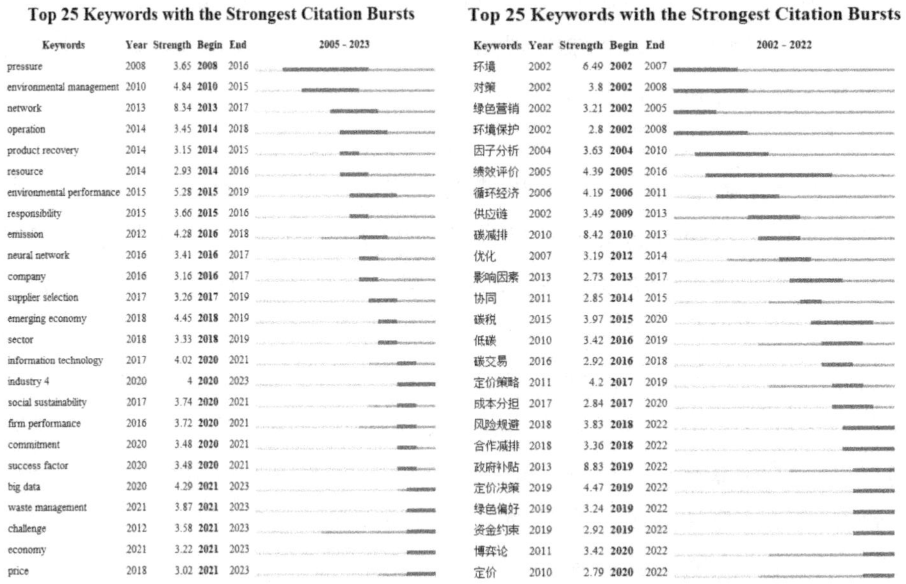

Top 25 Keywords with the Strongest Citation Bursts					Top 25 Keywords with the Strongest Citation Bursts				
Keywords	Year	Strength	Begin	End 2005-2023	Keywords	Year	Strength	Begin	End 2002-2022
pressure	2008	3.65	2008	2016	环境	2002	6.49	2002	2007
environmental management	2010	4.84	2010	2015	对策	2002	3.8	2002	2008
network	2013	8.34	2013	2017	绿色营销	2002	3.21	2002	2005
operation	2014	3.45	2014	2018	环境保护	2002	2.8	2002	2008
product recovery	2014	3.15	2014	2015	因子分析	2004	3.63	2004	2010
resource	2014	2.93	2014	2015	绩效评价	2005	4.39	2005	2011
environmental performance	2015	5.28	2015	2019	循环经济	2006	4.19	2006	2011
responsibility	2015	3.66	2015	2017	供应链	2002	3.49	2009	2013
emission	2012	4.28	2016	2018	碳减排	2010	8.42	2010	2013
neural network	2016	3.41	2016	2017	优化	2007	3.19	2012	2014
company	2016	3.16	2016	2017	影响因素	2013	2.73	2013	2017
supplier selection	2017	3.26	2017	2019	协同	2011	2.85	2014	2015
emerging economy	2018	4.45	2018	2019	碳税	2015	3.97	2015	2020
sector	2018	3.33	2018	2019	低碳	2010	3.42	2016	2019
information technology	2017	4.02	2020	2021	碳交易	2016	2.92	2016	2018
industry 4	2020	4	2020	2023	定价策略	2011	4.2	2017	2019
social sustainability	2017	3.74	2020	2021	成本分担	2017	2.84	2017	2020
firm performance	2016	3.72	2020	2021	风险规避	2018	3.83	2018	2022
commitment	2020	3.48	2020	2021	合作减排	2018	3.36	2018	2022
success factor	2020	3.48	2020	2021	政府补贴	2013	8.83	2018	2022
big data	2020	4.29	2021	2023	定价决策	2019	4.47	2019	2022
waste management	2021	3.87	2021	2023	绿色偏好	2019	3.24	2019	2022
challenge	2012	3.58	2021	2023	资金约束	2014	2.92	2019	2022
economy	2021	3.22	2021	2023	博弈论	2011	3.42	2020	2022
price	2018	3.02	2021	2023	定价	2010	2.79	2020	2022

图1-13 国内外可持续供应链研究关键词凸显图

通过文献科学计量的方式对2002—2022年该领域相关文献进行统计分析,可见可持续供应链是国内外学者一直所关注的热点研究内容,发文量从总体上看呈上升趋势。随着环境恶化、新冠疫情以及俄乌冲突对全球可持续供应链造成的长期且巨大的影响,导致高通货膨胀率和不可避免的成本增加,相关学者对可持续供应链的研究也更加深入。通过关键词共现分析及热点趋势分析可以发现,可持续供应链影响因素、社会责任、绿色低碳供应链、循环经济、绩效评价一直都是其研究的核心议题。数字化、新冠疫情、工业4.0(区块链、物联网和大数据分析)与可持续供应链的结合等研究热点在近期得到大量学者的广泛关注,从这些研究发现中得出的结论,为可持续供应链未来研究和实践提供了思路。

1.2.2.2 国内外文献综述

通过以上的国内外文献关键词聚类分析、研究趋势分析，以及对可持续供应链领域国内外历史研究成果的总结发现，目前对可持续供应链的研究趋势是基于三个维度（经济、环境、社会）的整合来综合分析可持续供应链的实践。当前可持续供应链研究热点主要聚焦于以下四个方向，归纳如下：基于可持续供应链网络完整性视角的研究；基于可持续供应链三个维度整合的研究；基于新兴技术与可持续供应链相结合视角的研究；基于不同经济体、具体行业可持续供应链多尺度分析视角的研究。

（1）基于可持续供应链网络完整性视角的研究

此研究热点内容主要聚焦在可持续供应链的影响因素、风险和协同创新。国内外学者对于可持续供应链影响因素的研究占比较大，近些年来一直是可持续供应链领域的研究热点。供应链管理的核心问题是合作和协调成员关系，可持续供应链的利益相关主体之间如何影响供应链的可持续实践则是本书中运行机制框架构建的基础。通过总结归纳将可持续供应链影响因素分为内外部动力因素和障碍因素来进行阐述（详见表1-5）。可持续供应链风险管理的研究主要侧重从经济绩效、社会责任与环境管理三个方面设计一个有效的可持续供应链弹性解决方案来降低不同的风险。

① 可持续供应链影响因素

外部驱动主要包括监管驱动和社会驱动、市场驱动。

监管驱动主要包括国家监管行为，政府立法，制定可持续发展相关的政策、条例、规范，财政支持，行业监管及宣传教育。Wang等提出环境立法、法规、许可证发放和政府补贴是环境成本管理的主要驱动因素。政府可以通过规范商业环境来引导农业供应链的可持续发展，加大资金支持力度，优化高校科技结构[34]。Karmaker等以新兴经济体为研究对象，提出政府应向供应链合作伙伴提供财政支持（提供激励、减税、贷款），以应对新冠疫情对可持续供应链的直接冲击。此外，考虑到健康协议和自动化的政策制定对于供应链的长期可持续性至关重要[35]。Jia等基于制度理论提出发展中国家可持续供应链的驱动力为国家监管行为，具体表现为国家相关法律、政策以及进出口国家的法律法规[36]。Uttam等对印度制造业采用可持续供应链实践定性和定量分析，提出规范性和工具性的驱动因素促进了社会可持续性供应链的使用[37]。周鲜成等基于利益相关者理论,研究了影响可持续供应链企业社会责任协同推进的三大因素——资源、制度和协同,并构建了可持续供应链治理、政府监管和社会监督三位一体的协同推进机制[38]。

社会驱动主要包括非政府组织压力,社会价值导向,公众压力、媒体压力。Fernando等指出大多数制造企业还没有意识到他们在发展当地供应商和社区方面的作用和社会责任。通过承担社会责任,企业可以提高品牌知名度,获得良好的企业声誉,增加销售额,观察到企业增长和提高客户忠诚度[39]。Raut等通过对可持续供应链关键行为因素分析,认为全球气候压力和资源生态稀缺是可能迫使行业实施可持续做法的最具影响力的标准[40]。Mohseni等研究发现具有竞争力的媒体宣传是农业可持续供应链重要的驱动因素之一。在政府和供应商的合作下,公众的意识和需求可推动食品供应链实现可持续发展的目标[41]。李战国等在对调水工程可持续供应链影响因素识别中,提出生态补偿、对水源地居民的补偿机制等因素是供应链实施的关键因素[42]。

市场驱动主要包括保持竞争优势,来自竞争对手的压力,投资者的压力,供应商的压力,客户的压力,以及品牌声誉与价值。Govindan等通过文献综述确定多层供应链中与社会可持续性相关的驱动因素,其中重要驱动力是来自利益相关者的压力,与供应商的合作,可持续发展的竞争优势[43]。Dai等基于制度理论和资源基础观,实证检验了客户压力和竞争压力对可持续供应链管理实践的驱动作用及其相互作用。[44]魏洁云等通过系统文献综述法概括出满足客户需求、环境规制等六个因素是制造企业参与绿色产品创新的动力[46]。海伦沃克等探讨可持续供应链在7个处于各自行业领先地位的企业的实施情况,并得出影响可持续供应链的因素主要为:客户需求、声誉风险、利益相关者的介入(包括政府和非政府组织)[47]。

外部障碍因素主要包括缺乏强制性法律,缺乏政府支持,基础设施落后,供应商障碍等。贺彩虹等提出可持续供应链外部制约因素主要为政府干预、低价竞争、供应商因素,并建立模型对其详细阐述[48]。Uttam等在对发展中国家可持续供应链实践分析过程中,确定了两类新的障碍:官僚主义和社会、人口因素[37]。Bhandari等对服装和时尚奢侈品行业的可持续供应链实施障碍进行基准测试,结果表明"管理、政府支持度和基础设施"在所有障碍维度中是最重要的[49]。

可持续供应链内部动力主要来自于供应链网络结构上的企业本身,主要从战略因素、组织因素等角度分析。企业战略驱动主要包括高层管理人员承诺、组织战略、创新能力、业务行为准则、信息共享、运营绩效。Ghufran等描述了对建筑项目可持续性的12个推动因素之间的相互关系,结果表明敏捷性、信息共享、战略风险规划和可见性是供应链可持续性的关键推动因素[50]。荆浩等采用文献研究方法归纳出包括企业内外部的利益相关者、企业创新能力、战略因素以及政策和法律法规[51]。Guimarães等通过对巴西咖啡利益相关者的调查,得出巴西咖啡行业可持续供应链管理的主要驱动力是社会责任、经济绩效/改善、法规(环境、区域、国际)以及创新商业模式的使用[52]。Khan等在文献综述中总结出可持续供应链的驱动因素中企业战略有:可持续发展的组织文化、健康与安全问题、管制政策、高层管理者的参与、战略规划、信息资源共享、产品生态设计、有效的沟通和供应商承诺[53]。Danese等研究从驱动因素和促成因素的角度来进行可持续供应链的良好监控和协作配置,供应链环境、领导力、可持续发展目标、可持续发展的组织结构和文化等被认为是有效的促进因素[54]。

组织因素驱动主要包括人力资本、员工压力或参与度、技术和设备、培训与发展、地理位置、国际化程度、当前企业可持续实践水平。Khan等在文献综述中总结出可持续供应链的驱动因素中组织因素有:有效的沟通、员工激励、环境教育和训练、可持续实践的选择、可持续发展项目的跟踪与监控、将政府的可持续发展政策与系统相结合[53]。杨秋玲等构建了可持续供应链管理的关键影响因素指标体系,涵盖政府、企业和消费者三个维度。在企业维度中,关键指标包括企业资本与技术、管理层支持与承诺、员工参与度等,其中管理层支持与承诺和员工参与度是重要指标[56]。

内部障碍因素包括降低成本的压力,缺乏对可持续的关注,财务脆弱性,供应链沟通不足。Tseng等采用模糊德尔菲法对纺织行业供应链的指标进行验证,结果表明,可持续供应链管理(SSCM)有效性的最主要障碍因素是财务脆弱性、供应链不确定性、风险评估和弹性[57]。Khan等在文献综述中总结出可持续供应链的障碍因素有:高级管理人员的忽视、耗费巨大成本、缺乏专业知识、缺乏资源、缺乏沟通、拒绝改革、技术兼容性、缺乏组织能力、缺乏清晰的视野和技能、基础设施落后、企业目标与客户需求差异、落后的绩效评估系统、缺乏技术技能、缺乏IT系统标准、缺乏现代技术、统计理论应用不足、缺乏与供应链联络、团队/员工缺乏兴趣[53]。

表 1-5 可持续供应链驱动和障碍因素

驱动和障碍	具体因素	文献来源
监管驱动	国家监管行为,政府立法,制定可持续发展相关的政策、条例、规范,财政支持,行业监管、宣传教育	Wang et al.　Karmaker et al.　Jia et al.　Uttam et al.　Syed Abdul Rehman Khan　Guimarães et al.　周鲜成等　李战国等　邵争艳等　魏洁云等　朱庆华
社会驱动	非政府组织压力,社会价值导向,公众压力、媒体压力	Fernando et al.　Raut et al.　Mohseni et al.　李战国等
市场驱动	保持竞争优势,来自竞争对手的压力,投资者的压力,供应商的压力,客户的压力,品牌声誉与价值	Govindan et al.　Dai et al.　海伦沃克等　魏洁云等　邵争艳等
企业战略驱动	高层管理人员承诺,组织战略,创新能力,业务行为准则,信息共享,运营绩效	Ghufran et al.　Guimarães et al.　Khan et al.　Danese et al.　朱庆华　Burki et al.
组织因素驱动	人力资本,员工压力或参与,技术和设备,培训与发展,地理位置,国际化程度,当前企业可持续实践水平	Khan et al.　杨秋玲等　邵争艳等　魏洁云等　海伦沃克等　解学梅等　赵盼红
外部障碍	缺乏强制性法律,缺乏政府支持,基础设施落后,供应商障碍	Uttam et al.　Bhandari et al.　贺彩虹等
内部障碍	降低成本的压力,缺乏对可持续的关注,财务脆弱性,供应链沟通不足	Tseng et al.　张松波等

②可持续供应链风险管理的研究

新冠疫情在全球蔓延、国际贸易保护主义、地缘政治冲突、气候变化等,给可持续供应链带来了挑战和风险。近年来,学术界对可持续供应链风险管理(SSCRM)的研究持续升温,可持续供应链风险主要分为:经济风险、社会风险、环境风险。

经济风险。Fu 等以农产品可持续供应链发展面临农产品定价不公平和不利天气导致的产量不确定性作为风险要素,建立了一个由对损失厌恶的农民和对损失中立的企业组成的两梯队决策模型。为了缓解不确定的采购价格对农民利润的影响,建立了保证价格机制[58]。Arabsheybani 等运用基于比率分析的模糊多目标优化模型对供应商的整体绩效进行评价,降低企业可持续发展所面临的风险[59]。Syed 等研究了可持续供应链风险、供应链整合和企业财务绩效之间的关系,通过实证分析了可持续供应链风险的三个维度对供应链整合和财务绩效的定量因果关系[60]。Yang 等提出信用风险管理是实现可持续供应链经济收益的重要手段。因此,运用模型识别影响中小企业信用风险的因素,并预测中小企业的信用风险[61]。

社会风险。Zimmer 等提出社会问题的压力会导致利益相关者的负面影响,例如声誉损失。因此开发了一个有效评估全球供应链的社会风险的模型[62]。Da Silva 等从企业社会责任的角度提出丰富规范性决策分析的未来研究议程,融合了理性主义和行为—混合分支,以更好地应对行为偏见和扭曲的心理和政治因素[63]。Chen 等使用解释结构模型(ISM)增强印度电信行业的可持续供应链管理实践。研究发现"政府政策(法律法规)"和"技术快速变化的影响"都是影响电信供应链可持续性的独立或关键因素。政府应建立公正、公平、公开的法律和法规,以防止电信行业供应链中的风险[64]。许建等以汽车行业为例,在可持续供应链管理中引入共同治理的标准,对企业社会责任进行风险评价、监督和管理,以实现有效治理[65]。

环境风险。Mari 等的研究侧重于生态可持续性,因为供应链系统中的环境焦点更重要,也与可持续性的其他支柱联系在一起,因此产品需要以更具社会道德的方式生产、包装和运输,不应该损害社会平衡和环境。鉴于此需要引入一个可持续和有弹性的供应链网络优化模型[66]。Azadnia 等运用已开发的综合模糊决策方法,对乳业的绿色营销风险因素进行评估,针对排名较高的风险因素,提出了降低风险策略[67]。Fattahi 等利用各种技术对进行生物发电的供应链(SC)系统进行设计和规划,建立了两阶段随机规划模型,在随机和高季节性生物量供应条件下寻找有效的设计策略[68]。

(2)基于可持续供应链三个维度的研究

目前对可持续供应链的研究维度为整合经济维度、环境维度、社会维度三个维度进行研究。

基于经济绩效视角的研究。供应链的目标之一是实现整体效率和利润最大化。经济绩效是衡量企业在供应链中实现经济目标和效益的重要指标。企业通过提高效率、降低成本、优化资源利用和增加利润等手段,追求供应链的经济效益最大化。李健等对供应链金融的现状进行梳理,提出承担可持续发展的社会责任是供应链金融发展的长远目标[69]。曹华林等则从可持续设计的角度出发,分析闭环供应链各环节的差异定价对供应链可持续性的影响[70]。Jia 等着重研究了供应链金融解决方案如何促进供应链的可持续性表现,并提出一个发展概念框架[71]。Sudusinghe 等以服装供应链为研究主体,分析社会实践的可持续与经济的可持续绩效相互关系[72]。

基于社会责任视角的研究。在现有文献中,对社会层面的研究逐年增多,各国学者更加注重从可持续供应链管理中的社会责任角度进行研究。莫赞等研究了企业社会责任和政府补贴对制造商主导的可持续供应链的影响[73]。肖序等基于制度理论的研究表明,制度压力对供应链关系管理和可持续供应链设计都有积极影响[74]。Kumar 等采用了基于德尔菲的模糊层次分析法,评估了发展中国家实施基于社会责任的成衣供应链采购的可持续驱动因素[75]。Qian 等通过建立数学模型,研究了一个由有社会责任感的制造商和有公平意识的零售商组成的两级可持续供应链中的渠道协调问题[76]。

基于环境管理视角的研究。环境管理一直是可持续供应链研究的热点。田虹等的研究专注于企业绿色发展和可持续发展问题,对绿色供应链管理对可持续竞争优势的影响进行了深入探索[77]。陈玉玉等研究了包含制造商和零售商的可持续供应链中的寄售契约和减排技术投资[78]。Zhou 等采用偏最小二乘结构方程方法探讨了公平感知、嵌入和知识共享对可持续供应链绿色创新的驱动作用[79]。

基于三个维度的整合的研究。从文献计量分析结果得出,"三重底线"研究是近五年的研究热点,多数学者整合三个可持续维度来进行研究。Sherafati 等通过整合各种碳监管机制,构建了一个涵盖可持续性的三个维度,即经济、环境和社会的供应链网络[80]。朱新球发现供应链弹性对供应链可持续性有正向影响,而供应链的可持续性对供应链绩效也有正向影响。在供应链管理中应综合考虑经济、社会和环境的可持续性[81]。谢琍等研究表明,环境绩效和社会绩效对企业经济绩效有显著的正向影响,外部管理实践的改善能提高环境和社会绩效,进而增加经济绩效[82]。杨晓艳等提出利用碳排放交易机制可实现经济、环境最优化,并从社会维度考虑来实现可持续发展[83]。

(3)基于新兴技术与可持续供应链相结合视角的研究

新兴技术在可持续供应链管理中的作用日益得到认可,也引起了国内外学者的浓厚兴趣。当前可持续供应链研究热点大部分集中在工业4.0、大数据、数据挖掘、物联网、区块链、人工智能技术提高供应链透明度、促进可持续实践方面。Kunkel 等指出随着工业4.0在供应链中宣布到来,数字化预计将重组供应链中的采购企业和供应商合作的方式及信息交流方式,促进企业之间在可持续发展问题上的合作[84]。Kazancoglu 等认为工业4.0通过提高供应链管理的效率和可持续性,帮助企业向循环经济过渡。调查从线性经济到循环经济过渡的潜在风险,并从可持续供应链的运营管理角度提出了基于工业4.0的应对措施[85]。Peng 等利用大数据技术研究了不同碳监管政策下供应链网络的综合运输规划与零售优化问题[86]。Bag 等研究指出大数据分析人才可有效促进供应链创新和可持续性[87]。Munir 等提出区块链不仅将通过有效的可追溯性,利用信息共享增强可见性、流程透明度和整个结构的去中心化来提高供应链的经济可持续性,而且还将通过资源效率、问责制、智能合约、信任发展和预防欺诈来帮助实现环境和社会的可持续性[88]。Saberi 等提出为了实现可持续发展目标,当地和全球政府、社区和消费者的压力促使人们进一步研究区块链如何解决和帮助供应链的可持续发展问题[89]。

(4)基于不同经济体、具体行业可持续供应链多尺度分析视角的研究

之前大多数已发表的关于社会可持续发展的文章都集中在发达国家的供应链上,因为发达国家的经济稳定使其能够独立处理环境和社会问题[90]。随着供应链全球化趋势加强,企业在社会可持续性方面面临的大多数挑战主要与发展中国家供应链中的内部利益相关者有关。国内外学者将研究方向逐渐转为新兴经济体可持续供应链问题的研究。当前可持续供应链在具体行业的研究主要涉及服装、食品、农产品、建筑、制造业(汽车、电子)、能源(油气、电力)行业。Sabuj 等以孟加拉国成衣部门为研究对象提出新兴经济体背景下环境可持续性的关键因素[91]。Nayak 等提出可持续供应链管理的概念,并确定环保实践已被许多全球时尚品牌所采用。越南是东南亚领先的时尚制造国之一,发展中国家的时尚产业正面临着遵守可持续发展规范的巨大压力[92]。Fernando 等在马来西亚的151家认证制造企业中测试了能源管理实践对可再生能源供应链举措的影响。结果显示,能源管理实践、最高管理层承诺、能源意识和能源审计四个维度与可再生能源供应链举措的发展呈正相关[93]。

Mastos 等以食品行业为例,开发可持续供应链管理(SSCM)关键因素、实践和绩效的测量工具[94]。

1.2.3 煤炭可持续供应链研究现状

随着人们越来越重视碳排放对环境的影响和社会责任,可持续发展的概念也逐渐被引入煤炭供应链,以实现煤炭供应链可持续发展的目标。从煤炭开采开始,煤炭的整个生命周期都要经历采煤、洗选、运输、加工、转化、消费、废物处理等过程。基于环境原则、可持续发展和零排放的概念,提出绿色供应链(GSC)、可持续供应链(SSC)和低碳供应链(LSC)。采用碳足迹评估对煤炭供应链进行调查,涵盖了 GSC、SSC、LSC 的主要关注点,如绿色生产、社会责任、低碳排放等[95]。截至目前,学术界对于煤炭供应链可持续性的研究已经较为深入,但人们着重是围绕以下方面展开讨论:煤炭供应链可持续评价,煤电供应链协调机制,以及煤炭绿色供应链的构建。此外,还有研究聚焦于低碳视角下的供应链优化。

在煤炭供应链可持续评价研究方面,Ma 等为显著提高"双循环"背景下中国煤炭供应链可持续发展评价的系统性和科学性,提出了一个包含五个维度的煤炭供应链可持续发展评价指标体系,基于多粒度不平衡决策和 TOPSIS 理论,建立了评价模型[95]。Wang 等以煤炭供应链管理理论为基础,设计煤炭供应链二氧化碳核算模型,采用理论联系实际的方式,全面评价了工艺碳和单位经济价值碳排放指标,这引起学术界的广泛关注[96]。Li 等以煤炭供应链网络为研究对象,结合碳排放政策,提出了一个综合决策模型,旨在实现煤炭供应链的可持续设计[19]。Sun 等从可持续发展的角度,探索和分析了中国省级电力发电机组的可持续绩效和技术异质性,提出了双系统模型来评价电力发电机组的可持续绩效、发电绩效和销售绩效[97]。宋或等以煤炭企业供应链为研究对象,在参考国外先进研究经验的基础上,设计了新的煤炭供应链绩效评价模型。研究结果表明,该模型适用于低碳经济环境[98]。

在煤电供应链协调机制研究方面,达博文以煤电供应链为研究对象,借鉴国内外积累的实践经验,提出煤电企业技术减排策略,同时结合我国的社会、经济、政策发展现状,提出煤电供应链均衡策略。这不仅降低了企业生产成本,而且有利于环保[99]。王强研究了低碳政策、去产能政策和煤电联营政策下煤电能源供应链的协调运行问题,并关注长期合同履约和煤炭与电力周期性冲突,提出了优化模型[100]。刘平阔总结了中国煤电能源供应链的现状,并指出其中存在的问题,进而提出相应的改进意见。此外还深入探讨了能源供应链中交易风险管控问题[101]。李巍巍综合应用不确定性理论、供应链管理理论、契约理论和博弈论等,对电煤供应链的协调问题进行了研究,旨在提升电煤供应链绩效,促进合作关系[102]。

在低碳视域下供应链优化研究方面,靳妮倩君研究了在政府环境规制下,煤矿设备供应商和煤炭企业两级供应链的联合减排和协调问题,构建了减排成本分担契约和无成本分担下的微分博弈模型,并比较了两种情况下的最优策略[103]。Ding 等研究了燃煤电厂通过外包污染降低服务来满足环境约束条件的可行性,并考虑了成本劣势和政府政策因素[104]。吴必善研究了现代煤化工产业链上温室气体排放的来源,提出了排放因子和相关系数计量模型,以及度量和评估碳足迹的方法。同时研究了煤化工产业链碳足迹控制的管理机制和技术,以完善中国的碳交易、碳市场和碳标签机制[105]。孙学军以煤炭产业供应链为研究对象,以降低企业生产成本、提高效率为目标,利用信息技术设计出煤炭产业低碳供应链的架构[106]。

在煤炭绿色供应链构建研究方面,Cao 等从直接成本的角度提出了二氧化碳排放估算模型,并建立了系统动力学模型,模拟了绿色电煤供应链全生命周期的二氧化碳减排情景[107]。Rao 等研究了绿色供应链管理对企业可持续发展的重要性,并重点研究了在模糊信息环境下进行电煤绿色采购的供应商选择问题[108]。路世昌等研究了煤炭供应链中的库存问题,分析了库存的不确定影响因素,并在报童模型基础上进行成本建模和改进,同时提出了解决对策,有助于构建煤炭企业的绿色供应链系统[109]。李丹等分析了煤炭供应链对环境的影响,提出了煤炭绿色供应链(C-GSC)的概念。他们考虑了内外部因素,研究了 C-GSC 的流程,并建立了相关模型,旨在实现煤炭企业绿色供应链管理的目标[110]。

1.2.4 供应链运行机制研究现状

运行机制是指系统中相互影响的诸要素所形成的特定组织功能及其作用原理与运行方式。供应链中的各节点企业建立起利益共享、风险共担和协同合作的合作伙伴关系,体现了供应链的依存关系。近年来,学界人士在运用供应链管理理论研究实际供应链运作过程中存在的一些问题,比如信息不对称导致的决策困难、各利益主体的利益不一致、运行动因不明和合作机制不健全以及风险控制不足等,目的在于提高供应链运行效率和稳定性。

学术界根据不同逻辑体系对供应链运行机制开展了深入和有成果的探讨。现阶段,供应链运行研究集中在特定行业的供应链,主要包括食品行业供应链、信息业供应链等领域。农产品供应链稳定运行关系国家民生,该领域的研究较为丰富。吴强从质量形成过程、影响因素和控制目标探讨了乳品供应链质量协同控制的机制,包括形成机制和实现机制[111]。梁文卓在"形成—发展—提升—稳定"逻辑体系的指引下,基于动力强化机制、利益分配机制、协同运行机制、风险管控机制等机制体系构建了创意农产品供应链的完善运行机制系统[112]。谭丹则纳入动力形成、信息共享等因素,构建出符合现代企业实际需要的农产品绿色供应链运行机制[113]。刘增金从基于质量安全的视角探讨了包含评价反馈机制、信息传递机制和监督管理机制的中国猪肉可追溯体系运行机制,并考察了生猪产业链参与者对猪肉可追溯体系的意愿以及猪肉可追溯体系在猪肉质量安全保障方面的作用[114]。许金立分析了农产品供应链内不稳定性的根源,构建了基于供应链协同运作的运行机制模型,包括组织机制、合作机制、利益机制和支撑机制[115]。也有部分学者关注到信息产业供应链运行机制的研究。肖钠通过将信息生态链理论与图书馆供应链相结合,提出了基于成长机制、合作共享机制、竞争机制、协同机制、循环机制和平衡机制的图书馆供应链信息生态链的运行机制结构[116]。许孝君剖析商务网络信息生态链的形成机理,构建了商务网络信息生态链的运行机制,该运行机制从网络生态链成长、发展、平衡、合作、协同五个层面进行探讨[117]。同时也有学者从生命周期发展阶段视角对运行机制进行分解,单丽辉将物流网络的运作模式分为形成期、成长期、成熟期和衰落期四个阶段,并提出资源整合、动态联盟和协同优化能够在较大程度上改善和优化物流网络协调运行的关键机制[118]。

1.2.5 研究评析

通过以上文献综述,可以看出:

1)煤炭供应链研究领域是一个涵盖能源、环境科学、绿色技术和可持续发展等多个学科交叉的领域。目前的学术文献对煤炭供应链进行了广泛的探讨,大部分学者着重围绕煤炭供应链风险管理、金融问题、优化及煤炭供应链的绿色化改进等方面。在风险研究中,研究者主要关注煤炭供应链风险源的识别和测度。在金融方面,研究者探讨煤炭供应链的金融风险、融资决策和服务模式。在优化研究中,主要考虑煤炭供应链的多目标决策和优化模型的构建。绿色供应链的研究主要集中在构建和仿真煤炭绿色供应链管理系统,研究煤炭对气候变化的影响,以及碳捕集和封存技术回收二氧化碳等问题。此外,还关注清洁能源或可再生能源对煤炭供应链的影响问题。煤炭供应链领域的研究常借助生命周期评估法、博弈论、混合整数线性规划、投入产出法和系统动力学等方法,以分析煤炭供应链网络的稳定性和制定面对不确定性时的应对策略。

通过综合文献调研可以得知,目前对于煤炭供应链的研究主要聚焦在煤炭生产企业的角度,但缺乏对以煤炭生产企业为主导的供应链进行全面探讨的文献,也未能建立起相应的理论体系。特别是以经济、社会、环境三个要素和煤炭的全生命周期视角来研究煤炭企业供应链的文献非常匮乏。煤炭供应链的可持续优化研究对于实现煤炭行业的高质量发展具有积极意义,同时,此方面的研究也有利于推动整个社会的可持续发展。不仅对能源资源的合理利用和节约具有重要意义,而且在减少环境和社会负面影响方面也起到关键作用。因此,探索煤炭供应链的可持续优化方法,既是能源研究的趋势,也是平衡生态效益、经济效益的重要举措。

2)可持续供应链领域的学术文献仍处于快速增长阶段。分析已有的文献资料可知,目前基于可持续供应链内涵的研究较多,也积累了丰富的实践经验;除此之外,基于新兴技术与可持续供应链相结合的研究,基于不同经济体、具体行业可持续供应链多尺度分析的研究也较为深入。基于可持续供应链内涵的相关研究重点探讨的是供应链内外部影响因素,如可持续供应链影响因素、风险管理的研究;基于可持续供应链三个维度整合的研究主要集中在经济、社会、环境绩效以及三个维度整合的研究;基于不同经济体、具体行业可持续供应链多尺度分析的研究主要集中在对新兴经济体即发展中国家供应链可持续性事件的研究,具体行业主要涉及服装、食品、农产品、建筑、制造业(汽车、电子)、能源(油气、电力)行业。可持续供应链研究方法主要使用基于生命周期评估模型、均衡模型、多准则决策方法、层次分析法、博弈论等。

纵观现有文献,对传统能源供应链可持续研究以及从运作管理的视角对可持续供应链问题的研究相对匮乏。能源行业尤其是传统能源行业受制于国际政策,大多数研究只涉及环境方面,社会层面的研究仍有很多不足,且研究者主要运用传统的环境问题评估方法来分析社会可持续性,然而,社会层面与传统的环境层面相差甚远,很多社会问题不容易评估和量化,涉及的利益相关者也比较复杂,需要在研究方法上取得更多突破,以尽可能地提高所得结论的可信度和效度,从而更有针对性地指导实践。现阶段,不少学者开始从运作管理的角度研究可持续供应链问题。总的来说,人们综合纳入了经济、环境和社会等要素,通过量化的方式进行分析,并寻求在短期内实现双赢,在长期内实现整个系统的多赢的方法。然而,在处理这类问题时,需要提出更多更有效的算法来降低其复杂性。另外,对社会责任目标的量化研究也是当前亟待解决的问题之一。因此,进一步研究和发展在可持续供应链中的运作管理理论和方法,以解决这些挑战,具有重要的学术和实践价值。

3)煤炭企业可持续供应链领域相关研究文献较少,在中国知网和Web of Science中搜索煤炭可持续供应链文献,共有22篇。现有的研究主要是围绕煤炭供应链可持续评价、煤电供应链协调机制、煤炭绿色供应链构建、低碳视域下供应链优化四个方面来展开。对已收集到的资料进行分析可知,现阶段煤炭可持续供应链运行机制的相关研究较少,也未能构建起相应的理论体系。在新时代下,可持续的煤炭供应链管理不仅需要关注低碳、绿色,即采用不同煤炭产品的技术创新减少其在供应链中的碳足迹,而且还应关注供应链的社会责任、稳定、弹性和透明度。有效整合煤炭供应链内外部因素,加强上下游成员之间协作的灵活性,考虑每个供应链节点的优先级,从流程类型和节点脆弱性两个方面对供应链网络的薄弱环节进行调查和评估,以降低供应链网络连锁反应的潜在风险。同时,对链条上成员通过契约进行收益分配,加强供应链成员之间的合作,有助于增强企业之间的信任,提高企业的声誉,促进企业高质量发展。

4)供应链运行机制的研究主要基于供应链"形成—发展—稳定"的发展规律和基于"竞争—合作—协调"的机制这两个逻辑进行。现有供应链运行机制的研究主要集中在具体行业供应链上,缺少微观企业层面供应链运行动因、主体收益、主体间合作机制以及风险管控等问题的研究。对于煤炭供应链运行机制的研究,现有文献主要集中在煤电供应链的协调方面。这些研究关注的角度主要是通过采用收益共享契约、惩罚长期契约和电网补贴等机制,实现煤电供应链的协调,以确保电煤的供需平衡。然而,对于煤炭企业供应链中上下游节点企业之间各利益相关主体相互关系及其作用机理的研究相对较少。因此,值得进一步研究煤炭企业供应链中不同利益相关主体之间的相互关系,探索其作用机理以及影响煤炭供应链运行的因素。这对于全面了解煤炭供应链的运行机制具有积极意义,也可以为实践提供参考。

本书重点分析了煤炭企业可持续供应链的运行机制,以大型煤炭企业为主导,将可持续供应链理念与煤炭企业供应链相结合。通过采用定量模型,研究煤炭企业可持续供应链的驱动机制、利益协调机制、协同合作机制、风险防控机制和保障机制,以深入了解和解决煤炭企业供应链运行中存在的影响可持续性的因素。

1.3 研究目标和研究内容

1.3.1 研究目标

本书旨在研究煤炭企业可持续供应链的运行机制,该供应链涉及煤炭生产企业、煤炭供应链管理商和煤炭消费企业等多个主体。当供应链中的任何环节或主体发生问题时,都会对供应链的稳定运行造成干扰,降低供应链的效率甚至导致供应链的崩溃,对行业的可持续发展产生不利影响。根据上述研究成果,明确本书的研究框架,然后根据供应链的运行阶段——"初始—探索—优化—稳定—创新",从驱动机制、利益协调、协同合作、风险管控和保障机制等多个维度进行分析。通过定量化、科学化等方法,旨在平衡生态效益、经济效益、社会效益,提高供应链运行的效率和稳健性,促进煤炭行业的高质量和可持续发展。本书成果将为煤炭企业可持续供应链的实际管理提供参考,并丰富相关领域的研究内容。

1.3.2 研究内容

煤炭企业可持续供应链概念的界定。本书先对可持续供应链、煤炭供应链、煤炭可持续供应链进行了概念界定,在此基础上通过梳理煤炭企业供应链的三个维度、利益相关者、结构、发展阶段等形成了对煤炭企业可持续供应链的系统认知,之后采用理论联系实际的方式,剖析煤炭企业可持续供应链的运行机制,从而为后续的研究奠定基础。

煤炭企业可持续供应链驱动机制研究。在可持续供应链发展的初始阶段，基于制度理论和资源基础理论识别出煤炭企业构建可持续供应链的内外部驱动因素，主要包括：社会压力、市场压力、监管压力、企业内部管理、资源禀赋等，并详细分析其驱动机制。基于计划行为理论，构建了煤炭企业可持续供应链驱动机制的结构方程模型，利用实证方法以明晰内外部驱动因素通过企业的可持续意愿在企业经济可持续实践、环境可持续实践、社会可持续实践等方面的内在作用机制，从而为进一步推动煤炭企业构建可持续供应链提供理论依据。

煤炭企业可持续供应链收益协调机制研究。在可持续供应链探索阶段中，研究重点关注环境管理。基于"碳减排"背景下收益协调问题，构建煤炭企业可持续供应链中煤炭生产商和供应链管理商在完全信息下二者的收益动态博弈模型，以实现主体间的利益协调。首先对煤炭企业可持续供应链联盟予以讨论，将可持续供应链驱动因素之一的市场压力中的低碳偏好变量引入需求函数，基于成本共担契约模型，构建煤炭生产商和煤炭供应链管理商利润分配模型，并在考虑生产企业碳减排和双方企业的碳减排水平的情况下构建收益协调机制模型，并结合调研数据进行仿真分析。

煤炭企业可持续供应链协同合作机制研究。在可持续供应链优化阶段，构建煤炭生产商和煤炭供应链管理商两方主体协同合作的演化博弈模型和煤炭生产商、供应链管理商、政府，三主体协同合作演化博弈模型，目的是升级、创新供应链体系。根据上述研究成果，进一步将参与实现供应链整体协同合作的供应链内部生产商和供应链管理商以及供应链外部利益相关体——政府三个主体同时纳入模型进行考量，进而提出适用于该模型的进化稳定策略以及演化路径。同时借助先进的 MATLAB 软件对实际案例展开一系列分析，以明确各种因素对于供应链协同合作的影响程度。

煤炭企业可持续供应链风险管控机制研究。在可持续供应链稳定发展阶段，诸多风险影响供应链的稳定性及可持续性。基于此构建可持续供应链情形下的煤炭企业风险管控评估体系，结合模糊综合评价法，对可持续供应链进行风险管控。在本书研究中，首先，归纳出供应链不同阶段面临的各方风险，采用层次分析法对构建的风险评估指标体系进行重要度赋权；其次，结合模糊综合评价法对案例企业进行风险评价，探究如何降低煤炭供应链风险发生的概率；最后，从风险防范机制、风险监控机制的角度提出企业在应对内外部风险时应采取的系统策略。

煤炭企业可持续供应链保障机制研究。在可持续供应链创新阶段,面临着转型和升级的挑战,通过明确保障机制、设计目标及设计思路,从政治保障、经济保障、技术保障、人才保障等方面建立完善的供应链保障体系,为煤炭企业提供有力支持,推动企业创新和转型的顺利进行,从而实现战略愿景的落地。

1.4 研究方法和技术路线

1.4.1 研究方法

煤炭企业可持续供应链是一个非常庞大、复杂的体系,融合了多门学科。因此在进行该领域的研究时涉及的理论方法也较为复杂。比如矿产资源学、煤炭开采、可持续发展理论、生命周期理论、三重底线理论、供应链协同理论、复杂系统等理论以及运筹学、结构方程、博弈论和遗传算法、层次分析法等研究方法。在研究方法方面,本书主要采用了以下几种方法。

1)专家访谈与调查相结合。选取河南能源集团下属义煤、焦煤、平煤,以及山西潞安矿等大型煤炭企业做实地考察,与专家进行充分的沟通交流,以收集相关研究资料、数据,在此基础上,提出煤炭企业可持续供应链发展对策。

2)文献计量分析法。本书采用 CiteSpace 绘制可持续供应链研究的知识图谱,掌握该领域研究机构、相关学者的专注点和合作情况等,通过关键词聚类分析找出可持续供应链领域的热点研究主体、研究思路和研究前沿方向,并明确以往关于可持续供应链研究的主要内容,为本书关于煤炭企业可持续供应链的研究奠定理论基础。

3)实证研究方法。引入相关理论,设计出可持续供应链驱动机制理论模型,并提出相应的假设。本次研究中通过展开问卷调查来收集资料,然后采用 SPSS、Amos 软件对所得资料和信息进行统计、处理,验证理论模型中变量之间的关系,以检验所提假设是否成立。

4)博弈论。应用博弈论界定供应链运行主体,简要分析各主体之间的合作与冲突关系,并对推进可持续供应链的煤炭企业上下游环节的各主体进行博弈分析。采用斯塔克尔伯格博弈和演化博弈来进行可持续供应链利润分配和协同合作的研究,并设计运行主体竞争博弈的流程。

5)多标准决策分析。采用德尔菲法和变异系数法确定风险评价指标体系。运用层析分析法和模糊综合评价法构建煤炭企业可持续供应链的风险评价模型。层次分析法用来确定各个风险因素的重要性权重,并用模糊综合评价法,得到煤炭供应链的风险评价结果。

1.4.2 技术路线

本研究按照煤炭企业可持续供应链发展的阶段:初始阶段(驱动机制)—探索阶段(收益协调机制)—优化阶段(协同合作机制)—稳定阶段(风险管控机制)—创新阶段(保障机制)来进行运行机制的研究,具体研究思路见图1-14。

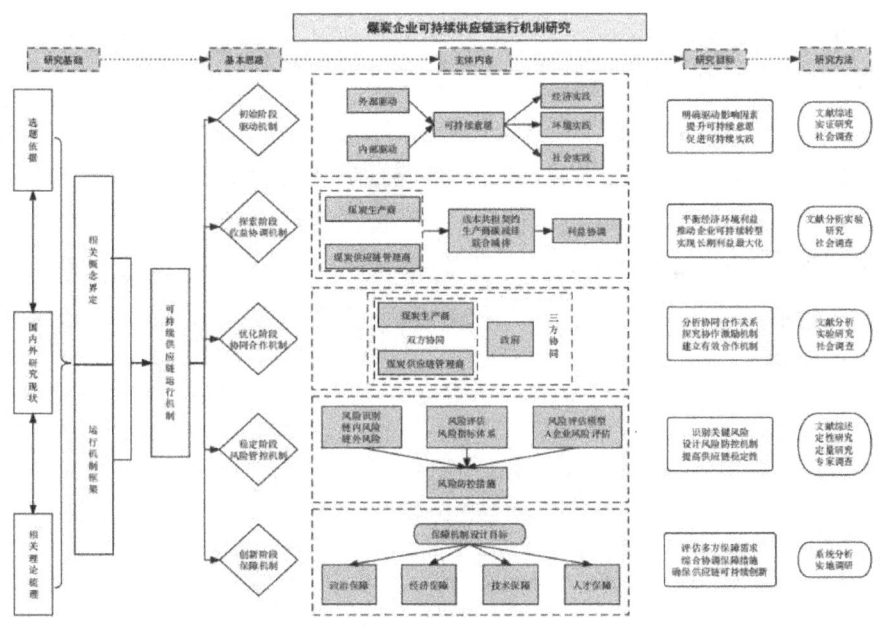

图 1-14 技术路线图

1.5 创新点

1)厘清了煤炭企业可持续供应链内涵及运行机制与框架。从发展维度、结构、利益相关者、发展阶段等方面研究了煤炭企业可持续供应链的内涵,按照煤炭企业可持续供应链发展阶段"初始—探索—优化—稳定—创新",建立了以驱动机制、收益协调机制、协同合作机制、风险防控机制、保障机制为核心的煤炭企业可持续供应链运行机制框架。

2)构建了煤炭企业可持续供应链驱动因素模型,明晰了内在驱动机理。基于计划行为理论、资源基础理论、制度理论,将企业可持续意愿作为中介变量,构建了煤炭企业可持续供应链驱动因素的结构方程模型,明晰了不同维度影响因素对促进煤炭企业可持续供应链形成与搭建的内在驱动机理。

3)构建了煤炭企业可持续供应链收益协调与协同合作博弈模型,研究各利益相关主体在供应链中协调优化机制。首先,结合成本共担契约,采用斯塔克尔伯格博弈建立煤炭供应链管理商主导的两级供应链收益分配博弈模型,探讨了共生和非共生决策、成本共担契约下的非共生决策以及联合减排和成本共担契约下的非共生决策对煤炭企业可持续供应链收益协调的影响。其次,采用演化博弈模型从传统的双主体的平面博弈拓展至三主体的空间博弈,使参与供应链协同合作的生产商、供应链管理商、政府全部纳入模型分析之中,从时间顺序的角度研究了供应链的协同发展和可持续性。

4)构建了煤炭企业可持续供应链全面风险管控体系。从经济、环境、社会等多个维度对供应链中的风险进行识别和分析,将可持续发展原则纳入煤炭供应链风险管控,构建了8个一级风险指标、40个子指标的煤炭企业可持续供应链风险评估管控体系。

2 理论基础和相关概念界定

2.1 理论基础

本节介绍了本研究所使用的基础理论,包括可持续发展理论、企业三重底线理论、利益相关者理论、计划行为理论、供应链协同理论、供应链风险管理理论,为后续煤炭企业可持续供应链运行机制框架的分析提供了理论支撑。

2.1.1 可持续发展理论

可持续发展理论源自20世纪70年代的环境运动和对发展问题的深刻思考。其核心概念强调在满足当前需求的同时,保护和改善生态系统并确保资源可持续利用。可持续发展的定义最早出现在1987年布鲁特兰特的报告中,为能满足现今需求而不损害后代满足其需要的能力。可持续发展理论的关键是综合性思维,将经济、社会和环境看作不可分割的整体,追求平衡与协调,强调长期视角、参与与合作、公平与公正,以实现持久的经济发展、社会公正和环境保护。可持续发展理论是为满足人类当前和未来的需求,同时保护和改善生态系统,确保资源的可持续利用的综合性理论。

可持续发展理论将经济、环境和社会三个方面视为不可分割的整体。这意味着人类的经济发展必须与环境保护、社会公正、人民福祉等方面相协调。这种综合性思维促使我们从系统的角度来看待问题,考虑各个领域之间的相互作用和综合影响。

可持续发展理论强调长期视角,关注的是持续性和延续性。它呼吁我们在满足当前需求的同时,也要考虑未来世代的需求,并采取措施确保资源和环境的长期可持续利用。这意味着需要进行长远规划,避免短视行为带来的负面影响。

可持续发展理论追求经济、环境和社会之间的平衡与协调。它强调不能牺牲一个领域的利益来换取另一个领域的发展。例如,经济增长应与环境保护和社会公正相平衡,避免环境破坏和社会不公平等问题的加剧。

可持续发展理论鼓励各利益相关者之间的参与和合作。它强调社会各界、政府、企业、非营利组织和公民等各个层面的合作,通过共同努力解决可持续发展面临的挑战。参与和合作能够促进资源的共享、知识的交流和创新的实现。

可持续发展理论强调公平和公正的原则。它关注社会的包容性、人权、正义和机会均等。可持续发展不仅要求追求经济繁荣,而且要确保其惠及所有社会成员,尊重和保护各个群体的权益和利益。

可持续发展理论提供了一种综合性的框架,用于指导政策制定、业务经营和个人行动,以实现持久的经济发展、社会公正和环境保护。通过融入可持续发展的理论和实践,社会可以迈向一个更可持续、更平衡、更公正的未来。

2.1.2 企业三重底线理论

企业三重底线理论(Triple Bottom Line),也被称为"三重利润",是可持续发展理念在企业层面的应用。该理论于1994年由英国学者约翰·埃尔克林顿(John Elkington)提出,旨在衡量企业的综合业绩,除了经济利润外,还包括社会和环境层面的成果。经济底线是指企业的经济效益和盈利能力。它强调企业必须实现可持续的经济增长,获得稳定的利润,并为投资者提供回报。经济底线要求企业合法合规地经营,提供有竞争力的产品和服务,有效管理成本和风险,并增加企业价值。社会底线涉及企业对员工、供应商、客户、社区和整个社会的影响。它关注员工合理待遇、人权尊重、员工安全与福利,以及企业对社会的参与和责任。社会底线要求企业构建良好的人际关系,推动社会公正、多元、包容,提供对社会有益的产品和服务。环境底线关注企业对环境可持续性的影响。它强调保护自然资源、减少环境污染、推动低碳经济等环境管理实践。环境底线要求企业降低能源消耗、减少废物和排放物,采用可再生能源,推进循环经济,以促进生态平衡和环境保护。

企业三重底线理论的实施可以带来多重优势。首先,它鼓励企业以综合的方式评估自身绩效,超越单一的经济指标。其次,它有助于企业树立良好的企业形象,提高品牌价值。最后,企业三重底线的实践有助于满足消费者和投资者对可持续发展的需求,使企业取得社会认可和支持。然而,企业实施三重底线也面临挑战,其中之一是权衡不同底线之间的利益冲突并做出取舍。因此，企业需要在三重底线之间寻求平衡，制定明确的可持续发展战略，整合可持续发展目标，并确保在业务决策中充分考虑社会和环境的影响。

2.1.3 利益相关者理论

1929年通用电气公司的一位经理在就职演说中首次提出了为利益相关者服务的理念。潘罗斯在1959年出版的《企业成长理论》被视为企业利益相关者理论的先驱。利益相关者理论(Stakeholder Theory)是一种管理和商业伦理理论，强调企业应该考虑和回应与其业务活动有关的各方利益相关者。利益相关者是指受企业活动影响，对企业目标达成有密切关系的个人、群体或组织。这些利益相关者可以包括股东、员工、客户、供应商、社区、政府、非政府组织等。利益相关者理论认为，企业的目标不仅仅是满足股东的利益最大化，还应该平衡和满足其他相关者的利益。这些利益可能包括经济利益、社会责任、环境保护、人权尊重等。企业应当尊重和保护各利益相关者的权益，避免对其造成不利影响。利益相关者对企业经营决策和绩效有不同程度的影响力。股东与投资者通常关注企业的财务表现，员工关注工作条件和薪酬，客户关注产品质量和服务，政府关注合规性和税收等。企业需要了解并平衡各方的需求、利益和期望，以确保整体利益最大化[119]。

利益相关者理论强调利益相关者的参与和合作。企业应积极与利益相关者进行沟通和对话，了解他们的观点和关切，并纳入决策过程中。利益相关者的参与能够促成更好的决策结果，提高企业的透明度和责任感[119]。利益相关者理论鼓励企业采取有效的利益相关者管理措施。这包括明确和识别利益相关者，建立良好的关系，进行有效的沟通，回应其关切和利益，并在业务运营中充分考虑他们的利益。通过积极管理利益相关者，企业可以实现长期的可持续发展[120]。

利益相关者理论的实践有助于企业建立良好的企业公民形象，并提高企业的声誉和长期竞争力。它将经济绩效、社会责任和环境可持续性相结合，促使企业超越单一利益追求，关注更广泛的社会和环境影响，推动可持续发展的实现。

2.1.4 计划行为理论

计划行为理论(Theory of Planned Behavior,TPB)是社会心理学中一种

用于解释人类行为的理论模型，由 Ajzen 于 1991 年提出，是对先前行为意向理论的发展和扩展。该理论认为所有人类的行为均会受到个人的行为意向和主观规范的影响。行为意向是一个人对于在特定条件下采取某种行为的愿望。主观规范是指个人对于他人对该行为的期望和社会压力的看法。在 TPB 中，人们的行为意向被认为是预测他们最终行为的主要因素，如图 2-1 所示。

计划行为理论将行为意向形成和行为决策视为受以下三个因素影响的结果。

行为态度（Attitude）：指个体对特定行为的正面和负面评价。个人态度受到对该行为的认知评估（例如行为的结果和价值）的影响，它由个体对行为结果的重要信念和评价组成。行为态度反映了个体对特定对象的持续性偏好或不喜好，可以看作是对特定行为的积极或消极评价。形成行为态度的原因可以通过个体对特定行为结果的重要信念和对结果的评价这两个方面来解释。

主观规范（Subjective Norms）：主观规范是指个体认为他人希望或期望他采取某种行为的程度，这反映了社会对个人行为的影响力。主观规范可以被看作是个体对于重要他人或群体认为自己是否应该采取特定行为的感知。

感知行为控制（Perceived Behavioral Control）：感知行为控制指个体对于自己是否能够成功实施该行为的信念。它包括对于行为难易程度，个体所掌握的资源和技能的评估。

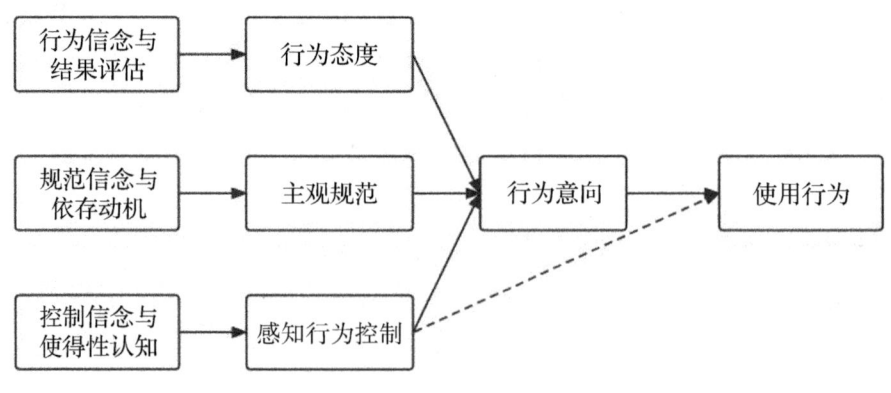

图 2-1　计划行为理论模型

计划行为理论通过整合行为态度、主观规范和感知行为控制来预测特定行为的发生。行为意向被认为是预测行动的最直接预示因素，这意味着如果一个人有积极的行为意向,他更有可能采取相关行动。计划行为理论在许多领域得到广泛应用,包括健康行为、环保行为、消费行为、社交行为等[121]。它在制定干预措施、行为变革和预测行为方面具有实用性。计划行为理论的优点在于它综合考虑了个人和社会因素对行为的影响,并提供了预测和检测行为变化的框架。然而,该理论也有一些局限性,如忽视情绪和行为习惯等因素对行为的影响,以及对不同文化和社会背景下的行为差异未能充分考虑。计划行为理论提供了一种理解和预测人类行为的框架,现今多广泛应用于行为科学、社会心理学、健康研究和组织管理等领域。

企业可持续供应链是企业在面对可持续发展和高质量转型时采取的一种战略选择。企业的可持续供应链实践主要受到管理者对内外因素的感知影响。计划行为理论聚焦于决策主体的动机,从管理者的行为态度、主观规范和感知行为控制等角度分析了决策可持续供应链的重要因素。

行为态度:管理者对可持续供应链的行为态度与其对可持续供应链的价值评估存在正相关关系。当管理者对实施可持续供应链所带来的市场价值、社会形象和经济利益有较高的预期时,他们就更有动力在管理实践中推动可持续供应链战略的实施。

主观规范:随着环境意识的提高,企业现在受到各种条件的制约,这是各利益相关者对企业经营行为日益关注的结果。消费者对可持续产品的需求不断增长,政府对环保的执法力度加大,公众对企业的监督力度也逐渐增加,这些来自利益相关者的压力成为企业主观规范的重要影响因素。企业需要重视其承担的社会责任,并满足利益相关者的期望,以推动企业的可持续供应链实践。这种主观规范压力促使企业主动采取行动,并在决策过程中充分考虑可持续供应链实践的相关因素。

感知行为控制:从感知行为控制的角度来看,企业在考虑可持续供应链实践时,其行为可能受到现有资源的限制或企业内部员工的不合作态度的影响。此外,传统的粗放生产模式对于推行可持续供应链策略可能构成阻碍。但是,管理层决策一致性有助于企业采取可持续生产行为。这种一致性能够增强管理者对于实施可持续供应链的控制感知,有助于克服内部限制和推动可持续供应链的实践。

总的来说,计划行为理论专注于人类行为背后所具有的动机,是第3章可持续供应链内外部驱动因素作用机理分析的可靠理论依据。该理论提供了对管理者行为态度、主观规范和感知行为控制三个方面的分析,帮助理解企业在决策和实践中采取可持续供应链的因素。通过计划行为理论,可以更好地了解企业可持续供应链决策的动机和影响因素,以促进可持续发展的实施。

2.1.5 供应链协同理论

供应链协同理论最早由 Lambert 和 Cooper 在 2000 年的文章中提出。他们在 *Industrial Marketing Management* 杂志上发表的文章中探讨了供应链管理中的一些关键问题,包括供应链协同合作的重要性[122]。Lambert 和 Cooper 的工作为后来的供应链协同领域的发展奠定了基础,并成为该领域研究的重要参考。Lambert 和 Cooper 的研究文章是供应链协同理论的重要奠基之一。他们在文章中着重探讨了供应链管理中存在的问题,并提出了供应链协同合作是解决这些问题的关键,强调了供应链中各个参与方之间的合作与协调对于提高整体供应链效能的重要性。Lambert 和 Cooper 认识到,传统的企业内部的功能性优化已经无法满足现代供应链管理的需求。在全球化、信息化和竞争激烈的市场环境下,供应链参与方需要共同合作,通过共享信息、协同决策和资源整合来降低成本、提高效率,提供更好的产品和服务。通过供应链协同合作,供应链参与方可以更好地理解整个供应链的情况,从而更有效地协调生产计划、库存管理和物流配送等活动。他们还利用信息技术来促进信息共享和协同决策,以更快地响应市场需求,减少库存和过剩品。Lambert 和 Cooper 的研究为后来的供应链协同理论和实践的发展打下了坚实的基础。这些理论和观点在学术界和实践中引起了广泛的关注,并衍生了更多关于供应链协同合作的研究和实践成果。供应链协同合作的概念和原则已经成为现代供应链管理中不可或缺的核心内容。

此后,供应链协同理论不断得到深化和拓展,涌现出一系列的研究贡献和学术观点。

供应链协同合作模式:研究者开始探索不同的供应链协同合作模式,如共享式供应链、网络化供应链和伙伴关系型供应链等[123]。这些模式着眼于不同的供应链参与方之间的合作关系和协作方式。

信息共享与协同决策:研究者重点关注供应链中的信息共享和协同决策问题,探索如何通过共享实时需求、库存和生产数据等信息,实现更精确的需求预测和有效的协同决策。

协同技术与工具：随着信息技术的进步，出现了许多供应链协同工具和技术，如供应链管理系统（SCM）、物流跟踪技术和电子数据交换（EDI）等。这些技术和工具为供应链协同合作提供了支持和实施手段。

可持续供应链协同：随着可持续发展的重要性日益凸显，供应链协同理论开始关注可持续供应链协同合作，强调在经济、环境和社会层面实现共同的可持续目标。

多层次协同与全球供应链：近年来，供应链协同理论开始关注多层次协同和全球供应链管理的挑战和机遇。这是考虑到全球化供应链中涉及多个国家，以及跨越多个层次的合作伙伴，需要更复杂的协同合作机制和策略[124]。

2.1.6 供应链风险管理理论

供应链风险是由供应链的特点和各种内外因素相互作用而形成的。供应链的复杂性、全球化和相互依赖性使风险不可避免。供应链风险是供应链各主体面临的潜在威胁，利用供应链系统的脆弱性，对供应链系统造成破坏。

供应链风险管理的目标是识别、评估和降低供应链中存在的潜在风险，以保障供应链的稳定运作和业务的持续性。具体目标包括减少供应链中断的风险，降低物流和生产成本，提升供应链灵活性和适应性，确保产品质量和安全，保护企业声誉和品牌形象，以及提高客户满意度和忠诚度[125]。通过有效的供应链风险管理，企业能够更好地应对市场变化、供应不确定性、自然灾害、供应商破产、供应链中断和相关法规变更等风险，从而实现运营的顺利进行并增强竞争优势。供应链风险管理的理论和方法有多种，内容十分丰富。在本书中借鉴了一个在世界范围内产生广泛影响并被国际标准化组织（ISO）认可的国家标准——澳大利亚风险管理标准，如图2-2所示。

风险意识是指在供应链活动中提高对风险存在的认知和理解，并采取相应的主动措施来处理和应对风险。在供应链管理中，风险意识的提升对于识别、预防和减轻潜在风险的影响至关重要。供应链中的员工，特别是管理者，应该有意识地关注风险，并能够建立应急预案，做到有计划且有效地处理潜在风险。

风险辨析是指对各种潜在风险进行分析和评估，以确定其可能发生的概率和对组织或项目的潜在影响。这包括对风险的识别、分类、定量或定性评估、优先排序和制定相应应对策略的过程。通过风险辨析，组织能够更全面地

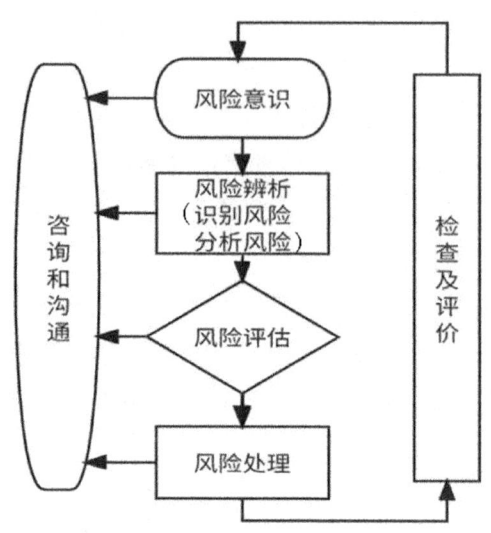

图 2-2　供应链风险管理体系

了解潜在风险的性质和可能的影响程度,以便采取适当的措施来减轻或避免这些风险带来的不利影响。辨析风险需要综合考虑各种因素,如风险的严重程度、发生的概率、可接受的风险水平和资源可用性等,以便组织做出明智的决策和规划。

风险评估是对潜在风险进行系统化评估和分析的过程,旨在确定风险的严重程度、可能性和影响范围。评估风险的目的是量化和理解风险的潜在影响,并为制定相应的风险管理策略和决策提供决策支持。风险评估通常包括对风险的识别,风险的定性或定量分析,风险的优先排序以及制定相应的应对措施和计划。通过风险评估,组织可以更好地了解风险的性质和程度,以便采取适当的措施来进行风险处理,从而保护组织的利益和实现可持续发展[126]。

风险处理是指对已经识别和评估的风险进行适当的应对和管理的过程。它涉及制定和实施针对风险的具体措施和策略,以减少或消除风险的潜在影响。风险处理的目标是及时应对风险,保护组织的利益,并提供可靠的解决方案来处理风险事件的发生或影响。常见的风险处理方法包括风险转移、风险减轻、风险避免和风险接受。具体措施可能包括保险购买、备份计划、业务多样化、供应商管理和合同条款等。通过综合考虑各种因素和利益相关方的需求,风险处理旨在最大限度地减少风险对组织的负面影响,并确保组织能够继续有效运营和实现其目标。

咨询和沟通在风险管理中发挥着重要的作用。风险信息和分析结果需要双向多边地进行交换和传达,以促进相互的理解和采取有效的管理措施。这包括与内部和外部利益相关者之间进行沟通和协商,确保他们对风险情况的认识和理解与风险管理者一致。通过咨询和沟通,风险管理者可以获取来自各个利益相关方的关键信息和意见,了解他们对风险的感知和关注点。这有助于综合各方的观点和利益,制定出更全面和有效的风险管理策略和措施。

本书第 6 章基于供应链风险管理体系探究了煤炭企业可持续供应链在稳定阶段面临的风险防控机制问题。

2.2 相关概念界定

本节首先介绍了本研究中所涉及的相关概念,包括可持续供应链、煤炭供应链、煤炭可持续供应链、煤炭企业可持续供应链,然后结合我国煤炭企业发展情况,对煤炭企业可持续供应链的结构、维度、利益相关者、发展阶段、运行机制框架进行界定,为后续煤炭企业可持续供应链运行机制分析提供思路框架。

2.2.1 可持续供应链管理

可持续供应链管理(SSCM)是建立在供应链概念基础上的一种管理方法。它源于 20 世纪 90 年代,国内外学者对其进行了广泛研究。Linton 等提出,可持续供应链管理考虑的范围包括从原材料的初始加工到交付给客户产品的全过程。除了供应链管理核心的问题和流程外,还要整合产品设计、制造副产品、产品使用过程中产生的副产品、产品寿命延长以及产品寿命终结和回收过程等方面来考虑可持续性[127]。Seuring 和 Müller 认为,可持续供应链管理涉及物质、信息和资本流动的管理,以及供应链内企业之间的合作。同时,它要从经济、环境和社会三个维度考虑可持续发展,并满足客户和利益相关者的要求[128]。在可持续供应链中,供应链成员需要满足环境和社会标准,同时通过满足客户需求和经济标准以保持竞争力。表 2-1 提供了不同研究学者对可持续供应链管理的定义。

表 2-1　可持续供应链管理的定义

序号	定义	研究学者
1	SSCM 可以被定义为企业的经济、环境和社会目标的战略实现,通过系统地协调企业间的关键过程,以提高财务增长和/或绩效。	Carter & Rogers
2	SSCM 是对供应链的管理,所有可持续发展的 3Ds 都被考虑在内。	Ciliberti & Pontrandolfoa & Scozzi
3	SSCM 或 GSCM 是指从上游到下游对原材料的管理和减少浪费,并在保质期后回到上游对环境和社会的改善影响。	Khan & Dong
4	SSCM 是对传统供应链管理过程的可持续性的补充考虑企业活动的财务、环境和社会影响。	Turker & Altuntas
5	SSCM 被认为是一个复杂的过程,通过该过程,企业在跨越组织和地理边界的错位制造过程中组织企业社会责任(CSR)活动。	Giannakis & Papadopoulos
6	SSCM 是现有供应链管理思想的延伸,增加了社会和环境方面的因素。	Wittstruck & Teuteberg
7	可持续供应链本质上是绿色供应链的延伸,经济关注、环境关注、社会关注、利益相关者关注、志愿者关注、弹性关注和长期关注。	Ahi & Searcy

综合以上可持续供应链管理定义,本书认为可持续供应链是社会、经济和环境因素与关键的组织间业务系统的自愿整合并共同创建的一个协调的供应链,进行有效地管理产品或服务的采购、生产和分销相关的物质、信息和资本流动,以实现短期和长期的盈利能力,利益相关者的要求以及组织的竞争力和弹性。因此,可持续供应链可以理解为专注于维护环境、经济和社会稳定以实现长期可持续增长的供应链。

绿色供应链的目标主要是追求成本最小化、收益最大化以及较高的资源利用率。它着重于环境方面的可持续性,通过减少环境负荷和促进资源的有效利用来实现。如绿色产品设计,环境友好的生产和运输方式,废物和污染物管理等。

2.2.2　煤炭供应链

煤炭供应链涵盖了从煤炭获取到生产、运输、加工和利用的整个过程。首先煤炭获取与开采这一环节涉及探明煤炭资源,选择合适的煤矿开采方法和技术,进行煤矿的开发和采矿活动,以获取原始的煤炭资源。在煤炭开采后,原始的煤炭通常需要经过处理和加工,以提高煤炭的品质和适应不同的应用需求。处理和加工方法包括煤炭洗选、破碎、筛分和干燥等,以去除杂质、调整煤质和提高热值。煤炭运输是将煤炭从矿区运送到其他地方的关键环节。煤炭运输可以通过不同的方式进行,包括铁路、公路、航运和输送带等,物流运输公司负责煤炭的装卸、货运和配送,确保煤炭按时到达目标地点。在煤炭运输过程中,常常需要在途中或目标地点进行暂时的存储。煤炭仓储环节包括建设和管理煤炭仓库和库存,以确保供应的连续性和满足需求。煤炭加工与利用这一环节涉及将煤炭用于不同的应用领域,如发电、工业加热和炼焦等。煤炭加工包括燃烧煤炭以产生能量,或者将煤炭作为原料进一步的加工,如煤化工等。煤炭供应链的最后一环节是煤炭的销售与分销。煤炭销售公司负责与客户谈判,签订合同,并将煤炭产品分配给最终用户,如电力厂、钢铁厂等。

整个煤炭供应链的运作需要各个环节的紧密协调和合作,以确保煤炭从矿区到最终用户的顺畅传递,同时满足煤炭的质量标准、安全要求和环境保护等方面的要求。表 2-2 提供了不同研究学者对煤炭供应链的定义。

表 2-2 煤炭供应链的定义

序号	定义	研究学者
1	综合煤炭市场上各类用户需求信息,以此生产符合顾客指标要求的煤炭的过程。	彭晨等
2	煤炭供应链主要由开采煤炭所需的材料设备供应商、煤炭生产企业、煤炭运销商以及各类煤炭用户组成,其中煤炭生产型企业是煤炭供应链的核心企业。	苏丽琴等
3	煤炭供应链是一个涵盖从煤炭采掘到煤炭燃烧的全过程的网络,其中包括煤炭采购与营销、煤炭流通加工、煤炭物流服务、煤炭信息流服务及煤炭资金流服务等环节。	李敏
4	我国煤炭供应链主要由煤源、流通和消费三个环节组成。煤源包括国内途径和国外途径的煤炭。流通环节涉及中间商、承运商和其他服务提供商,完成煤炭的流通服务。消费环节包括电力、钢铁、建材、化工等各个行业。	韩广等

表 2-2 （续表）

序号	定义	研究学者
5	大型企业煤炭内部供应链包含原煤开配采、煤炭洗加工、煤炭销售等节点,同时存在贯穿企业全部活动的物流资金流和信息流。	彭红军等
6	煤炭供应链是一个复杂的系统,涉及煤炭生产、销售、运输和利用。它对上游产业的资源、质量、生产和运输波动进行整合和管理,以确保在适当的时间、价格和质量将产品运送到用户方。	毕军贤
7	煤炭供应链系统由各类企业组成,包括资源勘探企业、煤炭生产企业、煤炭销售企业、运输企业和最终用户。供应链的内部影响因素涵盖煤炭资源、生产、运输、存储和消费等方面。同时,外部影响因素包括自然环境、政治、经济和政策环境等。	吕涛等

综合学者的观点和供应链的特点,煤炭供应链的概念将从以下三个角度界定:从系统整合层面看,煤炭经历开采、加工、存储、运输、销售、消费等过程,最终将煤炭商品和服务交付给最终用户,涉及商流、信息流、物流、资金流、能力流等形成的网链结构[129];从企业层面看,煤炭供应链包括供应商选择、原煤开采、煤炭深度加工、物流配送运输和成品销售等过程[130];从价值提升看,煤炭供应链涵盖煤炭的生产、销售、仓储、转运、加工等各个环节以及每个环节中产生的增值活动[131]。

2.2.3 煤炭可持续供应链

可持续供应链是将可持续发展理念融入供应链管理中,综合考虑经济、社会和环境可持续性的思想。煤炭可持续供应链思想是将可持续供应链理论与煤炭行业相结合,以实现煤炭供应链的可持续发展。然而,目前国内外对煤炭可持续供应链的研究还相对有限,对于煤炭行业和企业实施可持续供应链方面的研究更是较少。目前,国内外学者对煤炭供应链可持续方面的研究主要集中在煤炭绿色供应链和煤炭企业社会责任两个视角,不同的学者提出了有借鉴意义的观点。根据已有研究学者李晓华[132]、李丹[133]的观点,煤炭绿色供应链是指在整个煤炭供应链的各个环节中,以减少环境影响和提高可持续性为目标的经营和管理实践。它强调在煤炭的获取、生产、运输、加工和利用等过程中减少对环境的负面影响,促进资源的有效利用和环境保护。煤炭绿色供应链的主要特点有以下几个方面。

环境保护：通过采用先进的环保技术和措施，减少煤炭开采、加工和利用过程中对空气、水和土壤等环境的污染和破坏。同时，减少二氧化碳等温室气体的排放，以应对气候变化和减缓全球变暖。

资源可持续利用：促进煤炭资源的可持续利用，通过煤炭的洗选、回收和再利用等手段，减少资源浪费和煤炭消耗，提高能源利用效率。

社会责任：关注煤炭供应链中的社会问题，如劳工的权益、职业健康与安全以及企业与社区的关系。推动公平劳动和合理工资，保障员工的安全健康，以及与当地社区形成良好的合作。

透明度与可追溯性：加强供应链信息的透明度和可追溯性，包括对煤炭的产地、采购来源和生产过程进行记录和公示，确保煤炭生产的合法性和可信度。

煤炭绿色供应链的实施需要供应链各个环节的参与方共同努力，包括煤矿企业、加工企业、物流运输公司、煤炭贸易商和最终用户等。通过改善煤炭供应链的可持续性和环境性能，可以降低煤炭产业对环境的破坏程度，促进能源的可持续发展和转型。

煤炭可持续供应链和煤炭绿色供应链均关注环境保护问题，即在煤炭开采、加工和运输过程中，采取措施减少水资源的消耗、土地退化、空气污染和温室气体排放，提高能源效率和减少浪费。然而煤炭可持续供应链相较于绿色供应链涵盖范围更为广泛。首先，要求供应链各环节的透明度和可追溯性：建立透明的信息平台，记录煤炭的来源、开采方式、生产过程、运输路径等信息，确保供应链的可追溯性，降低环境和社会风险。其次，更加关注供应链各成员社会责任的履行：关注劳工权益、安全和健康，确保劳动条件符合相关法律和行业标准，积极参与当地社区发展，创造工作机会和提供教育、医疗等基础社会服务。再次，煤炭的可持续发展离不开创新和技术发展，煤炭可持续供应链更强调通过研发和应用新技术，如洁净煤技术、碳捕集和储存技术，降低煤炭的环境影响，并促进可再生能源的整合和利用。最后，为了实现供应链的长期稳定发展，煤炭可持续供应链更加注重与各个环节利益相关体建立合作伙伴关系，包括政府、企业、非政府组织和社区等，共同制定和执行可持续供应链策略，实现共同的目标。通过采取这些措施，煤炭可持续供应链可以在确保能源安全的同时，也能够降低对环境的破坏，改善矿工和当地社区的生活条件，促进可持续发展。

结合煤炭行业的特点和可持续供应链的概念,本书将煤炭可持续供应链定义为:在煤炭行业中灵活应用可持续供应链模式,有效管理物流、信息流和资金流,涵盖煤炭生产所需物资设备的采购、煤炭勘探、煤炭开采、煤炭再加工、销售、运输、仓储、用户使用和废旧物回收等的整个过程。该供应链模式包括上下游企业的业务整合,考虑利益相关者的要求,企业的竞争力和弹性,将环境保护、社会责任和供应链风险纳入供应链发展战略,以实现煤炭供应链的协调稳定发展和供应链利益相关者之间的共赢。

2.2.4 煤炭企业可持续供应链

近几年,煤炭行业通过整合和重组国有煤炭企业,减少企业数量并提高行业集中度,许多小型和中型煤炭企业被兼并或淘汰,行业内竞争格局发生了改变。煤炭行业的市场份额主要由少数大型企业所占据。例如,中国煤炭能源集团、中国神华能源公司和中国平煤神马能源集团等国有企业在行业中具有很大的影响力,这些企业拥有较大的规模、资源和市场份额,对煤炭生产、加工和销售具有较高的控制力。

大型煤炭企业通常拥有更大的规模和资源优势。因此,能够在研发和创新上投入更多来提高技术水平和生产效率,从而增强企业的市场竞争力;能够更好地协调和优化资源利用,通过整合和协同作用,降低生产成本和资源浪费,提高资源利用效率;具备较强的环境管理和安全生产能力,能够投入更多的人力、物力和财力来改善环境保护和安全生产条件,减少事故发生概率,降低对环境和人员的负面影响;在可持续发展方面有更多的资源和能力,能够更好地推动环保技术创新、煤炭绿色转型和绿色供应链建设,为行业的可持续发展做出更大贡献;同时大型企业更容易建立和执行标准化的管理制度,提高产品质量、安全标准和企业社会责任水平。

因此,研究大型煤炭企业的可持续供应链对实践更具有借鉴意义,本书主要从大型煤炭企业可持续供应链的定义、利益相关者、结构、发展阶段特点来对其内涵进行详细阐述。

2.2.4.1 煤炭企业可持续供应链定义

煤炭企业可持续供应链和煤炭可持续供应链之间存在一定的区别。

煤炭可持续供应链是指从整个煤炭供应链的角度出发,即从煤炭开采到最终使用的全过程,考虑环境、社会和经济的可持续性因素,通过优化资源利用、减少环境影响和改善社会条件,以实现供应链的可持续发展,要综合考虑供应链各个环节的可持续性要求,强调协调各方利益和整体优化。而煤炭企业可持续供应链则侧重于单个煤炭企业内部的供应链管理,在企业范围内考虑环境、社会和经济的可持续性,以确保企业在供应链的运作中实现可持续实践和运作。这包括企业在煤炭采掘、加工、运输、销售等环节中采取的可持续性措施和实践。两者有着互补和相互关联的关系,共同推动煤炭行业的可持续发展。

　　煤炭企业利用一般的煤炭供应链来实现降低成本、提高收益的目标,主要是为了提高经济效益,与一般的煤炭供应链不同的是,可持续供应链的应用目标是在提高环境和生态平衡、节能减排和社会效益的同时达到经济效益提升。可持续供应链的实施可以让煤炭企业实现经济、社会、环境效益三者合一,而良好效益的实现必须通过具体实践来达成。经济可持续实践方面主要指:企业采取各种环保、低耗能举措实现煤炭供应链各环节包括产品设计、采购、生产、库存、物流成本的降低;对企业创新技术、绿色低碳生产和安全技术研发引进提供资金保障;同时财务部门及高层管理者关注企业长期利润[128,134]。环境可持续实践方面主要指:企业积极通过环境管理系列标准认证;在采购和供应行为中表现出对环保产品的优先选择;减少企业"三废"排放;选择拥有环保认证的供应商,并定期评估其环保水平;建立绿色物流管理体系,减少主要环节的碳排放[128,134,135]。社会可持续实践方面主要指:企业按时发布企业社会责任报告;建立员工职业健康和安全保障体系;考虑企业自身行为是否会损害企业形象和声誉;履行社区义务,关注社区居民需求,促进企业和社区和谐友好发展;经常参加慈善公益活动,提升企业的公众形象;关注利益相关者的整体福利[134,136]。

　　综上所述,本研究认为煤炭企业可持续供应链是在经济、环境和社会可持续性原则的指导下,通过优化资源利用、减少环境影响、改善社会条件以及确保可持续经营的方式来管理煤炭采掘、运输和使用过程中的供应链活动,以平衡和协调环境、社会和经济各方利益相关者之间的关系,促进资源效率、环境保护和社会责任,实现可持续发展的目标。煤炭企业可持续供应链的实践包括识别和降低环境风险,推动清洁和低碳技术的应用,提升供应链的透明度和可追溯性,确保供应链各环节符合环保和社会标准,以及建立长期稳定的合作伙伴关系和沟通渠道。通过倡导可持续供应链,煤炭企业可以提升其社会形象和声誉,减少经营风险,满足利益相关者的期望,促进可持续发展目标的实现,并为行业和社会带来更加可持续的煤炭供应链管理。图 2-3 为本研究中煤炭企业可持续供应链概念的框架图。

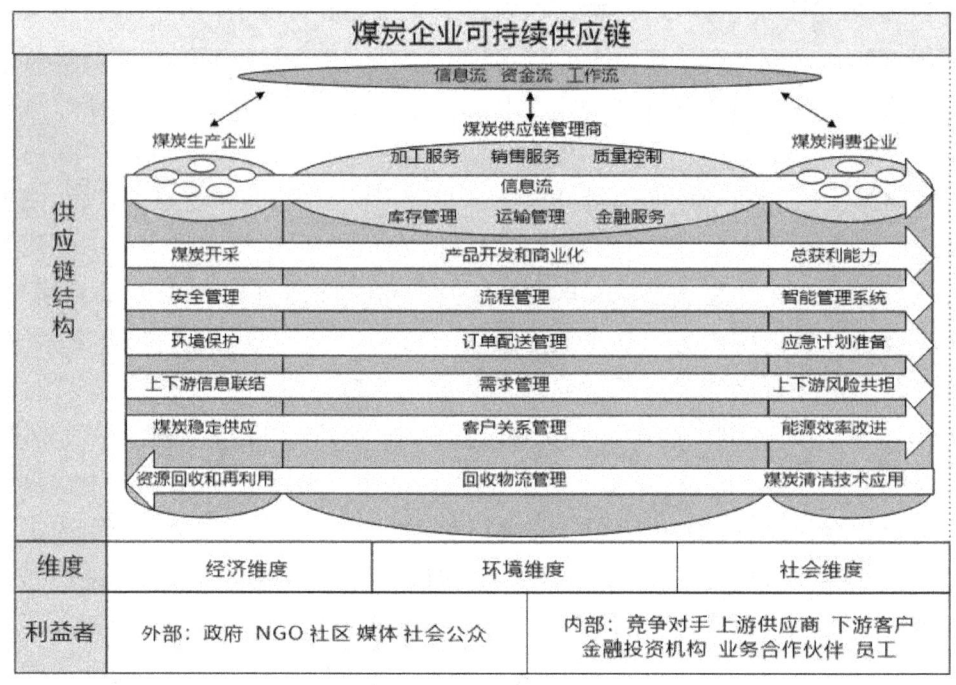

图 2-3　煤炭企业可持续供应链

2.2.4.2　煤炭企业可持续供应链利益相关者

根据 Mitchell 和 Wood(1997)的利益相关者分类方法,本书将利益相关者划分为合法性、权力性和紧急性三个属性。合法性指组织或个人是否具有被法律、道义或习惯所认可的向组织提出利益主张的权利;权力性指某一群体是否具有影响组织决策的地位、能力和手段;紧急性指某一群体的权益主张在重要性、被注意和被采纳的紧迫程度。下面是具体的划分步骤。

首先,在综合分析国内外相关研究文献的基础上,初步确定了我国煤炭企业在可持续供应链实施过程中的利益相关者类型。随后,对已有研究文献中关于煤炭企业绿色供应链和企业社会责任的利益相关者进行归纳和总结,进一步确定利益相关者的初步名单。

其次,对煤炭企业的相关人员进行调研,以确定我国现有煤炭企业可持续供应链的利益相关者。同时,收集企业社会责任年报并归纳总结其中涉及的利益相关者名单。通过对词频的分析,确定主要的利益相关者。

最后,根据合法性、权力性和紧急性三个属性,最终确定我国煤炭企业可持续供应链的利益相关者,包括政府及相关机构和主管部门、非政府组织(如行业协会和环保组织)、社区、媒体、社会公众、竞争对手、上游供应商、煤炭供应链管理商、下游客户、业务合作伙伴、金融机构和投资者、员工等共十二类。

2.2.4.3 煤炭企业可持续供应链结构

本书在参考文献[82],[146-152]的基础上,将煤炭企业可持续供应链结构中的三个主要参与方划分为煤炭生产企业、煤炭供应链管理商和煤炭消费企业,这些参与方在煤炭供应链中各自扮演着重要的角色,共同致力于推动煤炭行业的可持续发展。我国煤炭供应链从煤炭资源获取到煤炭生产、运输、加工、利用,主要包括煤炭来源、流通、消费三个重要环节。其中,煤炭生产企业是从矿山或采矿区包括传统煤矿和清洁煤技术发展的煤矿,开采煤炭资源,主要负责煤炭的生产、处理和准备,确保煤炭的质量、供应和可持续性。主要活动是选煤、煤炭开采、采矿安全管理、环境保护和矿井复垦等。煤炭供应链管理商负责管理和协调煤炭供应链中的各个环节,将煤炭从生产地运送到消费地。同时,确保供应链的高效性、可靠性和可持续性,在供需匹配和物流管理方面发挥关键作用。主要活动是采购管理、物流和运输管理、库存管理、供应商协调和煤炭质量控制等。煤炭消费企业作为最终用户或能源公司,购买和使用煤炭以满足能源需求。同时要确保煤炭的使用符合环境、社会和法律法规的要求,并积极推动能源转型。主要活动是燃煤发电、工业生产过程中的煤炭使用、煤炭清洁技术应用和能源效率改进等。

(1)煤炭生产企业

煤炭生产企业负责开采和获取煤炭原材料,例如,确定煤炭资源的位置,开展勘探和采矿活动,确保煤炭的供给和可持续性,合规地进行煤矿开采,考虑环境保护和社会责任;将采集到的煤炭进行加工和处理,以符合不同市场和用途的要求,如煤炭的分类、筛选、洗选、破碎等工序,以提高煤炭的质量、热值和适应特定的用户需求;建立和执行质量控制体系,确保所生产的煤炭符合相关的技术标准和质量要求,如监测和检测煤炭的物理性质、化学成分和热值等指标,以确保产品的稳定性和可靠性;考虑环境管理问题,采取措施减少煤炭开采和加工对环境的负面影响,如采取环境保护措施,进行水土污染防治,合规排放废物和减少温室气体排放等,以确保可持续的煤炭生产和环境可持续性。

煤炭生产企业在可持续供应链中的定位主要是作为原材料供应商,需要积极采取可持续的经营实践,包括推行绿色矿山和环保技术,确保劳工权益和社区参与,促进资源的可再生和回收利用。此外,煤炭生产企业还可以通过建立认证机制,参与行业合作和与利益相关方开展对话等方式,积极推动煤炭产业的可持续发展,并为整个煤炭供应链的可持续性做出贡献。

(2)煤炭供应链管理商

在煤炭企业可持续供应链中,煤炭供应链管理商扮演着主导角色。

煤炭供应链管理商负责与煤炭生产企业建立合作伙伴关系,并进行采购管理,评估供应商的可靠性、质量和可持续性,管理供应商的合规性和性能,确保供应链的稳定和可持续。

煤炭供应链管理商协调煤炭的物流和运输活动,制订运输计划,选择合适的运输方式。监控运输过程中的货物流动、运输时间和条件,协调物流服务提供商,以确保煤炭的及时交付和供应链的高效性。

煤炭供应链管理商负责管理煤炭的库存量和流动,评估市场需求和供应情况。制定库存策略和管理方法,确保库存的合理控制和优化。通过精确的库存管理,可以减少库存积压和损耗,提高供应链的灵活性和效率。

煤炭供应链管理商进行质量控制和合规管理,确保煤炭符合相关标准和法规要求。制定质量检测与监控程序,跟踪煤炭的质量情况,处理和解决质量问题,并确保供应链活动符合环境、社会和劳工等方面的合理要求。

煤炭供应链管理商推动和管理煤炭供应链的可持续发展。关注环境保护、社会责任和可持续经营等方面,制定和执行相关政策和措施,促进煤炭供应链的可持续性和社会影响的积极性。

煤炭供应链管理商在可持续供应链中的定位是煤炭供应链的整合者和协调者。通过协调各个环节的合作和流程,促进各方的沟通、优化资源利用、提高运作效率,以实现可持续供应链的目标;还可以通过制定和执行供应链可持续发展战略,支持合规和认证,促进煤炭产业的转型和可持续发展;与煤炭生产企业、物流服务提供商、市场和其他利益相关方等多个参与方密切合作,共同推动煤炭供应链的可持续性发展[95,143]。

(3)煤炭消费企业

煤炭消费企业负责规划和采购能源,包括确定煤炭在其能源组合中的比例、采购煤炭的数量和质量要求等;考虑能源需求、成本效益和可持续发展的因素,制定能源采购策略。将采购的煤炭燃烧或进行能源转化,以产生热能或电能,管理燃烧过程中的煤炭消耗效率和排放控制,确保燃烧过程的高效、环境友好和符合法规要求。关注能源效率和节能管理,通过改进设备、优化运营和采取节能措施,提高煤炭的利用效率和能源使用效率,制订和执行节能方案,推动设备更新和技术创新,降低煤炭消耗和碳排放。承担环境和社会责任,管理对环境和当地社区的影响,考虑和实施环境保护措施、社会参与计划和员工安全措施,以确保煤炭消费活动的可持续性和社会接受度。推动可持续能源采购,包括购买来自可再生能源或低碳能源的电力、燃料或碳抵消项目。这将有助于减少对传统煤炭的依赖,推动能源转型和减少温室气体排放。

煤炭消费企业在可持续供应链中的定位是作为能源消费者和可持续能源驱动者。其在煤炭供应链中承担责任,通过采购和使用煤炭来满足其能源需求,并致力于推动可持续能源的发展和应用。

2.2.4.4 煤炭企业可持续供应链发展阶段特点

结合第1章文献综述中可持续供应链发展路径和煤炭企业特点,本书将煤炭企业可持续供应链阶段划分为:第一阶段为可持续供应链初始阶段,即可持续意识阶段;第二阶段为可持续供应链探索阶段,即环境管理阶段,此阶段注重环境绩效;第三阶段为可持续供应链优化阶段,各相关利益者共同参与,密切合作;第四阶段为新常态下可持续供应链稳定阶段,面对突如其来的各种风险因素,如何保障供应链的稳定、可持续性,是亟待解决的问题;第五阶段为可持续供应链创新阶段,通过采用新的技术、策略和合作模式,推动供应链在环境、社会和经济方面的可持续性进步和创新(如图2-4所示)。

(1)初始阶段

即供应链发展的可持续意识阶段。煤炭企业开始认识到环境、社会和经济可持续性对其业务的重要性,关注煤炭的环境影响、社会责任、能效管理等方面问题,并意识到需求逐渐转向更可持续的能源。然而,企业对可持续供应

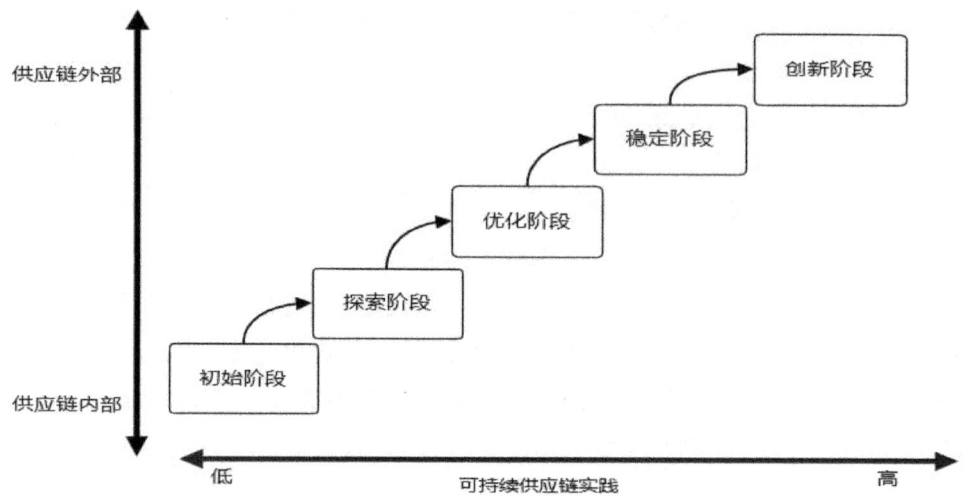

图 2-4 煤炭企业可持续供应链发展阶段

链缺乏全面性和深入性的了解,可能只关注其中某些方面,如环境保护或能效改进。同时企业面临经济利益与可持续发展目标难以平衡的问题,在改善可持续性方面的投入不够充分。政策法规的制定和实施可能存在不完善和不一致问题,缺乏有效的激励机制和实施手段。煤炭企业通常还没有完全整合可持续发展的实践和原则,也可能面临一些挑战,如技术限制、成本压力、市场需求等。然而,这是企业开始转向可持续发展的重要起点,为后续的可持续供应链改进和创新奠定了基础。

(2)探索阶段

煤炭企业开始整合供应链环节,采取措施来改善煤炭生产和供应链环节的环境污染问题。煤炭企业采用燃烧技术改进、烟气脱硫和脱氮装置等技术措施来降低污染物排放水平;通过改进设备、提高燃烧效率、推动清洁能源应用等措施来减少能源消耗,提高能源效率;有效处理废弃物以最大限度减少对环境的影响。然而,在环境管理过程中,企业需要权衡环境改善和经济可行性之间的关系,努力减少环境影响可能需要额外的投资和运营成本,而这可能对企业的竞争力和长期可持续发展带来影响。

(3)优化阶段

煤炭企业积极与各方利益相关者进行合作和对话,以建立良好的关系,加强理解和共同推进可持续发展。通过建立有效的利益相关者管理机制,企业可以更好地了解和回应不同利益相关者的需求和关切;通过利益相关者的参与和反馈,企业可以不断完善自身的可持续发展策略和行动,并在实践中积累成功经验和最佳实践。然而,不同利益相关者之间可能存在利益冲突和权力不平衡的问题。某些利益相关者可能对煤炭企业的环境影响和社会责任提出更高的要求,而企业可能需要权衡不同利益者之间的矛盾,导致难以达成一致和共识。

(4)稳定阶段

煤炭企业供应链各主体建立了稳定的合作关系,共同推动供应链的可持续发展。在该阶段煤炭企业会对供应链进行全面的可持续性评估,采取节能减排措施、推行循环经济原则和可持续采购策略,以提高供应链的效率和环境表现;关注公正劳动条件、人权保护、社区参与和供应链的社会影响,积极履行社会责任;建立监测体系,追踪供应链的可持续性绩效,并定期向利益相关者报告供应链的环境、社会和经济效益。然而,煤炭企业在该阶段可能会面临供应商不合规,可持续性数据可靠性不足,资金和资源限制,合作和利益冲突,外部环境变化等一系列问题。煤炭企业需要持续关注和努力解决问题以确保供应链的稳定性和可持续发展。

(5)创新阶段

煤炭企业在这个阶段需要制定明确的战略规划和目标,以指导其创新和转型的方向;引进技术创新与数字化解决方案来提高效率,降低成本;探索绿色能源和可再生能源的转型;优化供应链流程,提升供应链整体效益。实施创新与转型需要企业有清晰的转型远景和策略,投入适当的资源和能力,同时与内部和外部利益相关者进行紧密合作,灵活应对变化和挑战,以实现供应链创新与转型的成功。

2.2.5 煤炭企业可持续供应链运行机制框架

煤炭企业的可持续供应链运行机制实质上是基于其发展历程中不同阶段的演化,包括可持续意识初始阶段、探索阶段、优化阶段、稳定阶段和创新阶段。该运行机制的目标是通过优化协调供应链运行过程各个阶段的运作内容,从而提高煤炭企业供应链的运作效率,实现供应链稳定性、可持续性有效提升,并实现供应链整体的协同作用和优化管理。煤炭企业可持续供应链的发展和运行过程涵盖了从初始阶段到创新升级的全过程。这不仅包括企业主体在供应链中寻求纵向同盟来提升供应链协作从而实现营收和利润及企业核心竞争力的增长,还涵盖了煤炭企业内部供应链上游生产商、中游煤炭供应链管理商、下游煤炭消费企业的相互协同合作,通过供应链管理过程中的驱动机制、利益协调机制、协同合作机制、风险防控机制和保障机制等内容,实现煤炭企业可持续供应链运营的最终目标。详见图2-5。基于此运行机制框架,实现优化供应链运作,提高效率和降低成本,提高煤炭企业的经济可持续性;减少环境污染和生态破坏,实现煤炭企业的环境可持续性;关注员工福利、社区参与和社会责任,实现煤炭企业的社会可持续性;最终实现经济、环境和社会的协调发展,实现煤炭产业的可持续性,为企业、环境和社会创造长期价值,推动可持续发展。

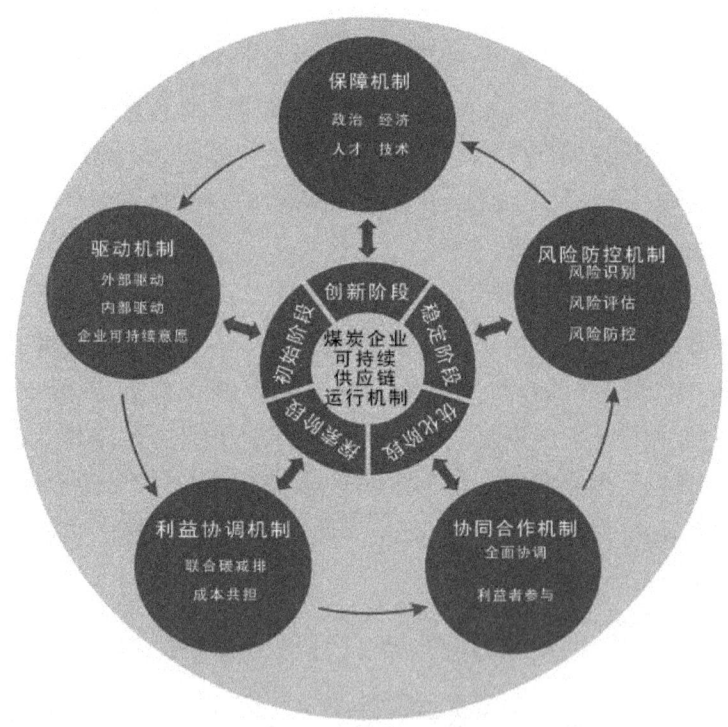

图 2-5 煤炭企业可持续供应链运行机制框架

煤炭企业可持续供应链运行机制在可持续供应链不同发展阶段所解决的利益诉求点也不尽相同。

在可持续意识初始阶段,企业意识到可持续供应链重要性,为了满足行业可持续发展需求同时提升自身的经济效益水平,在此阶段煤炭企业会倾向于建立供应链战略联盟,与合作伙伴形成供应链合作,然而高额的成本使其可持续生产、运营动力不足。因此,此阶段着重对供应链构建的驱动机制进行探讨,着重分析哪些因素会驱动煤炭企业构建可持续供应链,提高企业可持续意愿。

探索阶段,煤炭企业受各方主体的驱动以及自我可持续意识提升,更加注重环境绩效的改善,开始在供应链中采取措施来减少环境影响,例如推广清洁能源使用,改善水资源管理,减少废弃物产生和处理,加强环境监测和报告等,试图平衡煤炭需求与环境保护,推动供应链向更加可持续的方向发展。在此阶段可持续投入成本过高,主体收益分配的不均等以及成本过高等问题逐渐凸出,协调供应链链条上参与方的收益分配在该阶段显得尤为重要。

优化阶段,各利益主体均倾向于参与供应链合作,相互之间开始建立良性互动机制,彼此之间的合作共赢关系逐渐牢固,但也逐步凸显出各利益主体协同合作的深层次矛盾。因此,此阶段的供应链运行机制重点涉及协同合作内容的研究。煤炭企业和其他供应链参与方致力于进一步提高供应链的整体绩效和可持续性。为了实现更高水平的协同合作,各方需要探索和研究如供应链协同规划和协同创新等方面的具体内容。如共享环境数据和指标,共同制定供应链策略和目标,共同开展绿色技术研发和推广等。通过加强协同合作,煤炭企业及其供应链伙伴能够更好地应对深层次矛盾,并共同推动可持续发展的目标。

稳定阶段,由于信任程度的不断加深,合作的不断深入,供应链各环节、各主体之前存在的风险因素严重影响其稳定性及可持续性,此时供应链运行机制内容应侧重风险管控机制的建立。煤炭企业和供应链伙伴需要共同应对供应链中的各种风险,如供应中断、品质问题、环境灾害等。为了实现供应链的稳定和可持续性,各方应该建立有效的风险管理体系和机制,包括风险识别、评估和监控,制定应对策略和应急预案,加强信息共享和协同应对等。此外,合作伙伴之间也需要建立相互依赖和责任共担的关系,以共同应对风险并保持供应链的稳定运行。

创新阶段,煤炭企业供应链各主体寻求技术创新与转型,此时供应链运行机制应完善相关保障机制建设,以实现企业转型升级的战略愿景。创新阶段的煤炭企业供应链面临着转型和升级的挑战,需要通过技术创新、业务模式创新和管理创新等方面进行革新。此时,供应链运行机制应该适应新的业务需求,加强供应链信息技术系统的建设和更新,推动数字化、物联网、人工智能等技术的应用,提高供应链的效率和灵活性。同时,还需要强化合作伙伴关系,建立长期稳定的合作框架,共同推动创新和转型。通过完善相关保障机制的建设,创新阶段的煤炭企业供应链能够更好地应对转型升级的挑战,实现战略愿景的落地。如制定和执行供应链管理政策,确保信息安全和知识产权保护,建立供应链可持续性评估和认证机制等。这些保障机制的建设将为煤炭企业提供有力支持,并推动创新和转型的顺利进行。

3 煤炭企业可持续供应链驱动机制研究

上一章的研究内容基于相关文献综述和理论基础,对煤炭企业可持续供应链的内涵进行了界定,并构建了煤炭企业可持续供应链运行机制的整体框架体系。本章节的研究基于上述煤炭企业可持续供应链内涵及运行机制框架,考虑煤炭企业可持续供应链初始阶段所面临的内外部驱动因素等促进供应链可持续意识形成的驱动来源,探讨这些影响因素对可持续供应链初始形成的驱动强化作用。

3.1 本章引言

驱动因素可以定义为鼓励或推动组织在整个供应链产生、形成、发展、稳定等演化规律过程中实施可持续发展举措的激励因素或影响者。在以往国内外可持续供应链文献研究中,研究人员将驱动因素称为使能者、关键成功因素、促进因素、使能因素等。毫无疑问,驱动因素的识别有助于从业者和高层管理人员在其供应链中有效地实施可持续实践,有助于实现企业愿景和目标[60]。探究煤炭企业可持续供应链的运行机制需要从构成要素之间的相互关系进行分析。现有国内外研究主要使用制度理论来解释可持续供应链实践的动机,因此各种制度压力被认为是可持续供应链实践的主要驱动力[144]。也有部分学者认为"制度压力"学说无法解释在面对相同的制度环境时企业在采用可持续供应链管理实践时的异质反应,因此提出可基于资源基础理论的观点来研究资源和能力对可持续供应链实践的驱动作用。本书基于以往文献研究基础,结合制度理论、资源基础理论和煤炭企业发展现状及煤炭供应链特点来辨别煤炭企业可持续供应链实践外部驱动和内部驱动。

3.2 煤炭企业可持续供应链驱动因素识别

制度理论认为,组织行为不仅是理性经济决策的结果,而且还受外部规范和价值观的影响[145]。从制度角度来看,企业的决策主要受三种制度同构压力的影响:强制压力、规范压力和模仿压力[146]。在可持续供应链管理背景下,学者们经常将监管压力视为强制压力,因为煤炭企业会受到政府(中央和地方政府)、上级主管部门等制定和执行的与环境保护和社会责任有关的法律和政策的监管;规范压力来源于社会义务,主要由于非政府组织、工会、社会公众和媒体的环境和社会责任要求是煤炭企业遵守环境保护标准和履行社会责任的规范压力的核心来源;当煤炭行业中竞争对手采用可持续供应链管理实践,煤炭企业反过来被要求采取这些可持续行动时,模仿压力就产生了,即市场压力。本书根据制度理论提出煤炭企业从事可持续供应链管理实践主要受监管压力、社会压力和市场压力的驱动。

资源基础理论强调企业内部独特资源和能力的重要性,以维持和提升竞争力,并实现价值创造[147]。真正有价值的资源是决定企业未来发展的关键因素,资源的特性和禀赋塑造了企业的竞争优势[148]。资源基础理论将企业视为一组资源,并假设可持续竞争优势来自其宝贵的、稀有的、不完全可模仿的资源[149]。这一理论侧重于开发内部资源和能力。从这一理论来看,企业行为和绩效的异质性主要是由于其特定的资源和能力配置。研究表明,实施可持续供应链管理实践的知识和能力就是这样的资源[150]。在资源基础理论的逻辑下,煤炭企业参与可持续供应链管理实践的异质性及其对制度压力的反应主要受其内部可持续发展能力的影响。本书主要关注两种类型的可持续性能力:企业内部可持续管理能力和资源禀赋中有关促进可持续实践的能力。

因此,本章将煤炭企业可持续供应链的驱动因素分为外部驱动即监管压力、社会压力和市场压力,内部动力即企业内部可持续管理能力和资源禀赋能力,并在下文分析其对煤炭企业可持续供应链实践的作用机制。

3.3 煤炭企业可持续供应链驱动作用机制分析

3.3.1 内部驱动作用机制分析

(1)内部管理的作用机制

企业内部可持续管理能力是企业可持续供应链实践的主要内部驱动因素。企业的最高管理层在进行经济决策时,以追求利润最大化为长远目标,因此会依据产出与投入的原则来指导经济活动。由此可见,可持续供应链管理作为企业内部的推动因素,能够为煤炭企业带来相应的经济利益,并提高其竞争能力。Kim 等认为可持续供应链管理是一种在承担环境和社会责任的同时追求供应链利润最大化的范式,采用福利经济学分析方法,比较传统供应链与可持续供应链、绿色供应链与可持续供应链之间的供应链盈余,提出可持续供应链为企业提供更多的社会和消费者剩余[151]。煤炭企业通过实施可持续供应链,采取可持续发展运输、可持续包装、可持续仓储、逆向物流、社会责任采购,在很大程度上可压缩供应管理过程中的各种损耗,进而提高供应链整体效益、降低环境和社会风险成本。

越来越多的企业在追求经济利润的同时,也越来越注重承担社会责任。承担社会责任对企业具有多重好处,包括树立良好的社会形象,提高企业信誉和社会地位,创造社会价值,从而为企业带来经济效益和提高竞争能力。企业承担社会责任和实施可持续供应链管理是企业获得长期经济效益和提高竞争力的内在动力。当企业取得经济效益并提升竞争力时,它们就会有更多的资源用于承担社会责任、提升企业信誉。企业最高管理层的可持续性认知对于理解来自利益相关者的可持续性需求的压力至关重要,从而触发在组织内部以及整个供应链网络中实施可持续性实践。如果企业的最高管理层对可持续供应链实施的经济、社会、环境效益有明确认知,那么实现整个供应链的可持续性就成为优先事项,因为最高管理层负责为企业定义愿景和政策,并将这些政策传达给组织内的员工。因此,来自最高管理层的支持被认为是实现供应链可持续性的重要一步。

企业的发展战略是内部供应链管理实践和高层次供应链管理的关键因素。相比于发达国家的企业,我国煤炭企业主要以国有企业为主,企业价值观很大程度上受其管理层所影响,尤其是在国家经济社会发展方面。为了培育和宣传煤炭企业最高管理层的可持续理念和价值观,以及让员工认识到实施可持续供应链管理为社会和企业带来的长期回报和经济效益,可以鼓励和激发员工积极参与可持续管理活动。Lotfi 等指出员工认可和支持对企业及其供应链的可持续性实践有积极影响,跨职能培训和教育有助于员工更新技能,从而减少错误和浪费,帮助企业提高其与可持续性相关的绩效,减少与工作相关的健康和安全事件的数量。同时,员工成长对实现企业战略目标、完善企业管理机制、塑造企业文化具有重要的影响和意义,是企业实现可持续发展的强大动力和力量源泉[152]。重视员工成长,丰富员工培育方式,设置合理的薪酬结构和激励机制,拓展员工成长通道,增强企业与员工的有效沟通,以满足效率提升需求,提高员工对企业管理机制的认同感和满意感。在企业可持续管理实践中,员工个人成长与企业发展有着非常紧密的联系,对增强企业活力和核心竞争力具有重要的作用。

(2)资源禀赋的作用机制

企业内部组织资源为可持续发展实践的实施分配起着核心作用。哈里森等提出企业内部的资源可以分为五类:物质资源、知识和学习资源、人力资源、一般组织资源、财务资源,这些资源之间拥有非常紧密的联系。如果任何一个资源成为弱势,都将对其他所有资源产生重要影响[153]。"双碳"政策实施以来,煤炭企业更新物质资源,引进低碳清洁生产设备,如高效燃烧器、脱硫装置和脱氮装置等,有效减少煤炭生产过程中的碳排放和污染物排放,满足环保要求,提高煤炭企业生产效率和资源利用效率,降低煤炭企业的生产成本;同时安全生产是构建可持续供应链的重要基础,先进的监测、预警和控制技术,确保生产过程的安全性和稳定性,减少事故和灾害发生,降低生产风险,保证员工安全和生产连续性,从而提升供应链的可持续性和稳定性。

当前,我国煤炭行业大力推动现代数字技术与煤炭行业深度融合,积极推进煤炭企业数字化转型和煤矿智能化建设,已取得显著成效。高科技设备和技术的应用可以实现生产过程的精细化管理,通过物联网、区块链和云计算等技术可以实现供应链各环节的信息共享、实时监控和数据分析,有助于提高供应链的可见性和透明度,加强供应链各方之间的合作与协调。

人是生产力中最活跃、最具决定意义的因素,发展新质生产力离不开急需紧缺的科技创新人才。煤炭企业加大高层次人才引进力度,创新人才培养机制,发挥创新人才骨干作用,引入新技术、新理念和新方法,从而推进煤炭企业可持续供应链的持续改进和创新,为煤炭企业发展源源不断供血,解决好煤炭企业可持续发展、高质量发展中存在的各类问题。部分煤炭企业制定 ESG 治理体系,董事会为 ESG 工作的最高决策机构,下设安全、健康、环保及 ESG 工作委员会,负责监督企业 ESG 工作计划的实施。此外,还有企业将 ESG 指标纳入经营业绩考核,明确考核标准。企业设置相关职能部门可以协调各方资源,制定相应的策略和政策,推动环境管理与检测、社会责任与利益相关者管理、供应链合规与审核、技术创新和数字化转型等方面的工作,从而驱动煤炭企业朝着可持续发展的目标迈进。

煤炭可持续供应链的建设离不开强大的资金支持。近年来,投资者、客户和监管机构对煤炭企业的可持续发展越来越关注。他们要求企业在供应链管理中采取可持续的实践,包括减少环境影响、提高社会责任和透明度等。财务部门提供资金保障可以帮助企业满足利益相关者的要求,增强企业的可持续发展声誉,促进业务增长和市场份额的提升,获得长期的经济利益。

3.3.2 外部驱动作用机制分析

(1) 监管压力的作用机制

监管压力对于推动组织可持续发展实践举措至关重要。国家、地区或国际监管机构以及行业协会和主管部门向企业及其供应链施加压力,以使企业采用可持续性实践。煤炭企业面临的监管压力主要来自政府机构、上级主管部门、相关环保部门等机构。市场机制存在一些固有的缺陷,如垄断、信息不对称、外部性、不完全竞争等,这些会导致资源配置不合理和市场无效。政府监管的主要目的是通过干预和控制,纠正市场失灵问题,以促进公平竞争和资源的有效配置。市场的运作可能无法充分考虑公共利益和社会福利,因此需要政府监管来确保公共事务的顺利运行。政府监管可以通过制定法律、规章和政策来满足保护消费者权益、环境保护、公共安全等公共利益方面的需求。市场的自由竞争环境中,不可避免地会出现不当竞争、市场操纵、欺诈等行为,这会扰乱市场秩序并损害公众利益。政府监管的任务之一是监督市场行为,打击不正当行为,维护市场的健康运行。政府可以通过监管措施来维护经济的稳定,防范和处理金融风险,管理货币政策,控制通货膨胀和金融泡沫等。政府监管在促进经济发展的同时,也要确保经济的稳定性和可持续性[121]。我国针对煤炭企业的政府性监管主要体现在引导煤炭企业绿色低碳化发展,通过采取强制性市场性监管措施来驱动企业采取可持续供应链实践。

政府的强制性监管主要通过制定法律政策和规定来限制企业的行为。例如,政府实施许可和审批制度,要求煤炭企业在开始经营前必须取得相关的许可证或审批文件,以确保企业符合法律法规、环境标准和安全要求。政府通过监督与执法部门对煤炭企业的生产、运营过程进行监督和检查,以确保其遵守相关法律法规和环境、安全、劳动等方面的要求。违法违规行为将受到相应的法律制裁和处罚。政府对煤炭企业实施严格的环境保护要求,例如限制污染物排放,强制实施污水、废气和固体废弃物处理等。企业需要符合这些要求,并接受定期的环保检查和评估。煤炭开采和加工过程中存在一定的安全风险,政府制定安全生产标准和规范,对煤炭企业进行安全生产监管。要求企业建立完善的安全管理体系、提供必要的安全设施和培训员工,以及进行定期的安全检查和评估。政府要求煤炭企业公开其相关信息,包括生产情况、污染物排放数据、安全事故记录等。这有助于提升企业的透明度,方便监管部门和公众对企业进行监督和评估。

政府强制性监管对企业可持续供应链驱动机制作用见图3-1。

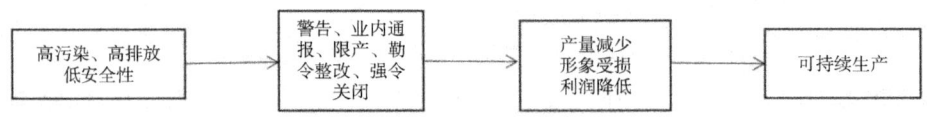

图3-1 政府强制性监管驱动机制

政府的市场性监管的特点是激励和引导企业自觉采取符合可持续发展的行为,而不是强制性规定企业的具体行动。这种监管方式充分利用市场机制和经济调节工具,旨在促进企业在追求经济效益的同时,积极履行环境和社会责任。政府可以通过各种市场经济调节工具来影响企业行为,例如采取经济刺激政策、税收优惠政策和贷款支持等措施,鼓励企业在环境保护和社会责任方面积极行动。政府还可以通过设置市场准入门槛、颁布环保和社会责任认证标准等方式,引导企业自愿地履行环境和社会责任。目前,市场机制性管制通过设立排污收费机制,对企业的污染物排放进行经济调节。企业需要支付相应的排污费用,以激励其降低污染物排放量,促进环境保护。实施环境税制度,对企业的环境污染行为征收税费。税收的高低可以根据企业的排放水平和污染程度进行调整,通过经济手段引导企业减少污染物排放,以实现环境可持续发展。通过设立补贴政策,鼓励和支持企业采取环保技术、清洁生产方式和可持续发展措施。这种补贴可以降低企业的投资和运营成本,提高环保投资的吸引力,推动企业转型升级。建立排污权交易市场,将企业的排污权利进行量化和交易。企业可以购买和出售排污权,从而实现污染减排的经济效益最大化。这种交易机制鼓励企业主动减少污染物排放,同时提升了排污权的价值,促进了资源的有效配置。政府的市场性监管方式相对灵活,能够适应市场的变化和企业的需求,推动企业向可持续发展的路径转变,实现经济繁荣与环境可持续性的协同发展。

政府市场性监管对企业可持续供应链驱动机制见图 3-2。

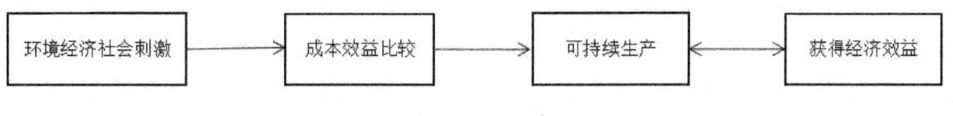

图 3-2　政府市场性监管驱动机制

(2) 社会压力的作用机制

不同的非营利组织，如非政府组织和社会团体，以及媒体和新闻界等沟通渠道，有助于提高公众的意识，并通过联合努力影响企业及其供应链，以提高其可持续发展实践。社会压力包括来自非政府组织、社会团体（居民、环境组织）、媒体/新闻界、公众和社区的压力。

非政府组织（NGO）在可持续发展实施过程中扮演重要角色。他们致力于解决政府难以解决或解决不好的重大社会问题，是政府的伙伴和助手[154]。NGO 通过监督煤炭企业的环境影响，公开揭露污染和生态破坏情况，从而引发公众关注和舆论压力。这激励了煤炭企业感受到环保问题的紧迫性，并采取措施减少对环境的影响。NGO 制定和推广可持续标准和指南，如环境和社会保护准则、矿产供应链责任原则等，为煤炭企业提供行业内的最佳实践。这些标准和指南在指导企业改善环境管理、生态保护、社区参与等方面发挥了重要作用。NGO 与煤炭企业建立对话、合作伙伴关系，共同制定可持续发展目标和行动计划，推动企业改善供应链可持续性。这种合作涉及技术支持、能力建设、传授最佳实践等方面，为企业提供具体指导和支持。NGO 的声音和行动对投资者和金融机构产生影响，他们的支持、反对或关注能够直接或间接影响企业的融资和市场表现。NGO 与投资者合作，共同推动相关企业实施可持续发展战略，引导资金真正促进绿色转型。NGO 推动煤炭企业进行信息披露，公开环境和社会数据、排放口径以及可持续发展策略，从而促进企业透明度和问责制度的建立。这有助于监督企业的表现，并向利益相关方提供准确的信息以进行评估和决策。非政府组织通过环境监督、制定标准、合作伙伴关系、社会影响力以及信息披露等方式，驱动着煤炭企业向可持续发展的目标迈进。他们推动企业改善环境表现、采用清洁技术、优化供应链管理，同时促进社会责任和可持续性考量融入企业决策和战略中。这些努力为煤炭行业的可持续性带来积极影响，推动整个行业实现可持续发展。

在信息化时代，媒体在推动煤炭企业向可持续发展转型中扮演重要的驱动角色。媒体通过报道和宣传,向公众传递煤炭行业的环境和社会问题,唤醒公众对可持续发展的意识。报道涵盖了煤炭企业的环境影响、气候变化挑战、能源转型需求等方面,引发广泛关注和讨论。媒体报道和舆论引导对煤炭企业的经营决策产生影响。负面报道和曝光能够促使企业承担环境责任和应对社会压力,从而推动其采取可持续发展行动。媒体舆论的监督作用能激发企业的环保意识,将可持续性纳入其战略决策中。媒体通过报道煤炭企业的创新实践和成功案例,分享可持续发展方面的最佳实践和技术经验。这些报道提供了行业内部和跨界交流的平台,促进了知识的传播和技术的推广,激发了企业在可持续发展方面的行动。媒体关注煤炭行业的可持续发展问题,通过报道和评论,引起政府的关注并促进相应政策的制定。媒体对政策的呼声和监督,推动了政府在能源转型、环境监管、碳市场等方面采取积极措施,进一步推动煤炭企业的可持续发展。媒体报道对投资者和金融机构产生影响,他们关注与报道煤炭企业的可持续性表现。通过披露企业的环境、社会和治理绩效,媒体为投资者提供关键信息,使他们能够更好地评估企业的可持续性风险和机遇。投资者对环保和社会责任的关注也推动了企业在可持续发展方面的努力。媒体报道能够激发公众的参与和行动,推动他们在可持续发展方面发挥作用。公众的声音和对煤炭企业的关注可以通过媒体的报道传达给企业,增强企业的社会责任感和环保意识。媒体在推动煤炭企业向可持续发展转型中发挥着重要的驱动作用。通过信息传递、舆论引导、分享最佳实践、促进政策制定、影响投资者和激发公众参与,媒体推动煤炭企业积极采取环境友好和社会负责的行动,引领整个行业实现可持续发展。媒体的报道和舆论反响对于塑造企业形象、决策制定和行业转型具有重要影响力,创造了共同推动可持续性议程的环境。

社区是一个由固定地理区域范围内的社会成员组成的行政区域,以居住环境为依托,行使社会功能,并创造社会规范。煤炭企业由于其历史发展特点,对当地所在社区的经济社会环境影响非常显著。社区居民对环境和社会问题具有直接利益和关注,他们通过示威、抗议、呼吁等行动,向煤炭企业施加压力,要求其改善环境影响和采取可持续发展措施。社区的声音和行动促使企业感受到社会压力和社会责任,推动其采取行动以取悦当地居民和维护企业形象。社区可以开展独立的环境监测,检测煤炭企业的污染物排放、水质和空气质量等指标。社区的数据和报告提供了客观的证据,揭示了企业的环境影响,并用于监督企业的表现和推动环境改善措施的实施。社区还要求企业公开环境数据,增强企业的透明度和问责制度。社区与煤炭企业建立合作关系,共同推动可持续发展。社区居民可以参与企业的对话和协商,共同制订环境保护和社会责任计划。通过合作,社区对企业的决策发挥重要影响,确保企业在各方面的运营对当地社区具有积极影响。社区通过鼓励经济多样化和支持可持续发展项目来推动煤炭企业向可持续发展转型。社区居民可以推动发展可再生能源、环保旅游、可持续农业等新兴产业,帮助企业实现经济转型,并减少对煤炭依赖。社区还提供技术合作、培训和资金支持,促进企业向可持续发展领域转型。社区居民可以发起倡议活动,提高环境保护和可持续发展的意识。通过宣传教育、举办活动和分享最佳实践,社区鼓励居民采取环保行动,如节能减排、资源回收和可持续消费习惯的培养。这些行动不仅在社区层面产生影响,还通过社区的示范性作用扩大到整个煤炭行业。由此可见,社区对煤炭企业实施可持续供应链、履行环境和社会责任具有重要的推动作用。

(3) 市场压力的作用机制

为了获得自身竞争优势和开发可持续发展的技术,企业及其供应链面临不同市场因素。与市场相关的驱动因素主要是处理与组织经营绩效有关的可持续性问题,以及供应链关系的改善。因此市场压力主要来自竞争对手以及行业内其他合作伙伴、下游客户、投资者和金融机构。

煤炭行业产业链上游为设备和系统,主要包括采掘机、掘进机等生产设备以及相关的智能化系统;中游为煤炭开采和洗选,主要煤种有褐煤、烟煤、无烟煤等;下游为应用领域,主要包含电力行业、钢铁行业、化工行业及建材行业四大类行业。产业链中处于核心的为大型煤炭生产型企业。煤炭行业现有规模以上企业数量较少,但行业竞争集中度不高,且增长率较低;煤炭行业自身一体化能力较强,上游产品的标准化程度较高,下游应用领域电力、钢铁、化工、建材行业对煤炭的需求中短期仍有不可替代性,且煤种多样;随着我国"双碳"政策的逐渐细化,煤炭地位逐渐受到挑战,包括核能、天然气、太阳能等清洁型能源的运用对煤炭行业造成一定的替代风险。国际上先进的煤炭企业、我国少数大型国有煤炭企业受国家政策引导,积极履行环境和社会责任,获得较好的企业形象和声誉,其他煤炭企业对竞争对手的成功实践会进行模仿,从而促进企业的可持续供应链实践。煤炭行业在国家"双碳"规划下,对于能源结构转型以及煤炭的高效清洁运用提出更高目标已达成共识,有效驱动行业进入高质量发展期。下游应用领域目前虽然短期依赖煤炭需求情况不会改变,但是在国家高质量发展背景下,电力、钢铁、化工、建材行业都在进行低碳化、去碳化改革,对煤炭企业可持续发展提出更高的要求,同时也面临被各种新能源取代的风险。

煤炭企业是资金密集型和技术密集型行业,投资者与金融机构对煤炭企业发展具有重要影响力。我国在煤炭企业长期经济发展中付出了沉重的资源和环境代价,在"双碳"目标下,煤炭企业面临巨大的转型压力。由于近几年国内外环境因素的影响,煤炭企业的债券市场十分不稳定,煤炭行业进行投融资的难度逐渐增大,各大金融机构、投资者信贷投资趋于谨慎,从而增加了煤炭企业绿色转型难度。资本配置与获取的巨大风险,如何最佳分配资本是大型煤炭集团亟待解决的困境。煤炭企业可以通过良好环境和社会实践减少此类风险发生,主动披露企业 ESG 报告(即环境、社会和公司治理的综合指标,是公平和价值投资的基础,绿色金融体系构建的关键指标),吸引和留住更优质的利益相关者,得到投资者的青睐,降低投资者风险评价,进而有效降低企业的融资成本。从实践上看,国家一直高度重视绿色金融工作,将绿色金融作为支持绿色低碳发展的有力抓手,使其成为助力国家和地区绿色发展的重要工具,在推动实现"碳达峰、碳中和"目标的过程中扮演不可替代的重要角色。积极引导金融机构理性认识"碳达峰、碳中和"与"能源革命"之间的关系,并非简单"去煤化",要求金融机构合理增加煤炭企业信贷投入,推出碳中和债券、能源保供专项债券、可持续发展挂钩债券融资计划等债券创新品种,推广可持续发展挂钩贷款产品、碳排放配额质押贷款等绿色信贷产品,对符合条件的煤炭企业及其低碳转型项目在业务受理、审批、贷款等方面开辟绿色通道,简化授信申请流程。

3.4 煤炭企业可持续供应链驱动机制模型构建和量表设计

3.4.1 研究假设

由上文分析影响煤炭企业供应链可持续性的内外部驱动因素可知,煤炭企业可持续供应链内部驱动因素主要包括企业内部可持续管理能力和资源禀

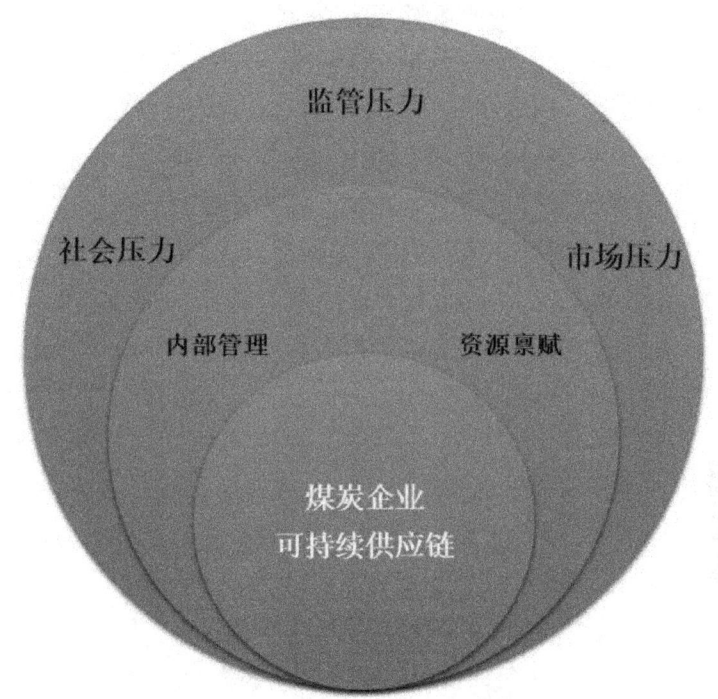

图 3-3 煤炭企业可持续供应链驱动因素作用机制

赋中促进可持续实践的能力,外部驱动因素主要包含监管压力、市场压力、社会压力。如图 3-3 所示。煤炭企业内外部驱动因素会促使企业采取可持续供应链实践,依据上一章节对煤炭企业可持续供应链内涵的分析,可持续供应链实践主要体现在三个维度,即经济可持续实践、环境可持续实践、社会可持续实践。因此,在前文驱动机制分析基础上,并结合相关文献,本书提出如下研究假设,假设中用 SSC(Sustainable supply chain)代指可持续供应链:

H1a:监管压力对企业 SSC 经济实践有正向影响。
H1b:监管压力对企业 SSC 环境实践有正向影响。
H1c:监管压力对企业 SSC 社会实践有正向影响。
H2a:社会压力对企业 SSC 经济实践有正向影响。
H2b:社会压力对企业 SSC 环境实践有正向影响。
H2c:社会压力对企业 SSC 社会实践有正向影响。
H3a:市场压力对企业 SSC 经济实践有正向影响。
H3b:市场压力对企业 SSC 环境实践有正向影响。
H3c:市场压力对企业 SSC 社会实践有正向影响。

H4a:企业内部管理对企业 SSC 经济实践有正向影响。
H4b:企业内部管理对企业 SSC 环境实践有正向影响。
H4c:企业内部管理对企业 SSC 社会实践有正向影响。
H5a:企业资源禀赋对企业 SSC 经济实践有正向影响。
H5b:企业资源禀赋对企业 SSC 环境实践有正向影响。
H5c:企业资源禀赋对企业 SSC 社会实践有正向影响。

可持续供应链实践是企业可持续发展的具体行为表现,在已有学者的研究中最具代表性的理论是计划行为理论。个体在具备实施某一特定行为的能力、机会和资源等条件时,其行为意向决定了其实际行为。行为意向受到三个主要因素的影响,包括行为态度、主观规范和感知到的行为控制。具体来说,如果个体对行为持有积极的态度,他人对该行为的支持程度较高,以及个体感知到对行为有较高的控制能力,那么其行为意愿就会增强。结合计划行为理论,本书将企业可持续意愿定义为个体企业对采取可持续发展行动的愿望和打算程度。它包括个体企业对于实施可持续发展措施的积极态度,对采取环保和社会负责行为的认可和评价,以及对于克服实施障碍和拥有可控性的感知。企业可持续意愿在计划行为理论框架下对个体企业的实际可持续行为具有重要预测作用,它反映了企业在可持续发展领域的意愿和准备程度。企业可持续意愿会受到企业外部驱动因素(监管压力、社会压力、市场压力)和内部驱动因素(企业内部可持续管理能力和企业自身的资源禀赋)等的影响。企业可持续意愿可以转化为企业可持续供应链行为,因此本书将企业可持续意愿作为中介变量,提出以下假设:

H6a:企业可持续意愿在监管压力与企业 SSC 经济实践具有中介作用。
H6b:企业可持续意愿在监管压力与企业 SSC 社会实践具有中介作用。
H6c:企业可持续意愿在监管压力与企业 SSC 环境实践具有中介作用。
H7a:企业可持续意愿在市场压力与企业 SSC 经济实践具有中介作用。
H7b:企业可持续意愿在市场压力与企业 SSC 社会实践具有中介作用。
H7c:企业可持续意愿在市场压力与企业 SSC 环境实践具有中介作用。
H8a:企业可持续意愿在社会压力与企业 SSC 经济实践具有中介作用。
H8b:企业可持续意愿在社会压力与企业 SSC 社会实践具有中介作用。
H8c:企业可持续意愿在社会压力与企业 SSC 环境实践具有中介作用。
H9a:企业可持续意愿在内部管理与企业 SSC 经济实践具有中介作用。

H9b:企业可持续意愿在内部管理与企业 SSC 社会实践具有中介作用。
H9c:企业可持续意愿在内部管理与企业 SSC 环境实践具有中介作用。
H10a:企业可持续意愿在资源禀赋与企业 SSC 经济实践具有中介作用。
H10b:企业可持续意愿在资源禀赋与企业 SSC 社会实践具有中介作用。
H10c:企业可持续意愿在资源禀赋与企业 SSC 环境实践具有中介作用。

3.4.2 模型构建

根据前文的作用机制分析和假设,提出本书的理论模型,如图 3-4 所示。

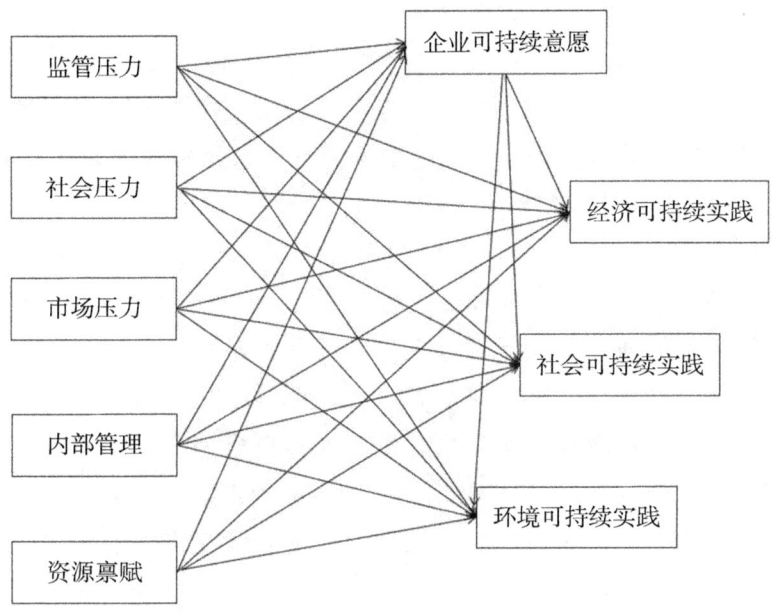

图 3-4　煤炭企业可持续供应链驱动因素关系模型

3.4.3 研究方法

结构方程模型(Structural Equation Modeling,简称 SEM)是一种统计分析方法,用于建立和检验研究变量之间的复杂关系模型。它基于潜变量理论和回归分析的思想,能够同时考虑多个观测指标和潜在因素之间的关系,并提供对模型拟合度进行评估的指标。结构方程模型可以用于验证研究假设、检验理论模型、解释数据之间的复杂关系,并提供模型的参数估计和验证。它广泛应用于社会科学、管理学、教育学和心理学等领域的研究中。

(1) 结构方程模型术语

潜变量(Latent Variables)：潜变量是无法直接观测到的心理构念或潜在特征，如个体的态度、特质、知觉等。在结构方程模型中，潜变量通过多个观测指标(也称为指标变量)进行间接测量。潜变量可以用来表示系统或理论中的概念，并帮助解释观测数据。

构念模型(Conceptual Model)：构念模型是研究者根据理论或先前的研究，提出的关于变量之间关系的假设模型。它描述了潜变量和观测指标之间的直接或间接关系。构念模型用箭头表示直接或间接的因果关系，并指导了研究者制定测量问卷和进行数据分析。

测量模型(Measurement Model)：测量模型描述了观测指标与潜变量之间的关系。它指明了每个观测指标对应的潜变量，并测量到潜变量的程度。测量模型使用因子分析或确认性因子分析等方法来分析观测指标与潜变量之间的关系，并评估模型的拟合度。

结构模型(Structural Model)：结构模型描述了潜变量之间的关系。它揭示了构念模型中的因果路径和直接或间接效应。结构模型可以使用回归分析来估计因果关系的强度和统计显著性。

拟合度评估(Model Fit Evaluation)：拟合度评估是结构方程模型的基本任务之一。通过比较观测数据与构念模型或测量模型之间的拟合度指标，可以判断模型与实际数据的契合程度。常用的拟合度指标包括均方根误差逼近(RMSEA)、标准化拟合指数(CFI)、增量拟合指数(IFI)等。

(2) 结构方程模型示意图

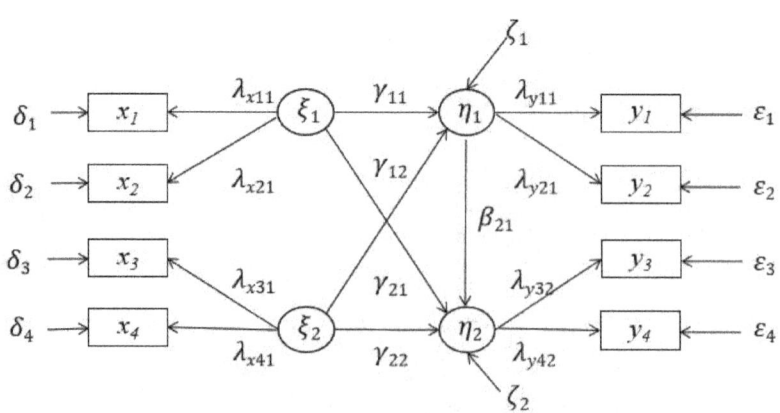

图 3-5　结构方程模型示意图

如图3-5所示,长方形表示观测变量,x表示外生观测变量,y表示内生观测变量;椭圆表示潜变量,ξ表示外生潜变量,η表示内生潜变量;外生观测变量x的误差用δ来表示,内生观测变量y的误差用ε来表示。结构方程模型由两个模型包含的三个矩阵方程式组成。

结构模型(Structural Model):结构模型描述了潜变量之间的关系。通常使用下面的公式来表示:

$$\eta = \beta\eta + \gamma\xi + \zeta$$

在这个公式中,ξ是潜变量的值,β是路径系数(path coefficient),表示一个潜变量对另一个潜变量的直接效应;η是误差项(error term),表示不能由潜变量解释的随机部分;γ为路径系数,表示外生潜变量对内生潜变量的影响关系;ζ为结构方程的残差项,表示方程中未能被解释的部分。

观测模型(Measurement Model):观测模型描述了观测指标与潜变量之间的关系。通常使用下面的公式表示:

$$x = \Lambda_x \xi + \delta$$
$$y = \Lambda_y \eta + \varepsilon$$

在这个公式中,Λ_x为外生观测变量在外生潜变量上的因子载荷矩阵,反映外生观测变量对外生潜变量的贡献;Λ_y为内生观测变量在内生潜变量上的因子载荷矩阵,反映内生观测变量对内生潜变量的贡献。通过将观测模型和结构模型组合在一起,可以构建一个完整的结构方程模型。模型中的参数估计可以使用最大似然估计法或加权最小二乘估计法等方法进行求解。

总体而言,结构方程模型通过观测模型和结构模型的组合,允许研究者同时考虑多个观测指标和潜变量之间的关系,以及潜变量之间的直接或间接效应,从而帮助解释和理解复杂的数据模式和变量关系。

(3)结构方程模型的方法步骤

第一,研究目标确定。明确研究中要研究的变量及其关系,并构建理论框架。第二,变量测量。选择适当的测量工具,设计观测变量和潜变量,并收集相关数据。第三,模型规范化。基于理论框架和变量测量设计,设计出满足现代企业实际需求的测量模型和结构模型。第四,参数估计与拟合度检验。使用统计方法对模型进行参数估计,目前应用广泛的方法是最小二乘法和最大似然法。在拟合度检验中,可以使用各种统计指标来评估模型与数据的拟合程度,例如均方根误差逼近度(RMSEA)、比较拟合指数(CFI)等。第五,模型修正与改进。根据拟合度检验的结果,对模型进行修正和改进,例如优化路径系数、增加或删除变量等。第六,解释与推断。基于修正后的模型,解释变量之间的关系,进行因果推断,并进一步分析模型的实际意义和应用。第七,模型验证与复制。得出满意的模型后,可以对其进行验证,并尝试在不同样本或不同场景中进行复制,以检验模型的稳定性和普适性。

3.4.4　问卷设计与变量测量

(1)问卷设计

问卷调查是一种常用的研究方法,用于收集大量被调查者(受访者)个体的主观意见、态度、行为和背景信息等数据。在进行问卷调查之前,研究者需要设计问卷,确定要调查的内容和问题。问卷可以包含开放式问题(要求受访者提供自由回答),也可以包含封闭式问题(提供固定的选项供受访者选择)。问卷的设计应清晰、简明,并确保问题准确度量所要研究的变量。样本应具有代表性,能够反映出总体的特征和多样性,样本可以通过随机抽样、便捷抽样、目标抽样等方式获得。研究者通过分发问卷给被调查者来进行数据收集,问卷可以是纸质形式,也可以通过在线调查工具进行电子化。一旦收集到问卷数据,研究者会对数据进行整理、编码和分析。常见的数据分析方法包括描述性统计、相关性分析、回归分析、因子分析等,以揭示数据中的模式和关系。基于对问卷数据的分析,研究者可以解释调查结果,并得出研究问题的推论。通过综合分析问卷数据,可以了解受访者的态度、观点、行为习惯等,并根据研究目的对结果进行解读。

本次问卷调查旨在探讨企业可持续供应链实践受内外部驱动因素的影响,以及企业可持续意愿在上述两者之间的中介作用。具体而言,问卷调查将围绕以下几个方面展开:

第一,煤炭企业的基本信息。包括:煤炭企业名称、所在地、规模、所有制性质、经营情况、员工人数、受访人职位,共有7个题项。

第二,煤炭企业可持续供应链实践。主要从供应链的经济可持续实践和环境可持续实践以及社会可持续实践三个方面对煤炭企业可持续供应链实践的具体情况进行评估,共3个方面14个题项。

第三,煤炭企业可持续供应链驱动因素。主要了解企业外部监管压力、市场压力、社会压力、内部管理能力和企业资源禀赋五个因素对于煤炭企业可持续供应链实践的驱动作用,共 5 个方面 20 个题项。

第四,煤炭企业可持续供应链实施意愿。煤炭企业在供应链管理中采取可持续发展行动的愿望和打算程度,企业投资绿色技术和设备,推动能源效率提升,并采取措施减少生态破坏的意愿;企业确保劳动条件符合标准,社区参与和支持当地社会项目的意愿;企业改进供应链流程,寻求合作伙伴,以实现更好的经济效益和竞争力的意愿。共 5 个题项。

第二、三、四部分的研究中,使用了经典的 Likert 5 点量表法。受访者根据自己的经验客观评价,各指标包含五个维度,即"非常同意""比较同意""不确定""比较不同意""非常不同意",并为每个层次赋予相应的分值,分别为 5 分、4 分、3 分、2 分、1 分。

(2)被解释变量设计测量

在该问卷中,被解释变量为企业实践。根据前文的相关论述可知,企业可持续供应链实践涉及众多环节、多个主体,涵盖企业生产经营全过程。本书参考已有文献[143—145]的观点,将企业可持续供应链实践变量测度分为经济可持续性、环境可持续性、社会可持续性三个维度。企业的经济可持续实践主要涉及利润规模和成本规模两个指标,主要参考了 Zhu 等可持续采购的设计[155]。环境可持续量表来源于公司内部的环境管理和外部伙伴关系的管理,测量项目的设计主要基于 Eskandarpour 等[157]和 Hsu 等[156]的文献。社会可持续性量表参考了 Marshall 等的研究,从员工权力、合作行为准则和社会福利等方面进行了定义[158]。

(3)解释变量设计测量

根据 3.1 和 3.2 两个部分的驱动因素识别和作用机制分析,本书得出的煤炭企业可持续供应链的解释变量为:监管压力、社会压力、市场压力、企业内部管理、企业资源禀赋五个。①监管压力。无论政府监管还是市场性监管,在具体实践中政府都起到了非常重要的引导作用。因此,政府对于可持续供应链实践的驱动具有积极意义,目前人们制定出了众多政府行为相关的量表。本书参照 Walker 等[159]、Hall[160]、赵敏[161]、贾县民[121]对政府监管行为的测度,并结合国情,设计出政府监管压力的测量题项。②社会压力。本书的社会压力内容主要涉及利益相关者即社区、非政府组织、媒体和社会大众。量表的设计主要参考 Saeed 等[162]、金乐琴[154]、刘伯恩[163]、宋岩等[164]中对于社会方面利益相关者的部分题项,形成社会压力测量题项。③市场压力。本书的市场压力内容主要涉及煤炭企业所处供应链面临的上下游利益相关者、业内合作伙伴、主要竞争对手对企业可持续供应链实践所带来的外部驱动,量表题项的设计主要参考 Hsu 等[156]、宋福琳[165]、唐洁[166]有关市场压力方面的部分题项,形成市场压力测量题项。④企业内部管理。内部管理是促进企业可持续供应链实践的软动力,企业从管理者认知、员工认知、员工成长、机构设置等软环境在企业内部形成对可持续供应链的强大推动力,是可持续供应链有效实践的原动力。量表题项的设计主要参考 Lee 等[167]、Hanna 等[168]中有关题项,形成本书企业内部管理测量题项。⑤企业资源禀赋。资源禀赋是企业自身所拥有的人力资源、财务资源、技术资源、物质资源,是促使可持续供应链实践的基础保障,量表题项的设计主要参考 Saeed 等[162]、刘伯恩[163]、张强忠[169]中有关题项,形成本书企业资源禀赋测量题项。

(4) 中介变量设计测量

中介变量为煤炭企业可持续意愿。具体分析可知,该变量可以直观地反映出不同的驱动因素通过企业可持续意愿对可持续供应链实践的促进程度。根据前文介绍,煤炭企业可持续意愿包括可持续供应链投入和运营成本的支付意愿,以及对相关政策的支持意愿等。此定义主要参考贾县民[121]文中对企业绿色低碳化意愿的界定,并依据可持续供应链的特点,将可持续意愿拓展至社会责任、环境保护、经济友好相结合的层面,并依据王林秀[170]、周曙东等[171]、李丹等[133]学者的测量量表,构建了 5 个题项作为企业可持续意愿的测量题项。

(5) 控制变量

控制变量能对被解释变量产生影响。由于控制变量的变化也会引起被解释变量的变化,本书结合研究背景和要求,选择以下变量作为控制变量,并据此实施企业特征的测量。在企业特征方面:①企业所有制类型。参考文献[173],此处将企业所有制类型主要划分为国有企业、国有独资企业、股份制企业、民营企业、合资企业和其他。②成立年限。采用 Srivastava 等[173]的经验,以企业自成立至今的时间来测量其年限。③规模。采用 Wang 等[174]的方法使用企业总营收、企业员工人数测量企业的规模。

本书的研究对象是企业的管理人员,故而在该环节的论述中,为更好地增强模型的说服力,确保所得结论的信度和效度,还借助先进的方法对被调查者基本信息进行测量:①工作职位。此处参考 Weeks 等(1999)的成果进行职位划分,即一般员工、行政人员、企业基层管理人员、企业中层管理人员、企业高层管理人员。②教育程度。此处参考 Reinholt 等[175]的研究实施教育程度的划分,即初中及初中以下、高中或中专、大专、本科、硕士及以上。

3.5 煤炭企业可持续供应链驱动机制实证研究

3.5.1 数据收集与处理

本次问卷调查采用线上线下相结合的方式。线下调查就是到现场发放问卷并予以回收的调查。线上调查主要是通过邮件、问卷网站等形式展开非面对面的调查。被调查者为我国煤炭企业管理人员和员工,管理人员作为企业经营管理者,员工作为企业的被管理者,对企业可持续供应链认识的侧重点不同,因此本次调查的受访对象涵盖面广泛,所得数据较为客观全面。为保证问卷数量与质量,通过问卷平台设置条件进行筛选与限制,包括对受访人员答题次数限制、答题时间限制,以及答题相似度设置,并在相关题项设置背景介绍,以便受访者对所答题项有直观的了解。本次调查时间为 2020 年 11 月~2021 年 5 月,共收回有效问卷1 483份。

问卷收集完成后借助软件技术进行统计处理,由此得到变量特征及不同变量间的关系。本书采用了多种数据分析方法,比如描述性统计分析、信度效度分析等。该环节中,使用的软件主要是 SPSS19.0 和 AMOS24.0。通过一系列的描述性统计分析,可以明确相关数据的趋势、离散程度等。除此之外,本书还做了进一步的信度效度分析,以验证测评结果的可靠性。一般来说,信度、效度越高,则说明问卷中量表题项设计越科学,其研究价值也越高。最后,本书通过结构方程模型分析来检验因果关系。

3.5.2 样本描述性统计分析

本书回收的有效问卷有1 483份。对回收的资料进行统计得出,受访者的文化程度大多在高中到本科之间。高中文化程度的有 694 人,在总量中占比为46.8%;大专学历有 422 人,占比 28.46%;本科学历有 244 人,在总量中占比为16.45%;高于以上学历者 33 人,在总量中占比 2.23%。由统计分析可知在职位方面,高层管理者为 53 人,占比 3.57%;中层管理人员 131 人,占比

8.83%；基层管理人员为 296 人，占比 19.95%；一线员工为 1 003 人，占比 67.63%。一线员工学历层次大多为高中，占比 86.14%，学历水平较低；管理人员学历水平大多为本科以上，且基层管理人员相较于高层和中层管理人员，学历水平更高，表明我国煤炭企业人才引进效率提升，整体管理人员受教育程度较高。从工作职位来看，管理人员与员工分布合理，能够代表企业生产经营实际情况，样本代表性较好。

1）从企业样本信息来看，参与调查的企业主要分布在河南、山西、河北、内蒙古、新疆、贵州、安徽、江苏、北京等地区，以晋能控股集团有限公司、中煤能源集团有限公司、潞安化工集团有限公司、山西焦煤集团有限公司、平煤神马控股集团有限公司、冀中能源集团有限公司、河南能源集团有限公司、淮北矿业有限责任公司、淮河能源控股集团有限责任公司、贵州盘江煤电集团有限责任公司、徐州矿务集团有限公司等大中型煤炭企业为主，以上企业占到样本总量的 79.89%。

2）从企业所有制来看，接受本次调查的企业主要是国有或国有控股企业，占到样本总量的 86.54%，民营企业占比 11.92%，符合煤炭企业注册类型的实际，可确保研究结果的可靠性。

3）在企业成立年限方面，大部分企业为 10~20 年，占比达 67.77%，成立 20 年以上企业占比 20.57%，成立 5~10 年的企业占比 6.2%，成立 5 年以下的煤炭企业数量最少，占比 5.46%。样本涵盖了不同成长阶段的企业，而大多数企业的成立时间小于 20 年，与国情相符，可保证所得结论的有效性。

4）在企业规模方面，本书主要是分析企业员工人数和营业收入。在企业员工人数方面，不超过五百人的企业在总数中占比较高，为 12.68%；拥有 500~1 000 人的企业在总数中占比较小，仅为 4.92%；1 000~2 000 人的企业在总量中占比达到 15.17%；而 2 000~5 000 人的企业在总量中占比最大，高达 40.59%；超过 5 000 人的企业占比 26.64%。在企业营业收入方面，超过 10 亿元的企业在总量中占比较高，为 29.13%；5 亿元~10 亿元的在总量中占比为 17.94%；1 亿元~5 亿元的企业数量最多，在总量中占比高达 29.43%；0.5 亿元~1 亿元的企业数量最少，在总量中仅占比 7.22%；低于 0.5 亿元收入水平的企业占比 16.25%。从上述两个维度来看，参与本次调查的企业基本为大中型煤炭企业，拥有的员工人数较多，收入水平相对较高，符合我国煤炭企业的实际，可确保研究结论的可靠性。

3.5.3 信度效度检验

(1) 调研问卷的信度检验

本书以 Cronbach's α 系数法对问卷变量指标实施一系列信度检验,由此得到如下表 3-1 所示的结果。可以看到,问卷整体信度系数值为 0.923,大于 0.8 的检验水平,意味着所得数据的信度质量很高。经过进一步分析可知,对于"项已删除的 α 系数",尽管对相关题项予以剔除,但相应的信度系数没有明显提升,这表明这些题项不应该被删除。就"CITC 值"而言,分析项的 CITC 值均大于 0.6,意味着题项之间相关性显著,换言之,问卷的信度水平较高。基于以上的论述,可以总结出研究数据的信度系数值高于 0.8,即问卷的可靠性高,可展开下一环节的讨论。

表 3-1 量表信度分析结果

变量名称	题项	校正项总计相关性(CITC)	项已删除的 α 系数	Cronbach's α 系数
经济可持续实践	JJ1	0.625	0.785	0.822
	JJ2	0.661	0.769	
	JJ3	0.644	0.777	
	JJ4	0.651	0.774	
环境可持续实践	HJ1	0.639	0.815	0.844
	HJ2	0.664	0.808	
	HJ3	0.644	0.813	
	HJ4	0.661	0.809	
	HJ5	0.639	0.815	
社会可持续实践	SS1	0.690	0.829	0.861
	SS2	0.672	0.834	
	SS3	0.681	0.832	
	SS4	0.689	0.830	
	SS5	0.662	0.836	

表 3-1 （续表）

变量名称	题项	校正项总计相关性（CITC）	项已删除的 α 系数	Cronbach's α 系数
企业可持续意愿	YY1	0.678	0.830	0.860
	YY2	0.680	0.830	
	YY3	0.679	0.830	
	YY4	0.668	0.833	
	YY5	0.677	0.831	
社会压力	SH1	0.664	0.783	0.830
	SH2	0.651	0.789	
	SH3	0.651	0.789	
	SH4	0.665	0.783	
市场压力	SC1	0.647	0.788	0.829
	SC2	0.660	0.782	
	SC3	0.660	0.782	
	SC4	0.655	0.784	
监管压力	JG1	0.674	0.774	0.828
	JG2	0.656	0.782	
	JG3	0.650	0.785	
	JG4	0.636	0.791	
内部管理	NB1	0.664	0.795	0.837
	NB2	0.662	0.796	
	NB3	0.656	0.799	
	NB4	0.689	0.784	
资源禀赋	ZY1	0.691	0.805	0.848
	ZY2	0.685	0.808	
	ZY3	0.682	0.809	
	ZY4	0.686	0.807	
问卷整体信度				0.923

（2）调研问卷的效度检验

本书使用探索性因子分析方法（EFA）来评估调查问卷的特征效度。探索性因子分析能够帮助人们了解和把握多个观测变量的潜在结构，通过对众多变量的聚合处理得到相应的核心因子。然而在展开上述分析前,还应完成 Bartlett 球形检验并计算 KMO 值来评估问卷数据的适宜性。通常情况下,KMO 值应达到 0.7 以上,并且 Bartlett 球形检验的显著性水平应满足双尾检验的显著性要求,才能说明数据适合进行因子分析。

本次研究中,采用 SPSS19.0 软件技术对问卷题项进行统计、处理,表 3-2 的 KMO 和 Bartlett 球形检验结果显示:KMO=0.927(大于 0.7),Bartlett 球形检验的近似卡方值为 25 106.436,自由度(degree of freedom,df)为 741,显著度 p 值为 0.000(非常显著),各变量之间的独立性假设不成立,由此可知,这些题项的数据存在相关性。问卷所测量的数据呈现较好的集中度,即数据的变异性较小,适宜进行因子分析。

表 3-2 KMO 和 Bartlett 的检验

KMO 值		0.927
	近似卡方	25 106.436
Bartlett 球形检验	df	741
	p 值	0.000

接着,采用探索性因子分析,对 39 个题项的数据进行了分析。分析的参数设置如下:采用"主成分"抽取方法,通过该方法的处理可以筛选出特征值大于 1 的因子;之后采用"最大方差法"进行处理。由此得出的数据以"按大小排序"的格式显示,同时取消了小系数。经过上述一系列处理后,再从问卷各指标中筛选出 9 个持有特征值大于 1 的公因子。经过软件统计,进一步得出累计解释方差 65.585%,意味着这 9 个因子能够很好地反映 39 个题项中 65.585% 的信息。通过提取这 9 个公因子,能够较好地解释整体问卷数据所包含的信息。

此处结合下表展开分析,其呈现了旋转后因子载荷和解释方差情况,在对问卷进行检验时,通常来说,测量同一维度的各指标可聚合,则意味着这些指标在该维度上的因子载荷较大(大于 0.5),同时在其他维度上的因子载荷较小(小于 0.5)。这样的情况表明测量数据的内部结构更清晰,整体特征效度更高,具有良好的结构效度。

表 3-3　正交旋转后的因子载荷、特征值及解释方差

观测变量	旋转成分矩阵								
	因子1	因子2	因子3	因子4	因子5	因子6	因子7	因子8	因子9
YY1	0.751								
YY2	0.743								
YY3	0.741								
YY4	0.727								
YY5	0.753								
SS1		0.773							
SS2		0.728							
SS3		0.746							
SS4		0.744							
SS5		0.727							
HJ1			0.731						
HJ2			0.747						
HJ3			0.743						
HJ4			0.756						
HJ5			0.717						
ZY1				0.807					
ZY2				0.793					
ZY3				0.785					
ZY4				0.787					
NB1					0.770				
NB2					0.769				
NB3					0.781				
NB4					0.791				
SH1						0.805			
SH2						0.791			
SH3						0.794			
SH4						0.803			

表 3-3 （续表）

观测变量	旋转成分矩阵								
	因子1	因子2	因子3	因子4	因子5	因子6	因子7	因子8	因子9
JG1							0.773		
JG2							0.755		
JG3							0.738		
JG4							0.741		
JJ1								0.743	
JJ2								0.767	
JJ3								0.759	
JJ4								0.762	
SC1									0.725
SC2									0.765
SC3									0.761
SC4									0.731
特征值	3.238	3.224	3.134	2.772	2.695	2.688	2.625	2.615	2.586
方差解释/%	8.303	8.267	8.036	7.109	6.909	6.893	6.732	6.706	6.631
累积方差解释/%	8.303	16.570	24.606	31.715	38.624	45.517	52.249	58.955	65.585

3.5.4 验证性因子分析

采用探索性因子分析方法对问卷信息进行分析后,还需进一步验证不同变量的因子载荷参数估计是否显著;同时还要检验测量模型性能,此处借助 AMOS 24.0 进行了验证性因子分析(CFA)。首先进行了模型适配度检验,其中拟合度指数是用来评估理论模型与数据的适配程度的指标,通常包括绝对拟合度指数值、增量拟合度指数值和简要拟合度指数值等。根据表 3-4 的结果显示,卡方自由度比、GFI、RMSEA、RMR、CFI、NFI、NNFI 等关键指标均达到了判断标准,说明模型的整体拟合效度较好。

表 3-4 模型拟合指标

常用指标	χ^2	df	p	卡方自由度比 χ^2/df	GFI	RMSEA	RMR	CFI	NFI	NNFI
判断标准	—	—	>0.05	<3	>0.9	<0.10	<0.05	>0.9	>0.9	>0.9
值	921.831	666	0.000	1.384	0.969	0.016	0.029	0.990	0.964	0.988

其他指标	TLI	AGFI	IFI	PGFI	PNFI	SRMR	RMSEA 90% CI
判断标准	>0.9	>0.9	>0.9	>0.9	>0.9	<0.1	—
值	0.988	0.964	0.990	0.827	0.866	0.019	0.014~0.019

Default Model: $\chi^2(741)=25360.094$, $p=1.000$

结合验证性因子分析结果,对模型的性能予以检验,主要是验证其信度和效度。效度描述的是相关指标变量对潜在变量的实际测量程度,大致包含两个方面的内容,即聚敛效度和区别效度。聚敛效度的结果如表 3-6 所示,区别效度的结果如表 3-7 所示。信度是指测量模型的测量一致性,通常来说,效度越高,则问卷各指标之间的内部一致性越强。本书将测量模型的信度、聚合效度和区别效度的检验标准汇总于表 3-5。具体的数据结果可以参考表 3-6 和表 3-7。

表 3-5 测量模型信效度检验标准

检验类别	参考标准
信度	标准化因素负荷量>0.5($P<0.05$) 组合信度:CR>0.7
聚敛效度	1.标准化因素负荷量>0.5($P<0.05$) 2.组合信度:CR>0.7 3.平均方差抽取量:AVE>0.5
区别效度	1.标准化因素负荷量>0.5($P<0.05$) 2.组合信度:CR>0.7 3.平均方差抽取量:AVE>0.5 4.AVE平方根值>两潜在变量间的相关系数绝对值

表 3-6 测量模型的因子载荷系数、AVE 值、CR 值

路径		标准载荷系数	显著性水平（P）	平均方差萃取 AVE 值	组合信度 CR 值
JJ ←	经济可持续实践	0.707	—		
JJ2 ←	经济可持续实践	0.754	0.000	0.537	0.822
JJ3 ←	经济可持续实践	0.728	0.000		
JJ4 ←	经济可持续实践	0.741	0.000		
HJ1 ←	环境可持续实践	0.708	—		
HJ2 ←	环境可持续实践	0.739	0.000		
HJ3 ←	环境可持续实践	0.712	0.000	0.519	0.844
HJ4 ←	环境可持续实践	0.731	0.000		
HJ5 ←	环境可持续实践	0.713	0.000		
SS ←	社会可持续实践	0.750	—		
SS2 ←	社会可持续实践	0.740	0.000		
SS3 ←	社会可持续实践	0.746	0.000	0.554	0.861
SS4 ←	社会可持续实践	0.759	0.000		
SS5 ←	社会可持续实践	0.726	0.000		
YY ←	企业可持续意愿	0.742	—		
YY2 ←	企业可持续意愿	0.747	0.000		
YY3 ←	企业可持续意愿	0.747	0.000	0.551	0.860
YY4 ←	企业可持续意愿	0.736	0.000		
YY5 ←	企业可持续意愿	0.741	0.000		
SH ←	社会压力	0.748	—		
SH2 ←	社会压力	0.734	0.000	0.550	0.830
SH3 ←	社会压力	0.733	0.000		
SH4 ←	社会压力	0.753	0.000		
SC ←	市场压力	0.737	—		
SC2 ←	市场压力	0.738	0.000	0.548	0.829
SC3 ←	市场压力	0.741	0.000		
SC4 ←	市场压力	0.745	0.000		

表 3-6 （续表）

路径		标准载荷系数	显著性水平（P）	平均方差萃取 AVE 值	组合信度 CR 值
JG1 ←	监管压力	0.759	—		
JG2 ←	监管压力	0.741	0.000	0.547	0.828
JG3 ←	监管压力	0.739	0.000		
JG4 ←	监管压力	0.717	0.000		
NB ←	内部管理	0.748	—		
NB2 ←	内部管理	0.743	0.000	0.562	0.837
NB3 ←	内部管理	0.73	0.000		
NB4 ←	内部管理	0.776	0.000		
ZY ←	资源禀赋	0.765	—		
ZY2 ←	资源禀赋	0.763	0.000	0.583	0.848
ZY3 ←	资源禀赋	0.760	0.000		
ZY4 ←	资源禀赋	0.766	0.000		

此处结合表 3-5、表 3-6 展开分析,其展示的是测量模型的验证性因子分析结果,可以得出以下结论:模型 9 个潜在变量的标准载荷系数都超过 0.6 的水平,同时相应的因子系数都非常显著($P=0.000$),由此可知模型有着优异的性能。还可以观察到,9 个潜在变量的组合信度均超过 0.8 的水平,且这些变量对应的平均方差抽取量均超过 0.5 的水平,由此可知该模型具有较高的可靠性。

根据表 3-7 所示,可以观察到以下情况:潜在变量之间的相关系数绝对值远远小于其 AVE 平方根值,这意味着模型有着优异的区别效度。

对于经济可持续实践,其 AVE 平方根值为 0.733,大于潜在变量间相关系数绝对值的最大值 0.385,说明经济可持续实践与其他潜在变量之间存在明显的差异,具有良好的区分效度。

对于环境可持续实践,其 AVE 平方根值为 0.721,大于潜在变量间相关系数绝对值的最大值 0.394,说明环境可持续实践与其他潜在变量之间存在明显的差异,具有良好的区分效度。

对于社会可持续实践,其 AVE 平方根值为 0.744,大于潜在变量间相关系数绝对值的最大值 0.410,说明社会可持续实践与其他潜在变量之间存在明显的差异,具有良好的区分效度。

对于企业可持续意愿,其 AVE 平方根值为 0.742,大于潜在变量间相关系数绝对值的最大值 0.435,说明企业可持续意愿与其他潜在变量之间存在明显的差异,具有良好的区分效度。

对于社会压力、市场压力、监管压力、内部管理和资源禀赋等潜在变量,它们的 AVE 平方根值均大于潜在变量间相关系数绝对值的最大值,表明它们与其他潜在变量之间存在明显的差异,具有良好的区分效度。

综上所述,根据表 3-7 的结果,该测量模型在区别效度方面表现良好,各潜变量之间具有明显的差异。

表 3-7　潜在变量间 AVE 平方根及相关系数矩阵

潜变量	经济可持续实践	环境可持续实践	社会可持续实践	企业可持续意愿	社会压力	市场压力	监管压力	内部管理	资源禀赋
经济可持续实践	**0.733**								
环境可持续实践	0.321	**0.721**							
社会可持续实践	0.385	0.394	**0.744**						
企业可持续意愿	0.367	0.366	0.410	**0.742**					
社会压力	0.160	0.210	0.183	0.219	**0.742**				
市场压力	0.347	0.360	0.398	0.435	0.201	**0.740**			
监管压力	0.368	0.324	0.372	0.400	0.224	0.416	**0.739**		
内部管理	0.255	0.329	0.366	0.307	0.197	0.318	0.293	**0.750**	
资源禀赋	0.302	0.301	0.276	0.305	0.167	0.305	0.298	0.268	**0.763**

综合以上检验结果,可以得出以下结论:煤炭企业可持续供应链驱动因素的测量模型具有良好的拟合度,并且具备良好的信度和效度。在此前提下,本书进一步完成了测量模型和样本数据的分析,进而明确不同潜在变量之间的路径关系,最终验证假设的正确性。

3.5.5　结构方程模型分析

(1)结构方程模型构建

根据变量之间的关系及相应假设,并结合相关理论成果,本小节设计了供应链驱动结构方程理论模型,具体情况见图 3-6。可以看到,其中包含 20 个外生显变量对监管压力、社会压力、市场压力、内部管理、资源禀赋 5 个外生潜变量进行测量,以及 19 个内生变量分别对企业可持续意愿和 3 个企业可持续实践共 4 个内生潜变量进行测量。

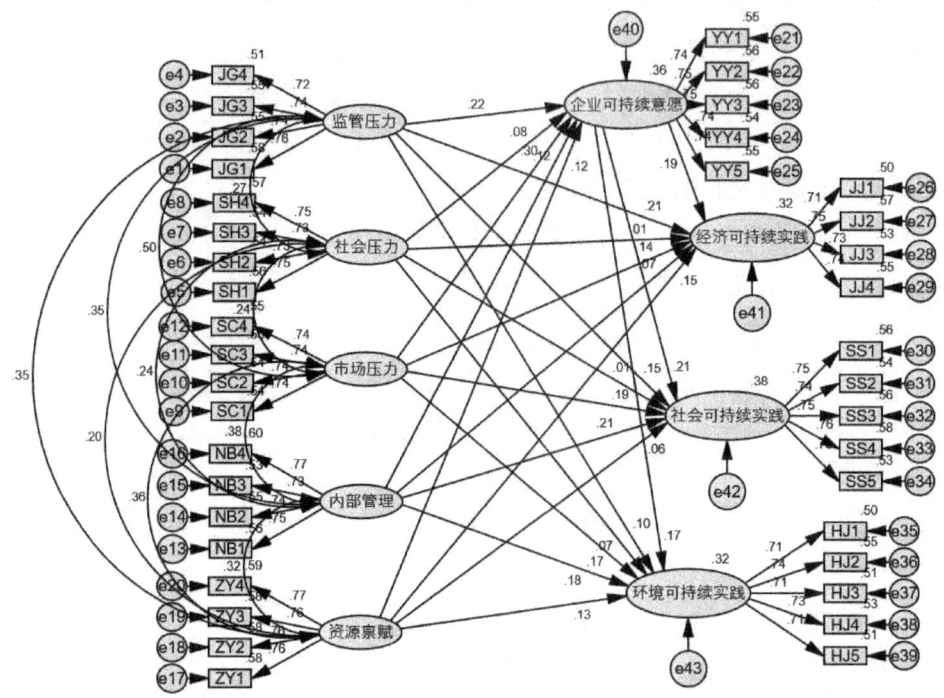

图 3-6　煤炭企业可持续供应链驱动机制结构方程理论模型

借助 AMOS 21.0 对上文构建的模型予以检验,所得结果见表 3-8。在对该模型进行分析前,还需要构建模型的适配度。为尽可能地提高模型拟合度检验的有效性,此处以常用/相对拟合指数进行拟合度估计,关键指标 CMIN/DF＝1.486＜3,RMSEA＝0.018＜0.08,RMR＝0.039＜0.08,GFI＝0.966＞0.90,TLI＝0.985＞0.90,CFI＝0.987＞0.90,拟合结果都在合理范围内,说明模型整体拟合度较为合适。

表 3-8　结构方程模型拟合度结果汇总

指标	CMIN/DF	RMSEA	RMR	GFI	TLI	CFI
最优指标	＜3	＜0.08	＜0.08	＞0.90	＞0.90	＞0.90
测量结果	1.486	0.018	0.039	0.966	0.985	0.987
是否达标	是	是	是	是	是	是

(2) 模型假设检验

根据理论模型，结合相关假设，从 AMOS 输出结果来看，本书所提出的模型中，路径假设关系的"社会压力→企业经济可持续实践"（$P=0.803>0.05$）、"社会压力→企业社会可持续实践"（$P=0.647>0.05$）、"内部管理→企业经济可持续实践"（$P=0.069>0.05$）、"资源禀赋→企业社会可持续实践"（$P=0.104>0.05$）的路径系数不显著，除此之外的路径关系标准化系数均显著。该模型的回归系数见表 3-9 所示。

表 3-9 模型回归系数

潜在变量间的路径关系		标准回归系数	P	显著性检验
企业可持续意愿 ←	监管压力	0.221	0.001	显著
企业可持续意愿 ←	市场压力	0.299	0.001	显著
企业可持续意愿 ←	社会压力	0.077	0.015	显著
企业可持续意愿 ←	内部管理	0.116	0.001	显著
企业可持续意愿 ←	资源禀赋	0.117	0.002	显著
经济可持续实践 ←	企业可持续意愿	0.191	0.001	显著
经济可持续实践 ←	监管压力	0.215	0.001	显著
环境可持续实践 ←	企业可持续意愿	0.175	0.001	显著
环境可持续实践 ←	市场压力	0.165	0.001	显著
环境可持续实践 ←	监管压力	0.104	0.006	显著
社会可持续实践 ←	监管压力	0.155	0.001	显著
经济可持续实践 ←	市场压力	0.142	0.001	显著
社会可持续实践 ←	市场压力	0.187	0.001	显著
经济可持续实践 ←	社会压力	0.008	0.803	不显著
环境可持续实践 ←	社会压力	0.069	0.046	显著
社会可持续实践 ←	企业可持续意愿	0.212	0.001	显著
社会可持续实践 ←	社会压力	0.014	0.647	不显著
经济可持续实践 ←	内部管理	0.068	0.069	不显著
环境可持续实践 ←	内部管理	0.177	0.001	显著
社会可持续实践 ←	内部管理	0.212	0.001	显著
经济可持续实践 ←	资源禀赋	0.147	0.001	显著
环境可持续实践 ←	资源禀赋	0.129	0.001	显著
社会可持续实践 ←	资源禀赋	0.061	0.104	不显著

由表 3-9 可知,煤炭企业可持续供应链外部驱动中监管压力、市场压力对企业三个维度可持续实践均存在显著正效应,且 P 小于 0.05,所以 H1、H3 的假设均成立。同时,H2 假设中社会压力对企业环境可持续实践存在显著正效应,且 P 小于 0.05,所以 H2b 假设成立。企业内部驱动因素中除内部管理对经济可持续实践、资源禀赋对社会可持续实践不显著外,其余假设均存在显著正效应,且 P 小于 0.05,所以 H4b、H4c、H5a、H5b 成立。假设检验结果详见表 3-10。

表 3-10　假设检验结果汇总

研究假设	假设内容	检验结果
H1a	监管压力对企业 SSC 经济实践有正向影响	支持
H1b	监管压力对企业 SSC 环境实践有正向影响	支持
H1c	监管压力对企业 SSC 社会实践有正向影响	支持
H2a	社会压力对企业 SSC 经济实践有正向影响	不支持
H2b	社会压力对企业 SSC 环境实践有正向影响	支持
H2c	社会压力对企业 SSC 社会实践有正向影响	不支持
H3a	市场压力对企业 SSC 经济实践有正向影响	支持
H3b	市场压力对企业 SSC 环境实践有正向影响	支持
H3c	市场压力对企业 SSC 社会实践有正向影响	支持
H4a	企业内部管理对企业 SSC 经济实践有正向影响	不支持
H4b	企业内部管理对企业 SSC 环境实践有正向影响	支持
H4c	企业内部管理对企业 SSC 社会实践有正向影响	支持
H5a	企业资源禀赋对企业 SSC 经济实践有正向影响	支持
H5b	企业资源禀赋对企业 SSC 环境实践有正向影响	支持
H5c	企业资源禀赋对企业 SSC 社会实践有正向影响	不支持

(3)企业可持续意愿的中介效应检验

此处借助 AMOS 24.0 提供的 Bootsrap 功能完成模型的中介检验。在这一环节中,主要是以区间上限与下限之间是否包括"0"作为判断依据,如果不包括则说明中介效应存在。经过上述处理后,最终得到企业可持续意愿的中介作用如表 3-11 所示。

表 3-11 中介效应结果汇总

路径	效应类型	Estimate	Lower	Upper	P	中介检验结果
监管压力⇒企业可持续意愿⇒经济可持续实践	直接效应	0.215	0.128	0.306	0.001	部分中介
	间接效应	0.042	0.021	0.072	0.001	
	总效应	0.257	0.171	0.347	0.001	
监管压力⇒企业可持续意愿⇒环境可持续实践	直接效应	0.104	0.03	0.181	0.006	部分中介
	间接效应	0.039	0.019	0.067	0.001	
	总效应	0.143	0.065	0.226	0.001	
监管压力⇒企业可持续意愿⇒社会可持续实践	直接效应	0.155	0.085	0.235	0.001	部分中介
	间接效应	0.047	0.026	0.077	0.001	
	总效应	0.202	0.127	0.284	0.001	
市场压力⇒企业可持续意愿⇒经济可持续实践	直接效应	0.142	0.059	0.227	0.001	部分中介
	间接效应	0.057	0.031	0.094	0.001	
	总效应	0.199	0.114	0.284	0.001	
市场压力⇒企业可持续意愿⇒环境可持续实践	直接效应	0.165	0.085	0.251	0.001	部分中介
	间接效应	0.052	0.028	0.085	0.001	
	总效应	0.218	0.136	0.299	0.001	
市场压力⇒企业可持续意愿⇒社会可持续实践	直接效应	0.187	0.115	0.269	0.001	部分中介
	间接效应	0.063	0.039	0.098	0.000	
	总效应	0.250	0.175	0.332	0.001	
社会压力⇒企业可持续意愿⇒经济可持续实践	直接效应	0.008	−0.056	0.069	0.803	中介不成立
	间接效应	0.015	0.003	0.033	0.008	
	总效应	0.022	−0.041	0.087	0.496	
社会压力⇒企业可持续意愿⇒环境可持续实践	直接效应	0.069	0.001	0.138	0.046	部分中介
	间接效应	0.013	0.003	0.030	0.010	
	总效应	0.083	0.014	0.153	0.014	
社会压力⇒企业可持续意愿⇒社会可持续实践	直接效应	0.014	−0.047	0.071	0.647	中介不成立
	间接效应	0.016	0.004	0.033	0.010	
	总效应	0.030	−0.029	0.088	0.327	

表 3-11 （续表）

路径	效应类型	Estimate	Lower	Upper	P	中介检验结果
内部管理⇒企业可持续意愿⇒经济可持续实践	直接效应	0.068	−0.006	0.146	0.069	完全中介
	间接效应	0.022	0.009	0.043	0.000	
	总效应	0.090	0.017	0.167	0.016	
内部管理⇒企业可持续意愿⇒环境可持续实践	直接效应	0.177	0.112	0.246	0.001	部分中介
	间接效应	0.020	0.008	0.041	0.000	
	总效应	0.197	0.131	0.268	0.001	
内部管理⇒企业可持续意愿⇒社会可持续实践	直接效应	0.212	0.142	0.284	0.001	部分中介
	间接效应	0.025	0.011	0.048	0.000	
	总效应	0.237	0.167	0.305	0.001	
资源禀赋⇒企业可持续意愿⇒经济可持续实践	直接效应	0.147	0.075	0.224	0.001	部分中介
	间接效应	0.022	0.009	0.044	0.001	
	总效应	0.169	0.099	0.244	0.001	
资源禀赋⇒企业可持续意愿⇒环境可持续实践	直接效应	0.129	0.065	0.199	0.001	部分中介
	间接效应	0.020	0.008	0.037	0.001	
	总效应	0.150	0.083	0.219	0.001	
资源禀赋⇒企业可持续意愿⇒社会可持续实践	直接效应	0.061	−0.010	0.129	0.104	完全中介
	间接效应	0.025	0.011	0.045	0.001	
	总效应	0.085	0.012	0.154	0.026	

从表 3-11 可知，因其总效应置信区间包含数字 0，说明该路径不显著，"社会压力⇒企业可持续意愿⇒经济可持续实践"与"社会压力⇒企业可持续意愿⇒社会可持续实践"这两条中介路径不成立。因其直接效应、间接效应、总效应置信区间不包含数字 0，说明该路径显著，监管压力⇒企业可持续意愿⇒经济可持续实践、监管压力⇒企业可持续意愿⇒环境可持续实践、监管压力⇒企业可持续意愿⇒社会可持续实践、市场压力⇒企业可持续意愿⇒经济可持续实践、市场压力⇒企业可持续意愿⇒环境可持续实践、市场压力⇒企业可持续意愿⇒社会可持续实践、社会压力⇒企业可持续意愿⇒环境可持续实践、内部管理⇒企业可持续意愿⇒环境可持续实践、内部管理⇒企业可持续意愿⇒社会可持续实践、资源禀赋⇒企业可持续意愿⇒经济可持续实践、资源禀赋⇒企业可持续意愿⇒环境可持续实践为部分中介。因其直

接效应置信区间包含数字 0,说明该路径不显著,内部管理⇒企业可持续意愿⇒经济可持续实践和资源禀赋⇒企业可持续意愿⇒社会可持续实践为完全中介。假设检验结果详见表 3-12。

表 3-12　中介效应假设检验结果汇总

研究假设	假设内容	检验结果
H6a	企业可持续意愿在监管压力与企业 SSC 经济实践具有中介作用	支持
H6b	企业可持续意愿在监管压力与企业 SSC 社会实践具有中介作用	支持
H6c	企业可持续意愿在监管压力与企业 SSC 环境实践具有中介作用	支持
H7a	企业可持续意愿在市场压力与企业 SSC 经济实践具有中介作用	支持
H7b	企业可持续意愿在市场压力与企业 SSC 社会实践具有中介作用	支持
H7c	企业可持续意愿在市场压力与企业 SSC 环境实践具有中介作用	支持
H8a	企业可持续意愿在社会压力与企业 SSC 经济实践具有中介作用	不支持
H8b	企业可持续意愿在社会压力与企业 SSC 社会实践具有中介作用	不支持
H8c	企业可持续意愿在社会压力与企业 SSC 环境实践具有中介作用	支持
H9a	企业可持续意愿在企业内部管理与企业 SSC 经济实践具有中介作用	支持
H9b	企业可持续意愿在企业内部管理与企业 SSC 社会实践具有中介作用	支持
H9c	企业可持续意愿在企业内部管理与企业 SSC 环境实践具有中介作用	支持
H10a	企业可持续意愿在企业资源禀赋与企业 SSC 经济实践具有中介作用	支持
H10b	企业可持续意愿在企业资源禀赋与企业 SSC 社会实践具有中介作用	支持
H10c	企业可持续意愿在企业资源禀赋与企业 SSC 环境实践具有中介作用	支持

3.5.6　实证研究结果讨论

(1)主效应讨论

监管压力与企业可持续供应链实践。模型假设检验分析结果数据显示,监管压力对企业可持续供应链三个维度,即经济可持续实践、环境可持续实践、社会可持续实践,以及企业可持续意愿之间存在正向显著影响关系,标准回归系数分别为 0.215,0.104,0.155,0.221,且 P 值均小于 0.05。假设 H1a、H1b、H1c 获得验证通过。这表明,政府、主管部门的监管,在很大程度上推动了煤炭企业可持续供应链发展。结合以往的调查研究以及本书的系统性研究,政府在约束企业的经营战略方面具有积极意义。众所周知,煤炭是资源型行业,而经过前文的论述可知,我国煤炭企业以国有企业、国有控股企业为主。

在现实中,无论是强制性监管还是市场性监管,政府均起到引导作用。具体来说,政府通过出台相关的政策、法律法规来引导企业可持续供应链的发展,并对煤炭行业进行约束和规制。从现有的情况看,中国的环境政策力度的不断加大,同时全球环境问题日益严重,在这样的大背景下相对于其他类型的企业来说,煤炭企业可持续供应链受大环境的影响更显著。从长、短期战略方向考虑,必然推动企业实施可持续供应链。另外,从监管压力与可持续供应链的三个维度的相关性强弱来看,监管压力对经济可持续实践的正向影响最为显著。煤炭企业会考虑其行为是否违反政府环境政策,以及违反政策受到相关惩罚的程度;政府的强制性监管中相关部门会针对企业的不合规行为进行环保处罚,这就要求煤炭企业要更加注重长期利润以及降低供应链各环节能耗;在政府的市场性监管中,实行针对煤炭企业进行减免税收、财政补贴等奖励性措施,会促进企业投入更多费用进行科技研发。

社会压力与企业可持续供应链实践。从模型假设检验分析结果得知,社会压力对煤炭企业可持续供应链经济实践和社会实践的正向影响关系没有通过验证。即假设 H2a 和假设 H2c 没有得到数据支持。社会压力对企业可持续供应链的环境实践存在显著正影响关系,标准回归系数为 0.069,且 P 值小于 0.05。假设 H2b 获得数据验证。这一结果表明,社会舆论更加关注煤炭企业所造成的环境问题,煤炭企业的"三废"排放量一直是社会大众关注的焦点问题。尤其是在"双碳"目标下,行业协会、媒体、环保组织对煤炭企业碳排放提出了更高的要求,公众利用现代化信息工具发表对污染企业的惩罚意见,这给违规企业造成很大的压力,有效迫使煤炭企业采取绿色低碳的生产方式。但是,社会压力对煤炭企业可持续供应链的经济实践和社会实践影响不大,主要是由于煤炭企业的经济和社会实践的外部性不明显,煤炭企业以国有企业为主,员工待遇和福利较好,所处社区多为企业在职员工,对企业有较强的归属感和认同感,同时,企业社会责任履行报告披露不充分,外界对其履责情况也不了解。

市场压力与企业可持续供应链实践。模型假设检验分析结果数据显示,市场压力对企业可持续供应链三个维度,即经济可持续实践、环境可持续实践、社会可持续实践与企业可持续意愿之间存在正向显著影响关系,标准回归系数分别为 0.142,0.165,0.187,0.299,且 P 值均小于 0.05。假设 H3a、H3b、H3c 获得验证通过。这表明,随着人们环保呼声的日益高涨以及可持续发展的深化，煤炭行业也开启了绿色低碳之路，但是煤炭企业的社会责任履行效果并不理想，充分说明企业可持续供应链在煤炭行业中仍处于初级阶段。煤炭行业面临高质量发展和转型升级的新变革，因此处于供应链上的各个企业都在进行可持续供应链战略规划，那些率先采用可持续供应链战略的企业，将走在行业发展前沿，会在市场竞争中不断做大做强，并占据主导地位。另外，企业面临资金断链的金融问题，投资者和金融机构倾向于向履行环境和社会责任优秀的企业进行投融资，这在一定程度上也促进企业采取可持续实践，进而获得更多的资金支持。另外，从市场压力与可持续供应链实践三个维度的相关性强弱来看，显著程度差距不大，说明市场压力对经济可持续实践、社会可持续实践、环境可持续实践都很重要。

企业内部管理与企业可持续供应链实践。从模型假设检验结果可以看到，内部管理对煤炭企业可持续供应链环境实践和社会实践有显著正向影响，标准回归系数为 0.177、0.212，且 P 值均小于 0.05，假设 H4b、H4c 获得数据验证通过。这表明，煤炭企业最高层管理者对可持续供应链的认知会内化为企业可持续战略，将履行环境责任和社会责任纳入企业中长期发展规划，环保理念贯穿企业供应链各环节，建立完善的员工可持续发展体系，有效驱动企业采取可持续供应链实践。但是，内部管理对煤炭企业可持续供应链经济实践的正向影响关系没有通过验证，即假设 H4a 没有通过数据验证。企业中管理决策者对可持续理念的认知、企业管理结构、企业文化对煤炭企业可持续供应链的经济实践没有明显影响，企业可持续供应链经济实践与企业理念、文化尚未完全统一起来，企业开展可持续供应链的经济实践更多源于企业逐利性的市场特征或外部驱使，如监管压力、市场压力和企业自身的资源禀赋等方面的力量。

企业资源禀赋与企业可持续供应链实践。模型假设检验结果显示，资源禀赋对煤炭企业可持续供应链经济实践和环境实践有显著正向影响，标准回归系数为 0.147、0.129，且 P 值均小于 0.05，假设 H5a、H5b 获得数据验证通过。以上结果表明，企业自身拥有的先进技术和创新人才已在我国煤炭企业可持续供应链经济、环境实践中作用初显。在煤炭企业实地考察中也注意到，大部分企业主动进行生产技术改进、企业生产经营流程优化，以此达到监管部门的环境质量要求。在实际的生产经营中，许多绿色低碳化技术，如高效燃烧技术、废气脱硫脱硝技术、碳捕集与封存（CCS）技术、除尘技术等被广泛应用，给企业带来了显著的经济、环境效益,并推动了企业可持续供应链实践的进展。但同时也发现,有部分企业采取外部采购或对引进设备适应性存在严重不足,因此企业的创新技术还是要依靠企业内部研发,提供研发资金保障,积极引进创新人才将是企业实施可持续供应链的主要动力和支撑力。然而,资源禀赋对煤炭企业可持续供应链社会实践的正向影响关系没有通过验证,即假设 H5c 没有得到数据支持。这主要是可持续供应链社会实践层面由企业高层管理者认知和企业文化所决定,即企业软文化会有效驱动社会实践,而企业拥有的技术、人才、资金等硬保障更多侧重于绿色低碳技术的革新和长期利润的获得。

(2)中介效应讨论

完全中介效应。根据表 3-11 中介效应检验及判别结果来看,企业可持续意愿在潜变量企业资源禀赋与企业可持续供应链社会实践之间中介效应显著,且为完全中介效应。这表明企业自身拥有的资源正向影响煤炭企业可持续意愿,可持续意愿通过转化后内化为企业自身的具体实践,即"行为",而并非企业资源禀赋直接影响企业可持续供应链的社会实践,这一结论由表 3-10 得出,H5c 没有通过验证也提供了证据。对于可持续供应链社会实践,企业首先要认识到资源禀赋会带来良好的经济和环境效益,进而强化企业可持续意愿,采取社会责任标准约束企业行为,更加关注企业合作伙伴、员工、社区等利益相关者的可持续发展。

同理,企业可持续意愿在内部管理与企业可持续供应链经济实践之间中介效应显著,且为完全中介效应。同样说明,企业内部管理正向影响企业可持续意愿,通过可持续意愿再去正向影响可持续行为,促进可持续实践落地,这一结论由表 3-12 得出,假设 H4a 没有得到数据支持,验证未通过得以佐证。对于可持续供应链经济实践,企业主要受外部监管压力和市场压力的驱动,由于采取可持续供应链前期投入成本高,短期利润会受很大影响,这就导致企业很难从自身主动去采取可持续供应链。尽管企业高层管理者认识到可持续供应链战略的重要性,但只有企业愿意付出一定的代价,从"意愿"转化为"行为",才会看到企业实施可持续供应链带来的长期利润。

中介效应不成立。从上述中介效应检验结果来看,企业可持续意愿在社会压力与企业可持续供应链经济实践、社会实践中介作用不显著,H8a、H8b 假设没有通过数据验证。从表 3-9 可以看到,社会压力对企业可持续意愿有显著正向影响作用,标准回归系数为0.077,相较于其他驱动因素对企业可持续意愿的影响,其显著水平最弱。由于我国煤炭企业发展特点,非政府组织、社会舆论对企业管理层的影响力远小于政府和市场所带来的压力,因此,可持续意愿难以在社会压力和企业可持续供应链经济、社会实践中起到中介作用。

部分中介效应。除以上完全中介效应和中介效应不成立以外,煤炭企业可持续意愿还在监管压力与企业可持续供应链三个维度实践,市场压力与企业可持续供应链三个维度实践,内部管理与企业可持续供应链社会和环境实践,资源禀赋与企业可持续供应链经济和环境实践之间存在部分中介效应。即以上自变量通过企业可持续意愿对企业可持续供应链不同维度实践有影响,又直接影响煤炭企业可持续供应链实践。以上结果表明,监管压力和市场压力是企业可持续供应链实践的关键影响因素,企业不得不从主观意识和行为方式上重视可持续供应链战略。高层管理人员可持续理念和认知,以及企业战略会直接正向影响可持续供应链实践,从"认知"上升到"意愿",进而转化为"行为",则会加强行为的效果。企业技术创新会直接正向影响可持续供应链实践,拥有的资源禀赋越丰富,企业可持续意愿越强烈,进而有效促进可持续实践。

3.6 本章小结

本章综合了文献综述、制度理论、资源基础理论及煤炭企业实际情况,对煤炭企业可持续供应链实践的关键驱动因素及其作用机理进行了理论分析。首先,从内部和外部两个角度提出了五个关键驱动因素,包括监管压力、社会压力、市场压力、内部管理和资源禀赋。针对每个驱动因素,进行了详细的理论解读和作用机理分析,并就煤炭企业可持续供应链各驱动因素与企业可持续意愿和可持续供应链经济实践、环境实践、社会实践的关系提出一系列假设。其次,结合本书研究目标,梳理了相关文献,编制了监管压力、社会压力、市场压力、内部管理、资源禀赋、企业可持续意愿、企业可持续供应链经济实践、企业可持续供应链社会实践、企业可持续供应链环境实践九大变量共计39个测量题项的量表。最后,基于调查数据对研究假设进行了验证,并对回收的1 483份有效问卷数据进行统计处理和信效度检验,利用AMOS 24.0软件对测量题项进行验证性因子分析、模型检验和中介效应检验,解释了煤炭企业可持续供应链潜变量之间的结构关系,具体的实证检验结果,详见表3-10和3-12。由于调查企业类型、调查人员对煤炭企业驱动因素实际主观感知的影响,本书有部分假设未通过检验。通过研究,可以得到以下结果:

1)企业可持续意愿是推动煤炭企业经济、社会、环境可持续实践的关键因素,监管压力、市场压力、社会压力、企业内部管理和资源禀赋五个内外部驱动因素对企业可持续意愿均有显著正向影响。在煤炭企业可持续供应链初始发展阶段,可持续意识的培育和提升至关重要,企业需要认识到可持续供应链对经济、社会和环境的重要性,并愿意将可持续性思想纳入其业务战略和决策中。

2)监管压力和市场压力因素对煤炭企业可持续供应链经济实践、社会实践、环境实践均有显著正向影响。通过监管压力和市场压力,煤炭企业被激励和约束,以推动经济、社会和环境可持续实践的改进。不仅推动煤炭企业履行其社会责任和可持续发展的承诺,还促使其寻求创新和提高绩效,以实现长期可持续的竞争优势。

3)社会压力对煤炭企业可持续供应链经济实践和社会实践正向影响不显著。在可持续供应链初始阶段,由于煤炭产业经营在能源领域,是国家经济的重要支柱之一,社会对于煤炭企业可持续实践的期望和压力可能相对较低。该阶段,一些社会群体可能对煤炭企业的可持续发展问题了解有限,对其经济实践和社会实践的具体要求和影响尚未形成一致的共识。企业内部管理对煤炭企业可持续供应链经济实践正向影响不显著。煤炭企业传统供应链管理更加关注经济效益和短期利润,没有将可持续供应链经济实践置于重要位置,当前煤炭企业面临更多的是技术和资金限制,内部管理集中在当前的运营和生产问题,对可持续供应链经济实践投入的资源和关注较少。资源禀赋对煤炭企业可持续供应链社会实践正向影响不显著。煤炭企业通常依赖特定资源进行开采,以追求经济效益,而社会实践往往受到相对较低的优先级。此外,由于煤炭产业对社会和环境影响较大,企业在社会实践方面面临较大挑战,资源禀赋对这些挑战的解决往往没有直接影响。

4)企业可持续意愿对于企业内部管理和经济可持续实践是完全中介作用。当企业具备明确的可持续意愿时,这种意愿将影响企业内部管理的决策制定、资源分配和行动计划。通过制定具体的可持续目标、改进业务流程、优化供应链管理以及投资绿色技术等措施,企业内部管理可以成为支持和推动经济可持续实践的重要机制。企业可持续意愿对资源禀赋和社会可持续实践有完全中介作用。通过激发企业对可持续发展的关注和承诺，驱动企业在资源禀赋利用和社会可持续实践方面采取行动，以实现资源的合理利用和增进社会的可持续发展。然而，企业可持续意愿在社会压力与经济可持续实践和社会可持续实践中的中介作用不成立。社会压力是外部对企业可持续行动的期望和要求，而企业的可持续意愿是企业自身的意愿和承诺，可能受社会压力的影响，但更多源于内部的价值观与战略决策。企业的可持续意愿可能促使其采取可持续实践，但与社会压力和实践之间的关系更加复杂，可持续意愿在两者之间中介作用并不显著。

  本部分的研究通过对内外驱动因素作用机制的分析，探讨了煤炭企业构建可持续供应链的驱动机理。可持续供应链继续运行至探索阶段，煤炭企业关注环境效益并投入高额成本进行绿色低碳运营，供应链中各个环节将面临收益分配的问题，因此有必要对煤炭供应链管理商主导的煤炭企业可持续供应链利润进行有效协调，以实现供应链的优化运作。

4 煤炭企业可持续供应链收益协调机制研究

上一章节通过对煤炭企业可持续供应链在可持续意识即供应链初始阶段面临的内外部驱动因素问题的分析,构建结构方程模型进行实证研究,探究企业内外部不同因素对煤炭企业构建可持续供应链的驱动机制。然而,可持续供应链继续运行至探索阶段,煤炭企业关注环境效益并投入高额成本进行绿色低碳运营,供应链中各个环节将面临收益分配的问题,本章节针对煤炭供应链管理商主导的煤炭企业可持续供应链进行收益协调的探索,以实现供应链的优化运作。本章将煤炭企业供应链假定为煤炭生产商、煤炭供应链管理商、煤炭消费企业构成的三级供应链情境,由上一章驱动机制分析可以得出市场压力对煤炭企业构建可持续供应链具有显著正向促进作用,本章节将市场压力因素中的消费企业绿色低碳偏好作为调节需求函数的变量,并结合供应链成本共担契约和协同碳减排契约,建立煤炭生产商和煤炭供应链管理商的两级供应链收益协调机制,并采用数值仿真分析对不同决策下最优策略进行验证和比较。

4.1 本章引言

供应链收益协调是指在供应链中各个参与方之间合作和协调,以实现整个供应链系统的收益最大化。包括协调和分享供应链中的成本、利润和价值,以促进供应链的有效运作和优化。这种协调可以通过合理的合作关系、共享信息、协同规划和资源整合等方式实现,以实现供应链的整体利益最大化,提高效率和竞争力。因此,通过供应链协作,往往可以实现更高的收益和竞争优势。如何在供应链主体之间将这部分多出的收益进行分配对供应链协作也至关重要,这决定了各方是否愿意通过加强合作来追求更多的收益。现有研究学者主要从煤炭生产和煤炭消费端来研究收益分析协调机制的问题,达博文研究了在碳交易背景下煤电供应链清洁煤技术和发电企业技术减排策略,同时考虑多重资金融通政策下煤电供应链收益均衡策略[99]。丁晓慧在研究中指出,高度耦合机制可以提高电煤企业供应链的整体价值,并通过收益共享契约来实现供应链整体效益的最大化[176]。王强的研究探讨了低碳政策、去产能政策和煤电联营政策对煤电能源供应链协调运行的影响,并以金融衍生工具为基础,研究了煤电能源供应链中长期合同履约问题。该研究还讨论了煤电能源供应链的协调机制和优化模型[100]。李莹莹的研究通过构建收益分配博弈模型、信用惩罚机制模型和电网补贴模型,对煤电企业的收益分配、合同兑现行为约束和电网补贴决策进行了分析[177]。然而对于煤炭企业供应链来说,产运销环节中的运销部分才是供应链利润分配的关键环节,部分学者注意到了煤炭产运销环节利益协调问题。高振祥等的研究运用 Shapley 值法来计算煤炭产运销环节供应链各主体的利润分配问题[10]。王夫冬的研究创新性地提出了以供应链管理商为主导的煤炭供应链协调机制,并构建了基于收益共享契约的三级供应链模型。该模型的主要参与主体包括煤炭生产商、煤炭供应链管理商和煤炭分销企业,通过引入收益共享契约,实现了各参与主体在供应链中的利益协调和整体收益最大化[143],但其缺乏对可持续发展要求下煤炭生产商与煤炭供应链管理商利益分配的机制研究。

因此,本章首先针对煤炭生产商、煤炭供应链管理商组成的煤炭企业可持续供应链联盟问题展开研究,将可持续供应链驱动因素市场压力中的低碳偏好变量引入需求函数,基于成本共担契约模型,构建煤炭生产商和煤炭供应链管理商利润分配模型,并构建在生产企业碳减排和双方碳减排水平下的收益协调机制模型。

4.2　问题描述与基本假设

考虑一个煤炭生产商通过煤炭供应链管理商将煤炭产品销售到终端市场的可持续供应链。在本书中,假设终端市场的消费者具有绿色偏好,即产品的绿色程度越高,消费者越倾向于购买该产品。煤炭生产商通过煤炭供应链管理商向下游煤炭消费企业提供煤炭产品。煤炭消费企业主要包括发电、建材、造纸、冶金、化工等工业企业。煤炭生产商主要专注于原煤开采,并提供简单的洗选和混配加工服务。而煤炭供应链管理商则从流通的角度出发,以煤炭生产商供应链中的煤种信息为基础,整合煤炭采购、煤炭加工、仓储、质检、运输、金融及其他服务,成为独立于煤炭生产商和消费企业的一体化第三方企业,为煤炭终端消费企业提供多终端个性化需求的专业煤炭供应链服务。

煤炭供应链管理商与煤炭生产商可以选择合作或不合作。在实践中,为了提升企业的整体竞争力,一些企业通常选择向上或向下整合供应链或者与上下游企业合作。当煤炭供应链管理商与煤炭生产商合作时,把这种情形叫作"共生"情形。在这种情形下,两家企业不分彼此,每家企业都根据"共生体"的整体利润最大化进行决策。当煤炭供应链管理商与煤炭生产商各自为营时,把这种情形叫作"非共生"情形。在这种情形下,两家企业各自为了自身的企业盈利目标做决策而不管对方的市场经营情况。

煤炭生产商与煤炭供应链管理商除了日常经营外,还需要进行碳减排努力。中国经济长期以来以高碳能源(如煤炭)为主导,工业生产和能源消耗量大,导致大量的温室气体排放,特别是煤炭燃烧导致的二氧化碳排放,已成为全球气候变化的主要因素之一。高速发展的制造业和建筑行业以及持续增长的城市人口对能源和资源的需求增加,进一步增加了碳排放。煤炭依然是中国主要的能源来源,而燃煤发电、工业生产和交通运输是主要的碳排放部门。我国政府对气候变化的关注日益增强,积极参与全球气候变化谈判,并承诺在2030年实现"碳排放"峰值,2060年实现"碳中和"目标。为了应对碳减排的挑战,我国采取了一系列减排措施和政策,包括加强能源效率、推广可再生能源、调整产业结构、推动清洁能源发展以及加强国际合作等。我国致力于实现可持续发展,将碳减排作为重要的发展目标,并逐步推动转向低碳经济发展模式。现今,越来越多的消费者开始关注环境问题,并更加倾向于购买绿色产品。因此,煤炭生产商与煤炭供应链管理商在国家大政方针和市场期盼下做出碳减排努力。然而,煤炭生产商与煤炭供应链管理商做出碳减排努力要承担相应的成本,这给企业运营带来了压力。

不失一般性,本书假设煤炭生产商的减排成本为$\frac{\mu_i^2}{2}$,其中$i \in \{m, r\}$(本章变量符号与含义详见表4-1)。这表示随着减排水平的不断提高,再想提升一单位的减排水平将会变得更加昂贵与困难。这种二次型成本在运营管理文献中被广泛使用,例如Li等[178]和Dawid等[179]。

煤炭生产商与煤炭供应链管理商除可以选择碳减排外,还可商量供应链协调契约。煤炭生产商作为直接生产煤炭的企业是必须进行碳减排的,但是煤炭生产商通过碳减排可以吸引更多消费者来购买。在这个过程中煤炭供应链管理商没有付出成本即可享受煤炭生产商碳减排投入带来的好处。因此，煤炭供应链管理商可以做出两种选择。第一种选择是煤炭供应链管理商选择成本共担契约帮助煤炭生产商分担一部分研发成本，即在成本共担契约下，煤炭生产商的碳减排成本为 $\frac{(1-\rho)\mu_m^2}{2}$，煤炭供应链管理商分担的碳减排成本为 $\frac{\rho\mu_m^2}{2}$。第二种选择是煤炭供应链管理商同样也进行碳减排。在这种情形下，煤炭供应链管理商和生产商进行联合碳减排并共同负担成本。也就是，煤炭生产商的碳减排成本为 $\frac{(1-\rho)(\mu_m^2+\mu_r^2)}{2}$，煤炭供应链管理商分担的碳减排成本为 $\frac{\rho(\mu_m^2+\mu_r^2)}{2}$，这里，$\rho$ 表示成本共担水平，其在 0~1 之间。

消费者需求与潜在市场大小、煤炭价格和碳减排水平有关。具体来说，消费者需求在没有契约和仅有成本共担契约下为 $D=a-bp_r+\lambda\mu_m$。其中，a 表示潜在市场规模，b 表示需求的价格敏感系数，p_r 表示煤炭供应链管理商的煤炭零售价格，λ 表示需求的碳减排敏感系数，μ_m 表示生产商的碳减排水平。在共生情形下，煤炭生产商与煤炭供应链管理商的决策目标是共同追求整体供应链的利润最大化，也就是 $\pi_m+\pi_r$，其中 π_m 表示煤炭生产商期望的利润，π_r 表示煤炭供应链管理商期望的利润，假设不考虑供应链管理企业的边际销售成本（包括存储、运输等）。

表 4-1 本章涉及参数符号与定义

变量符号	变量符号解释
D	市场需求
a	潜在市场规模
b	需求的价格敏感系数
λ	市场需求对低碳偏好的系数
μ_m	生产商的碳减排水平
μ_r	供应链管理商的碳减排水平
p_r	供应链管理商销售价格
p_m	生产商批发价格
c_m	生产商单位生产成本

表 4-1 （续表）

变量符号	变量符号解释
π_m	生产商期望利润
π_r	供应链管理商期望利润
m	位于变量右下标小写，表示煤炭生产商
r	位于变量右下标小写，表示煤炭供应链管理商

4.3 无契约下煤炭企业可持续供应链博弈均衡分析

本节主要讨论煤炭供应链管理商与煤炭生产商之间没有任何协调契约的情形。首先在 4.3.1 节讨论煤炭供应链管理商与煤炭生产商之间非共生情形（分散决策）博弈均衡；然后在 4.3.2 节讨论煤炭供应链管理商与煤炭生产商之间共生情形（集中决策）博弈均衡；最后，对共生与非共生情形下的最优解进行算例分析。

4.3.1 煤炭供应链管理商与生产商非共生

本节将使用下标 d 表示煤炭供应链管理商与生产商非共生情形。在煤炭供应链管理商与生产商非共生情形下，煤炭供应链管理商首先决定销售到终端市场的煤炭价格 p_{rd}，然后煤炭生产商在观察到供应链管理企业设定的价格之后决策自己的煤炭批发价格 p_{md} 与碳减排水平 μ_{md}。不失一般性，假设 $p_{rd} = p_{md} + k_d$，其中 k_d 表示煤炭供应链管理商的单位煤炭销售溢价。

逆向求解。首先，煤炭生产商以最大化其利润

$$\pi_{md} = (p_{md} - c_m)(a - bp_{rd} + \lambda\mu_{md}) - \frac{\mu_{md}^2}{2} \tag{4.1}$$

为目标同时决策最优的批发价格和碳减排努力水平。分别对批发价格和碳减排努力水平求一阶导与二阶导得：

$$\frac{\partial \pi_{md}}{\partial p_{md}} = a + \lambda\mu_{md} + b(c_m - p_{md}) - b(k_d + p_{md})$$

$$\frac{\partial \left(\frac{\partial \pi_{md}}{\partial p_{md}}\right)}{\partial p_{md}} = -2b < 0$$

$$\frac{\partial \pi_{md}}{\partial \mu_{md}} = -\mu_{md} - \lambda(c_m - p_{md})$$

$$\frac{\partial \left(\frac{\partial \pi_{md}}{\partial \mu_{md}}\right)}{\partial \mu_{md}} = -1 < 0$$

因此,煤炭生产商关于其批发价格和碳减排努力水平有极大值。同时令 $\frac{\partial \pi_{md}}{\partial p_{md}} = 0$ 且 $\frac{\partial \pi_{md}}{\partial \mu_{md}} = 0$ 得煤炭生产商批发价格(4.2)和碳减排努力水平(4.3):

$$p_{md} = \frac{-c_m \lambda^2 + a + bc_m - bk_d}{2b - \lambda^2} \tag{4.2}$$

$$\mu_{md} = -\frac{\lambda(bc_m - a + bk_d)}{2b - \lambda^2} \tag{4.3}$$

将公式(4.2)与公式(4.3)代入需求函数 $D_d = a - bp_{rd} + \lambda \mu_{md}$ 中得 $D_d = -\frac{b(bc_m - a + bk_d)}{2b - \lambda^2}$。煤炭供应链管理企业以最大化其利润

$$\pi_{rd} = (p_{rd} - p_{md})D_d \tag{4.4}$$

为目标决策其最优单位煤炭销售溢价。分别对煤炭销售溢价求一阶导与二阶导得:

$$\frac{\partial \pi_{rd}}{\partial k_d} = -\frac{b^2 k_d}{2b - \lambda^2} - \frac{b(bc_m - a + bk_d)}{2b - \lambda^2}$$

$$\frac{\partial \left(\frac{\partial \pi_{rd}}{\partial k_d}\right)}{\partial k_d} = -\frac{2b^2}{2b - \lambda^2} < 0$$

因此,煤炭供应链管理商关于其煤炭销售溢价有极大值。令 $\frac{\partial \pi_{rd}}{\partial k_d} = 0$ 得最优的煤炭销售溢价为:

$$k_d^* = \frac{a - bc_m}{2b} \tag{4.5}$$

将最优的煤炭销售溢价(4.5)依次代入可得煤炭供应链管理商的最优利润(4.6),煤炭生产商的批发价格(4.7)、碳减排努力水平(4.8)和利润(4.9),列举如下:

$$\pi_{rd}^* = \frac{(a - bc_m)^2}{8b - 4\lambda^2} \tag{4.6}$$

$$p_{md}^{*} = \frac{-c_m \lambda^2 + \frac{a}{2} + \frac{3bc_m}{2}}{2b - \lambda^2} \tag{4.7}$$

$$\mu_{md}^{*} = \frac{\lambda \left(\frac{a}{2} - \frac{bc_m}{2} \right)}{2b - \lambda^2} \tag{4.8}$$

$$\pi_{md}^{*} = \frac{(a - bc_m)^2}{8(2b - \lambda^2)} \tag{4.9}$$

4.3.2 煤炭供应链管理商与生产商共生

本节使用下标 c 表示煤炭供应链管理商与生产商共生情形。在煤炭供应链管理商与生产商共生情形下,两家企业以整体利润最大化为目标进行决策。煤炭供应链管理商与生产商联合体同时决策销售到终端市场的煤炭价格 p_{rc} 与碳减排努力水平 μ_{mc}。

煤炭供应链管理商与生产商联合体以最大化其利润

$$\pi_c = (p_{rc} - c_m)(a - bp_{rc} + \lambda \mu_{mc}) - \frac{\mu_{mc}^2}{2} \tag{4.10}$$

为目标同时决策最优的零售价格和碳减排努力水平,分别对零售价格和碳减排努力水平求一阶导与二阶导得:

$$\frac{\partial \pi_c}{\partial p_{rc}} = a - bp_{rc} + \lambda \mu_{mc} + b(c_m - p_{rc})$$

$$\frac{\partial \left(\frac{\partial \pi_c}{\partial p_{rc}} \right)}{\partial p_{rc}} = -2b < 0$$

$$\frac{\partial \pi_c}{\partial \mu_{mc}} = -\mu_{mc} - \lambda(c_m - p_{rc})$$

$$\frac{\partial \left(\frac{\partial \pi_c}{\partial \mu_{mc}} \right)}{\partial \mu_{mc}} = -1 < 0$$

因此,煤炭供应链管理商与生产商联合体关于其零售价格和碳减排努力水平有极大值。同时令 $\frac{\partial \pi_c}{\partial p_{rc}} = 0$ 且 $\frac{\partial \pi_c}{\partial \mu_{mc}} = 0$ 得最优的零售价格(4.11)和碳减排努力水平(4.12)分别如下:

$$p_{rc}^* = \frac{-c_m\lambda^2 + a + bc_m}{2b - \lambda^2} \qquad (4.11)$$

$$\mu_{mc}^* = \frac{\lambda(a - bc_m)}{2b - \lambda^2} \qquad (4.12)$$

将最优的零售价格(4.11)和碳减排努力水平(4.12)代入煤炭供应链管理商与生产商联合体利润可得最优的供应链总利润：

$$\pi_c^* = \frac{(a - bc_m)^2}{2(2b - \lambda^2)} \qquad (4.13)$$

4.3.3 数值模拟

与 Yan 等[180]相似，本节通过数值仿真来对 4.3.1 节和 4.3.2 节的结论进行验证。同时以一种更为直观的方式来进一步讨论需求价格敏感系数对煤炭供应链管理商定价、利润，煤炭生产商定价、碳减排努力水平和利润的影响。

利用 MATLAB 进行数值仿真可以得到需求价格敏感系数在非共生下是如何影响煤炭供应链管理商和煤炭生产商的决策的。如图 4-1 所示，从图中可以看出，随着需求的价格敏感系数的增大，煤炭生产商的煤炭批发价格 p_{md} 与碳减排努力水平 μ_{md} 也在随之下降，煤炭供应链管理商销售到终端市场的煤炭价格 p_{rd} 也在缓慢下降。

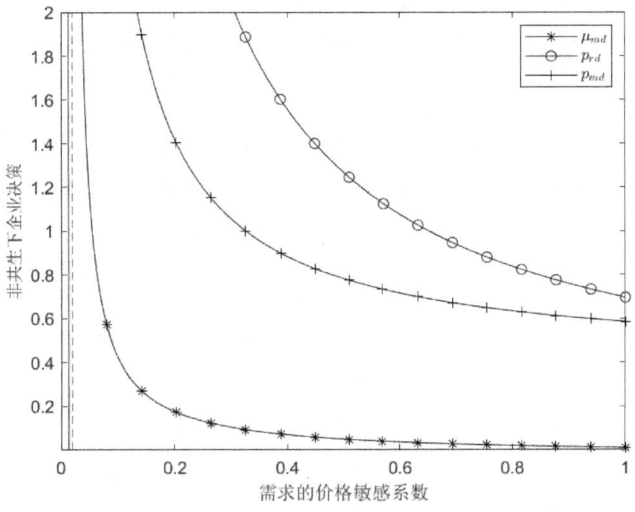

图 4-1 非共生下需求价格敏感系数对企业最优决策的影响

利用 MATLAB 进行数值仿真可以得到需求价格敏感系数在非共生下是

如何影响煤炭供应链管理商和煤炭生产商的利润的。如图 4-2 所示,需求价格敏感系数在 0～0.2 之间时,煤炭生产商和煤炭供应链管理商的利润下降速度最快,整体利润变化趋势是随着需求价格敏感系数的增大而逐渐减小。煤炭供应链管理商的利润明显高于煤炭生产商,在需求价格敏感系数趋于 1 时,两者的利润水平差异逐渐缩小。

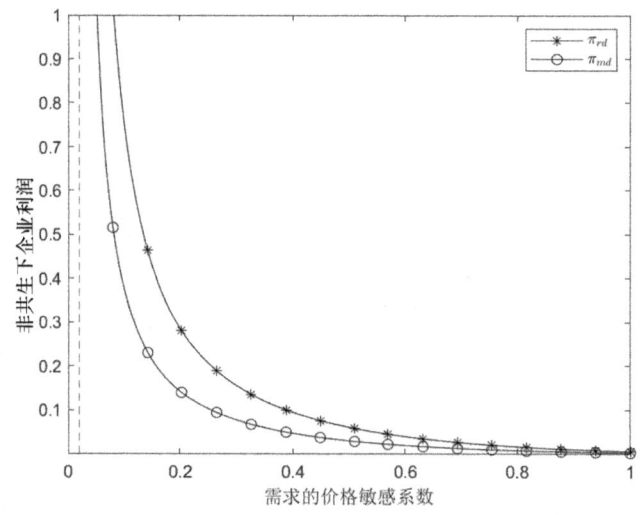

图 4-2 非共生下需求价格敏感系数对企业利润的影响

利用 MATLAB 进行数值仿真可以得到需求价格敏感系数在共生下是如何影响煤炭销售价格和生产企业的碳减排努力水平的,如图 4-3 所示。在煤炭生产商和煤炭供应链管理商进行合作时,煤炭销售价格和生产企业的碳减排努力水平随着需求的价格敏感系数的增大在不断下降,在需求价格敏感系数为 0.2 左右时,生产企业的碳减排努力水平下降趋于平缓,在需求价格敏感系数在 0.4 左右时,煤炭销售价格也出现平缓趋势。

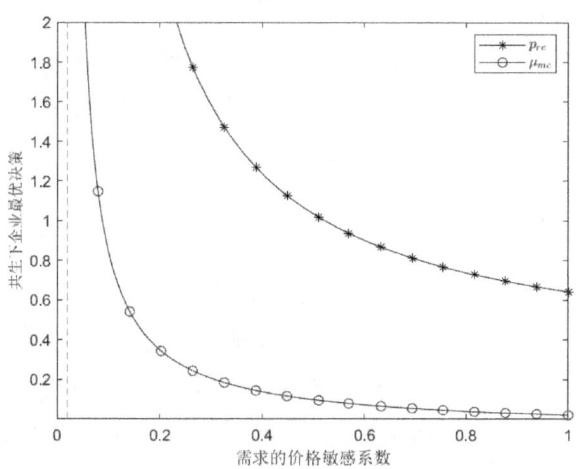

图 4-3　共生下需求价格敏感系数对企业最优决策的影响

利用 MATLAB 进行数值仿真可以得到需求价格敏感系数在共生下是如何影响供应链整体利润的。如图 4-4 所示,随着需求价格敏感系数的增大,供应链整体利润呈现下降趋势。

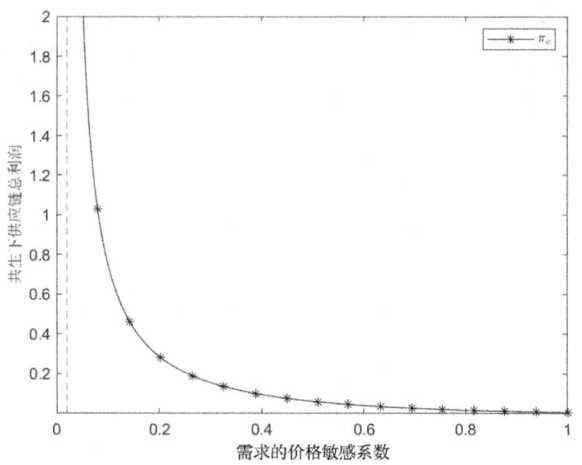

图 4-4　共生下需求价格敏感系数对供应链整体利润的影响

4.4　考虑成本共担契约下煤炭企业可持续供应链博弈均衡分析

本节主要讨论成本共担契约下煤炭企业可持续供应链博弈均衡分析。首先在 4.4.1 节讨论煤炭供应链管理商与煤炭生产商成本共担契约下企业均衡决策分析。然后在 4.4.2 节讨论煤炭供应链管理商与煤炭生产商成本共担契约下企业均衡利润分析。最后,对成本共担契约下煤炭企业可持续供应链博弈均衡进行数值模拟。

4.4.1 成本共担契约下企业均衡决策分析

本节使用下标 s 表示煤炭供应链管理商与生产商采取成本共担契约情形。在成本共担契约情形下,煤炭供应链管理商首先决定销售到终端市场的煤炭价格 p_{rs},然后煤炭生产商在观察到供应链管理企业设定的价格之后决策自己的煤炭批发价格 p_{ms} 与碳减排努力水平 μ_{ms}。不失一般性,假设 $p_{rs} = p_{ms} + k_s$,其中 k_s 表示煤炭供应链管理商的单位煤炭销售溢价。

逆向求解。首先,煤炭生产商以最大化其利润:

$$\pi_{ms} = (p_{ms} - c_m)(a - bp_{rs} + \lambda \mu_{ms}) - \frac{(1-\rho)\mu_{ms}^2}{2} \tag{4.12}$$

为目标同时决策最优的批发价格和碳减排努力水平。分别对批发价格和碳减排努力水平求一阶导与二阶导得:

$$\frac{\partial \pi_{ms}}{\partial p_{ms}} = a + \lambda \mu_{ms} + b(c_m - p_{ms}) - b(k_s + p_{ms})$$

$$\frac{\partial \left(\frac{\partial \pi_{ms}}{\partial p_{ms}} \right)}{\partial p_{ms}} = -2b < 0$$

$$\frac{\partial \pi_{ms}}{\partial \mu_{ms}} = \mu_{ms}(\rho - 1) - \lambda(c_m - p_{ms})$$

$$\frac{\partial \left(\frac{\partial \pi_{ms}}{\partial \mu_{ms}} \right)}{\partial \mu_{ms}} = \rho - 1 < 0$$

因此,煤炭生产商关于其批发价格和碳减排努力水平有极大值。同时令 $\frac{\partial \pi_{ms}}{\partial p_{ms}} = 0$ 且 $\frac{\partial \pi_{ms}}{\partial \mu_{ms}} = 0$ 得:

$$p_{ms} = \frac{c_m \lambda^2 - a - bc_m + bk_s + a\rho + bc_m\rho - bk_s\rho}{\lambda^2 - 2b + 2b\rho} \tag{4.15}$$

$$\mu_{ms} = \frac{\lambda(bc_m - a + bk_s)}{\lambda^2 - 2b + 2b\rho} \tag{4.16}$$

将公式(4.15)与公式(4.16)代入需求函数 $D_s = a - bp_{rs} + \lambda\mu_{ms}$ 中得 $D_s = -\dfrac{b(\rho-1)(bc_m - a + bk_s)}{\lambda^2 - 2b + 2b\rho}$。煤炭供应链管理企业以最大化其利润

$$\pi_{rs} = (p_{rs} - p_{ms})D_s - \frac{\rho\mu_{ms}^2}{2} \tag{4.17}$$

为目标决策其最优单位煤炭销售溢价。对煤炭销售溢价求一阶导与二阶导得：

$$\frac{\partial \pi_{rs}}{\partial k_s} = -\frac{b(\rho-1)(bc_m - a + bk_s)}{\lambda^2 - 2b + 2b\rho}$$

$$\frac{\partial\left(\dfrac{\partial \pi_{rs}}{\partial k_s}\right)}{\partial k_s} = -\frac{b^2(3\lambda^2\rho - 2\lambda^2 + 4b\rho^2 - 8b\rho + 4b)}{(\lambda^2 - 2b + 2b\rho)^2} < 0$$

因此，煤炭供应链管理商关于其煤炭销售溢价有极大值。令 $\dfrac{\partial \pi_{rs}}{\partial k_s} = 0$ 得最优的煤炭销售溢价为：

$$k_s^* = \frac{(a - bc_m)(2\lambda^2\rho - \lambda^2 + 2b\rho^2 - 4b\rho + 2b)}{b(3\lambda^2\rho - 2\lambda^2 + 4b\rho^2 - 8b\rho + 4b)} \tag{4.18}$$

将最优的煤炭销售溢价依次代入可得煤炭生产商的最优批发价格和碳减排努力水平，列举如下：

$$p_{ms}^* = \frac{a + 3bc_m - 2a\rho - 2c_m\lambda^2 + a\rho^2 + 3c_m\lambda^2\rho - 6bc_m\rho + 3bc_m\rho^2}{3\lambda^2\rho - 2\lambda^2 + 4b\rho^2 - 8b\rho + 4b} \tag{4.19}$$

$$\mu_{ms}^* = -\frac{\lambda(\rho-1)(a - bc_m)}{3\lambda^2\rho - 2\lambda^2 + 4b\rho^2 - 8b\rho + 4b} \tag{4.20}$$

4.4.2 成本共担契约下企业均衡利润分析

将最优的煤炭销售溢价，煤炭生产商的批发价格和碳减排努力水平代入利润函数中可分别得到最优的煤炭供应链管理企业利润和煤炭生产商的利润，列举如下：

$$\pi_{rs}^* = -\frac{(\rho-1)^2(a - bc_m)^2}{2(3\lambda^2\rho - 2\lambda^2 + 4b\rho^2 - 8b\rho + 4b)} \tag{4.21}$$

$$\pi_{ms}^* = \frac{(\rho-1)^3(a - bc_m)^2(\lambda^2 - 2b + 2b\rho)}{2(3\lambda^2\rho - 2\lambda^2 + 4b\rho^2 - 8b\rho + 4b)^2} \tag{4.22}$$

4.4.3 数值模拟

本节通过数值仿真来对 4.4.1 节和 4.4.2 节的结论进行验证。同时以一种更为直观的方式来进一步讨论成本共担比例对煤炭供应链管理商定价、利润,煤炭生产商定价、碳减排努力水平和利润的影响。

利用 MATLAB 进行数值仿真可以得到成本共担比例是如何影响煤炭供应链管理商和煤炭生产商的决策的。如图 4-5 所示,当成本共担比例 ρ 在 0~0.9 之间时,随着成本共担比例的增加,煤炭生产商的碳减排努力水平在不断提升,供应链管理企业分担越多的碳减排成本,生产企业也在共同进行碳减排。当 ρ 大于 0.9 时,煤炭生产商碳减排努力水平开始呈现下降趋势,出现"搭便车"现象。煤炭供应链管理商的煤炭销售价格则随 ρ 的增加而不断上升,主要原因是管理商承担生产企业的一部分碳减排成本,造成企业销售成本的增加。当成本共担比例 ρ 在 0~0.8 之间,随着成本共担比例的增加煤炭生产商的煤炭批发价格变动程度趋近于 0,当 ρ 在 0.8~1 之间,煤炭批发价格出现下降趋势,供应链管理商承担较多碳减排成本,煤炭生产商碳减排成本在不断下降,生产成本相应降低,因此煤炭批发价格也会有所下降。

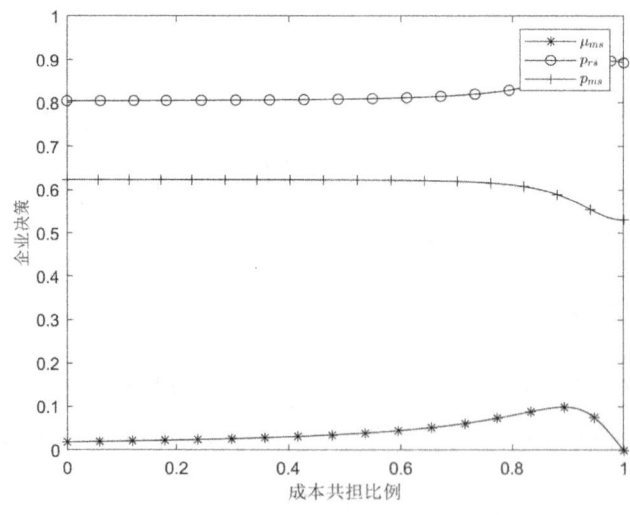

图 4-5 成本共担比例对企业最优决策的影响

利用 MATLAB 进行数值仿真可以得到成本共担比例是如何影响煤炭供应链管理商和煤炭生产商的利润的。如图 4-6 所示,煤炭生产商和煤炭供应链管理商利润随成本共担比例 ρ 的增加而呈现整体下降趋势。当 $\rho=0.65$ 时,煤炭生产商利润出现大幅下降趋势,当 $\rho=0.71$ 时,供应链管理企业也开始出现利润下降。供应链管理企业承担较多碳减排成本时,整体利润会受显著影响,煤炭生产商由于供应链管理企业承担比例偏大,则会出现"搭便车"现象,即生产商整体可持续水平或绿色低碳水平呈现下降趋势,造成整体利润的下降。

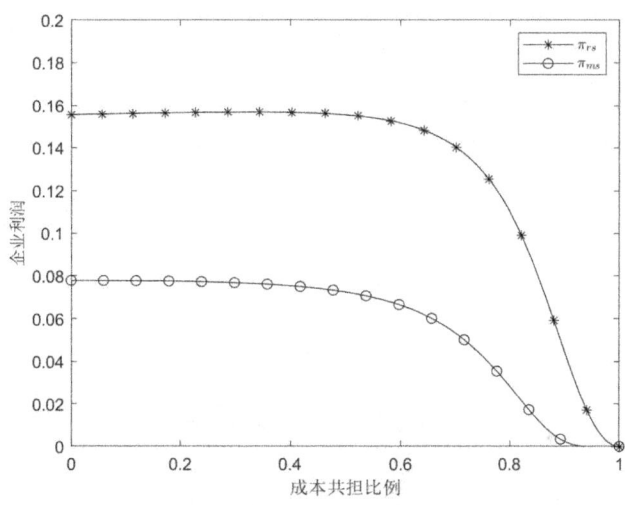

图 4-6 成本共担比例对企业最优利润的影响

4.5 考虑成本共担契约和联合碳减排下煤炭企业可持续供应链博弈均衡分析

本节主要讨论成本共担契约和联合碳减排下煤炭企业可持续供应链博弈均衡分析。首先在 4.5.1 节首先讨论煤炭供应链管理商与煤炭生产商成本共担契约和联合碳减排下企业均衡决策分析。然后在 4.5.2 节讨论煤炭供应链管理商与煤炭生产商成本共担契约和联合碳减排下企业均衡利润分析。最后,对成本共担契约和联合碳减排下煤炭企业可持续供应链博弈均衡进行算例分析。

4.5.1 成本共担契约和联合碳减排下企业均衡决策分析

本节使用下标 b 表示煤炭供应链管理商与生产商采取成本共担契约和联

合碳减排情形。在成本共担契约和联合碳减排情形下,煤炭供应链管理商首先决定自己销售到终端市场的煤炭价格 p_{rb} 和碳减排水平 μ_{rb},然后煤炭生产商在观察到供应链管理企业设定的价格和碳减排水平之后决策自己的煤炭批发价格 p_{mb} 与碳减排水平 μ_{mb}。不失一般性,假设 $p_{rb}=p_{mb}+k_b$,其中 k_b 表示煤炭供应链管理商的单位煤炭销售溢价。

逆向求解。首先,煤炭生产商以最大化其利润

$$\pi_{mb}=(p_{mb}-c_m)(a-bp_{rb}+\lambda\mu_{mb}+\lambda\mu_{rb})-\frac{(1-\rho)(\mu_{mb}^2+\mu_{rb}^2)}{2} \quad (4.23)$$

为目标同时决策最优的批发价格和碳减排努力水平。分别对批发价格和碳减排努力水平求一阶导与二阶导得:

$$\frac{\partial \pi_{mb}}{\partial p_{mb}}=a+\lambda(\mu_{mb}+\mu_{rb})+b(c_m-p_{mb})-b(k_b+p_{mb})$$

$$\frac{\partial\left(\frac{\partial \pi_{mb}}{\partial p_{mb}}\right)}{\partial p_{mb}}=-2b<0$$

$$\frac{\partial \pi_{mb}}{\partial \mu_{mb}}=\mu_{mb}(\rho-1)-\lambda(c_m-p_{mb})$$

$$\frac{\partial\left(\frac{\partial \pi_{mb}}{\partial \mu_{mb}}\right)}{\partial \mu_{mb}}=\rho-1<0$$

因此,煤炭生产商关于其批发价格和碳减排努力水平有极大值。同时令 $\frac{\partial \pi_{mb}}{\partial p_{mb}}=0$ 且 $\frac{\partial \pi_{mb}}{\partial \mu_{mb}}=0$ 得:

$$p_{mb}=\frac{bk_b-bc_m-a+a\rho-\lambda\mu_{rb}+c_m\lambda^2+bc_m\rho-bk_b\rho+\lambda\mu_{rb}\rho}{\lambda^2-2b+2b\rho} \quad (4.24)$$

$$\mu_{mb}=-\frac{\lambda(a-bc_m-bk_b+\lambda\mu_{rb})}{\lambda^2-2b+2b\rho} \quad (4.25)$$

将公式(4.24)与公式(4.25)代入需求函数 $D_b=a-bp_{rb}+\lambda\mu_{mb}+\lambda\mu_{rb}$ 中得 $D_b=\frac{b(\rho-1)(a-bc_m-bk_b+\lambda\mu_{rb})}{\lambda^2-2b+2b\rho}$。煤炭供应链管理企业以最大化其利润

$$\pi_{rb}=(p_{rb}-p_{mb})D_b-\frac{\rho(\mu_{mb}^2+\mu_{rb}^2)}{2} \quad (4.26)$$

为目标决策其最优单位煤炭销售溢价与碳减排努力水平。分别对煤炭销售溢

价和碳减排努力水平求一阶导与二阶导得:

$$\frac{\partial \pi_{rb}}{\partial k_b} = \frac{b(\rho-1)(a-bc_m-bk_b+\lambda\mu_{rb})-b^2k_b(\rho-1)}{\lambda^2-2b+2b\rho} + \frac{b\lambda^2\rho(a-bc_m-bk_b+\lambda\mu_{rb})}{(\lambda^2-2b+2b\rho)^2}$$

$$\frac{\partial\left(\frac{\partial \pi_{rb}}{\partial k_b}\right)}{\partial k_b} = -\frac{b^2(3\lambda^2\rho-2\lambda^2+4b\rho^2-8b\rho+4b)}{(\lambda^2-2b+2b\rho)^2} < 0$$

$$\frac{\partial \pi_{rb}}{\partial \mu_{rb}} = \frac{bk_b\lambda(\rho-1)}{\lambda^2-2b+2b\rho} - \frac{\rho\left[2\mu_{rb}+\frac{2\lambda^3(a-bc_m-bk_b+\lambda\mu_{rb})}{(\lambda^2-2b+2b\rho)^2}\right]}{2}$$

$$\frac{\partial\left(\frac{\partial \pi_{rb}}{\partial \mu_{rb}}\right)}{\partial \mu_{rb}} = -\frac{\rho\left[\frac{2\lambda^4}{(\lambda^2-2b+2b\rho)^2}+2\right]}{2} < 0$$

因此,煤炭供应链管理商关于其煤炭销售溢价与碳减排努力水平有极大值。同时令 $\frac{\partial \pi_{rb}}{\partial k_s}=0$ 与 $\frac{\partial \pi_{rb}}{\partial \mu_{rb}}=0$ 得最优的煤炭销售溢价与碳减排努力水平为:

$$k_s^* = \frac{\rho(a-bc_m)(2\lambda^2\rho-\lambda^2+2b\rho^2-4b\rho+2b)}{b(2\lambda^2\rho^2-\lambda^2+4b\rho^3-8b\rho^2+4b\rho)} \quad (4.27)$$

$$\mu_{rb}^* = \frac{\lambda(\rho-1)^2(a-bc_m)}{2\lambda^2\rho^2-\lambda^2+4b\rho^3-8b\rho^2+4b\rho} \quad (4.28)$$

将最优的煤炭销售溢价(4.27)与碳减排努力水平(4.28)依次代入可得煤炭生产商的最优零售价格和碳减排努力水平,列举如下:

$$p_{mb}^* = \frac{a\rho-c_m\lambda^2-2a\rho^2+a\rho^3+2c_m\lambda^2\rho^2+3bc_m\rho-6bc_m\rho^2+3bc_m\rho^3}{2\lambda^2\rho^2-\lambda^2+4b\rho^3-8b\rho^2+4b\rho} \quad (4.29)$$

$$\mu_{mb}^* = -\frac{\lambda\rho(\rho-1)(a-bc_m)}{2\lambda^2\rho^2-\lambda^2+4b\rho^3-8b\rho^2+4b\rho} \quad (4.30)$$

4.5.2 成本共担契约和联合碳减排下企业均衡利润分析

将煤炭供应链管理企业最优的煤炭销售溢价与碳减排努力水平,煤炭生产商的零售价格和碳减排努力水平代入利润函数中可分别得到最优的煤炭供应链管理企业利润和煤炭生产商的利润,列举如下:

$$\pi_{rb}^* = \frac{\rho(\rho-1)^2(a-bc_m)^2}{2(2\lambda^2\rho^2-\lambda^2+4b\rho^3-8b\rho^2+4b\rho)} \quad (4.31)$$

$$\pi_{mb}^* = \frac{(\rho-1)^3(a-bc_m)^2(2\lambda^2\rho^2-2\lambda^2\rho+\lambda^2+2b\rho^3-2b\rho^2)}{2(2\lambda^2\rho^2-\lambda^2+4b\rho^3-8b\rho^2+4b\rho)^2} \quad (4.32)$$

4.5.3 数值模拟

本节通过数值仿真来对 4.5.1 节和 4.5.2 节的结论进行验证。同时以一种更为直观的方式来进一步讨论成本共担比例对煤炭供应链管理商定价、利润,煤炭生产商定价、碳减排努力水平和利润的影响。

利用 MATLAB 进行数值仿真可以得到成本共担比例在考虑成本共担契约和联合碳减排下是如何影响煤炭供应链管理商和煤炭生产商的决策的。如图 4-7 所示,煤炭生产商的煤炭批发价格和碳减排努力水平与成本共担比例呈反向变动。尤其在成本共担比例 ρ 介于 0.05~0.15 时,下降幅度最为显著。随后,随着成本共担比例的进一步增加,其减小趋势变得缓慢。对于煤炭供应链管理商而言,销售价格在成本共担比例 ρ 为 0~0.45 的范围内随比例的增加而下降;而在 0.45~0.9 之间,随比例的增加而增加;而在 0.95~1 之间,又随比例的增加而下降。煤炭供应链管理商的碳减排努力水平与销售价格变动趋势相似。即随着成本共担比例的增加,在 0.2 附近呈现缓慢上升,在 0.85 附近又呈下降趋势。从图中的变化趋势可以观察到,煤炭生产商在成本共担比例增加时,即供应链管理企业承担契约比例较高时,可能出现懈怠现象,并降低了其对碳减排的积极性。相反地,当供应链管理企业承担契约比例较低时,通过投入一定成本进行碳减排基础设施投资,碳减排水平和煤炭销售价格都

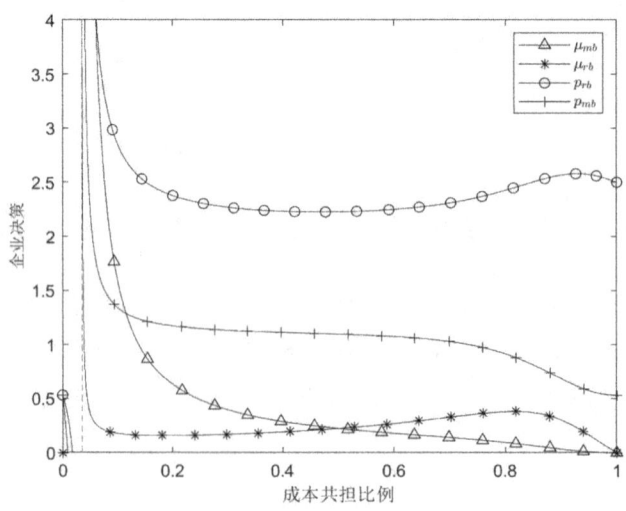

图 4-7 联合碳减排与成本共担契约下成本共担比例对企业最优决策的影响

会缓慢提升。然而,当供应链管理企业承担过高的比例时,碳减排成本则完全转嫁给了供应链管理企业,此时供应链管理企业的合作积极性可能会降低,导致销售价格下降和碳减排水平的降低。研究表明,成本共担比例对于煤炭供应链管理商和煤炭生产商的决策产生重要影响。合理的成本共担比例可以促使供应链管理企业和生产商更好地合作,推动煤炭行业的碳减排工作。

利用 MATLAB 进行数值仿真可以得到成本共担比例在考虑成本共担契约和联合碳减排下是如何影响煤炭供应链管理商和煤炭生产商的利润的。根据图 4-8,随着成本共担比例的增加,煤炭供应链管理商的整体利润持续下降;而煤炭生产商的利润在成本共担比例为 0~0.6 呈上升趋势,0.6~1 则开始下降。这可解释为煤炭生产商在碳减排成本方面的承担减少,主要是由于成本共担比例的增加。具体而言,随着成本共担比例的增加,煤炭生产商分担的碳减排成本减少,其中包括碳减排契约的承担。因此,当成本共担比例较低时,生产商可以通过提高煤炭批发价格和增加碳减排努力水平来实现利润的增加。然而,当成本共担比例超过 0.6 时,生产商的利润开始下降,可能会导致其减少碳减排努力或降低煤炭批发价格,以减少自身承担的成本。综上所述,煤炭供应链管理商的整体利润在成本共担比例增加时呈下降趋势,而煤炭生产商在成本共担比例为 0~0.6 可以实现利润的增加。这一研究结果揭示了在考虑成本共担契约和联合碳减排的情况下,成本共担比例对供应链管理企业和生产商利润的重要影响。

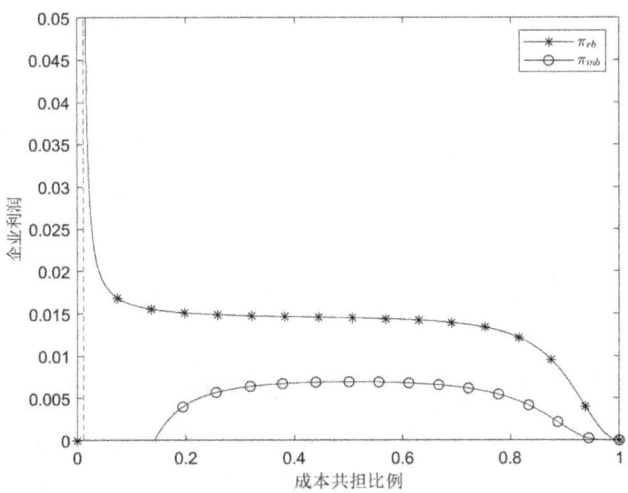

图 4-8　联合碳减排与成本共担契约下成本共担比例对企业最优利润的影响

4.6　企业共生方式与协调契约的影响

以上章节分别求得了每种情形下的最优解,本节研究企业共生方式与协调契约的影响。具体来说,在 4.6.1 节通过对比煤炭供应链管理商与煤炭生产商共生和非共生情形下的最优决策与利润得到企业共生方式的影响。然后,在 4.6.2 节通过将成本共担契约下最优决策与利润与企业共生方式最优决策与利润比较得到成本共担契约的影响。接下来,在 4.6.3 节通过将成本共担与协调碳减排下最优决策与利润与企业共生方式最优决策与利润比较得到成本共担与协调碳减排契约的影响。

4.6.1　企业共生方式的影响

本小节分别研究了企业共生方式对煤炭生产商碳减排、煤炭供应链管理商定价与供应链整体利润的影响。

4.6.1.1　企业共生方式对煤炭生产商碳减排的影响

通过对比非共生情形下煤炭生产商碳减排努力水平与共生情形下煤炭生产商碳减排努力水平,可以研究企业共生方式对煤炭生产商碳减排的影响。具体如命题 1 所示。

命题 1:煤炭供应链管理商与煤炭生产商共生总是能够增加煤炭生产商碳减排水平($\mu_{mc} \geqslant \mu_{md}$)。

证明:$\mu_{md}^* - \mu_{mc}^* = -\dfrac{\lambda(a-bc_m)}{2(2b-\lambda^2)}$,其中 $2b-\lambda^2 > 0$ 恒成立,表达式 μ_{md}^* 在 4.3.1 节中给出,μ_{mc}^* 表达式在 4.3.2 节中给出。令 $\mu_{md}^* - \mu_{mc}^* = 0$ 得 $b_3 = \dfrac{a}{c_m}$。然后当 $b < b_3$ 时,$\mu_{md}^* - \mu_{mc}^* < 0$ 恒成立。故 $\mu_{mc} \geqslant \mu_{md}$ 恒成立。

证毕。

命题 1 阐述了企业共生方式对煤炭生产商碳减排的影响。研究表明煤炭供应链管理商与煤炭生产商共生总是能够增加煤炭生产商碳减排水平,在共生情形下,可以促进煤炭供应链的可持续发展。煤炭生产商面临多重碳减排成本的挑战,而供应链管理商通常具备更丰富的经验和专业知识,通过建立共生关系,煤炭生产商可以获得更多有关碳减排等方面的支持和指导,煤炭生产商和供应链管理商可以共同研究和开发新的碳减排技术和解决方案,从而实现碳减排水平的提高。

4.6.1.2　企业共生方式对供应链管理商定价的影响

通过对比非共生情形下供应链管理商定价与共生情形下供应链管理商定价,可以研究企业共生方式对供应链管理商定价的影响。具体如命题 2 所示。

命题 2:存在两个阈值 b_3 和 b_6,导致:(1)当 $0<b<b_3$ 或 $b_6≤b<1$ 时,$p_{rd}<p_{rc}$;(2)当 $b_3≤b<b_6$ 时,$p_{rd}≥p_{rc}$。

证明:令 $p_{rd}^*-p_{rc}^*=\dfrac{(a-bc_m)(b-\lambda^2)}{2b(2b-\lambda^2)}=0$ 得 $b=\dfrac{a}{c_m}$ 或 $b=\lambda^2$,其中 p_{rd}^* 表达式在 4.3.1 节中给出,p_{rc}^* 表达式在 4.3.2 节中给出。令 $b_3=\dfrac{a}{c_m}$,$b_6=\lambda^2$,这样当 $0<b<b_3$ 或 $b_6≤b<1$ 时,$p_{rd}<p_{rc}$;当 $b_3≤b<b_6$ 时,$p_{rd}≥p_{rc}$。

证毕。

命题 2 阐述了企业共生方式对供应链管理商定价的影响。具体来说,当需求的价格敏感系数较大或者较小时,即 $0<b<b_3$ 或 $b_6≤b<1$,煤炭供应链管理商与煤炭生产商非共生能够有效降低供应链管理商定价。当煤炭需求的价格敏感系数较大时,意味着消费者对价格变化更为敏感,供应链管理商为了吸引消费者和增加市场份额,可能会倾向于降低定价。而煤炭供应链管理商与煤炭生产商之间的非共生关系增加了供应链管理商的成本和风险,进而促使其采取低价策略来提供竞争优势。当煤炭需求的价格敏感系数较小时,意味着消费者对价格变化较不敏感,供应链管理商可以更自由地进行定价。而煤炭供应链管理商与煤炭生产商之间的非共生关系可能使供应链管理商能够在定价上享有更大的灵活性,并通过降低定价来吸引消费者或维持市场份额。在实际煤炭供应链中,当消费者对价格变化较为敏感或者较不敏感时,供应链管理商往往会根据市场竞争和供应链关系的情况进行定价调整,非共生关系可能促使供应链管理商在定价上降低以增加市场竞争力或维持市场份额。当需求的价格敏感系数适中时,即 $b_3≤b<b_6$,煤炭供应链管理商与煤炭生产商非共生增加了供应链管理商定价。适中的价格敏感系数意味着消费者对价格变化具有一定程度的敏感性,而煤炭供应链管理商与煤炭生产商之间的非共

生关系增加了供应链管理商的成本和风险。为了保护自身利益并弥补潜在的成本和风险,供应链管理商可能倾向于提高定价。

4.6.1.3 企业共生方式对供应链整体利润的影响

通过对比非共生情形下供应链整体利润与共生情形下供应链整体利润,可以研究企业共生方式对供应链整体利润的影响。具体如命题3所示。

命题3:煤炭供应链管理商与煤炭生产商共生总是能够增加供应链整体利润($\pi_c \geqslant \pi_d$)。

证明:$\pi_d^* - \pi_c^* = -\dfrac{(a-bc_m)^2}{8(2b-\lambda^2)} < 0$ 恒成立。其中 $\pi_d^* = \pi_{rd}^* + \pi_{md}^*$,$\pi_{rd}^*$ 与 π_{md}^* 表达式在4.3.1节中给出,π_c^* 表达式在4.3.2节中给出。

证毕。

命题3阐述了企业共生方式对供应链整体利润的影响。研究表明煤炭供应链管理商与煤炭生产商共生总是能够增加煤炭供应链整体利润。根据合作伙伴关系理论,供应链中的合作关系有助于提高供应链的整体效率和利润。煤炭供应链管理商与煤炭生产商之间的共生关系意味着双方共同合作、协调和分享信息与资源,从而优化供应链的运作。这种合作可以带来降低成本、减少库存、提高交货速度等好处,最终增加供应链整体利润。共生关系促使双方合作,优化资源配置,协调生产和物流,从而提高运作效率,减少浪费,并享受共同创造的增益。这些优化和协同作用促使供应链整体利润增加。

4.6.2 成本共担契约的影响

本小节分别研究了成本共担契约对煤炭生产商碳减排、煤炭供应链管理商定价与供应链整体利润的影响。

4.6.2.1 成本共担契约对煤炭生产商碳减排的影响

通过对比成本共担契约下煤炭生产商碳减排努力水平与共生情形下煤炭生产商碳减排努力水平,可以研究成本共担契约对煤炭生产商碳减排的影响,具体如命题4所示。

命题4:存在一个阈值 b_3,导致(1)当 $b < b_3$ 时,$\mu_{ms} < \mu_{mc}$;(2)当 $b \geqslant b_3$ 时,$\mu_{ms} \geqslant \mu_{mc}$。

证明：令 $\mu_{ms}^* - \mu_{mc}^* = -\dfrac{\lambda(2\rho-1)(a-bc_m)(\lambda^2-2b+2b\rho)}{(2b-\lambda^2)(3\lambda^2\rho-2\lambda^2+4b\rho^2-8b\rho+4b)} = 0$ 得 $b = \dfrac{a}{c_m}$，其中 μ_{ms}^* 表达式在 4.4.1 节中给出，μ_{mc}^* 表达式在 4.3.2 节中给出。令 $b_3 = \dfrac{a}{c_m}$，这样当 $b < b_3$ 时，$\mu_{ms}^* < \mu_{mc}^*$，当 $b \geqslant b_3$ 时，$\mu_{ms}^* \geqslant \mu_{mc}^*$。

证毕。

命题 4 阐述了成本共担契约对煤炭生产商碳减排的影响。具体来说，当需求的价格敏感系数较大时，即 $b \geqslant b_3$，成本共担契约能够有效鼓励煤炭生产商加大减排力度。根据效用理论，煤炭生产商在面对大幅提高的成本时，为降低成本和保持竞争力，倾向于采取减排措施。需求的价格敏感系数较大意味着消费者对价格变化更为敏感，供应链管理商在市场上面临更大的竞争压力。成本共担契约可以分担减排措施引起的成本增加，降低煤炭生产商的经济负担，进而激励其加大减排力度。通过成本共担契约，煤炭生产商与供应链管理商共同承担减排措施的成本，这种契约能够激励煤炭生产商在需求价格敏感系数较大的背景下加大减排力度，以减少成本负担，满足可持续要求。当需求的价格敏感系数较小时，即 $b < b_3$，成本共担契约削弱了煤炭生产商的碳减排努力水平。根据激励理论，当减排行为的成本由多个参与方共同承担时，煤炭生产商可能会降低自身的减排努力。需求的价格敏感系数较小意味着消费者对价格变化不太敏感，供应商在市场上面临较小的竞争压力。如果成本共担契约减轻了煤炭生产商的经济负担，煤炭生产商可能会减少减排努力，并不愿意承担更高的成本。在实际煤炭行业中，成本共担契约降低了煤炭生产商单独承担减排措施的成本，从而降低了他们向环保方向努力的动力。当需求的价格敏感系数较小时，对减排的激励可能更加有限，导致煤炭生产商减少对减排的投入。

4.6.2.2 成本共担契约对供应链管理商定价的影响

通过对比成本共担契约下供应链管理商定价与共生情形下供应链管理商定价，可以研究成本共担契约对供应链管理商定价的影响。具体如命题 5 所示。

命题 5：存在两个阈值 b_3 和 b_2，导致：(1) 当 $0 < b < b_3$ 或 $b_2 \leqslant b < 1$ 时，$p_{rs} <$

p_{rc}^*；(2)当$b_3 \leq b < b_2$时，$p_{rs}^* \geq p_{rc}^*$。

证明：令

$$p_{rs}^* - p_{rc}^* = -\frac{(a-bc_m)(-2b^2\rho^2+4b^2\rho-2b^2+3b\lambda^2\rho^2-7b\lambda^2\rho+3b\lambda^2+2\lambda^4\rho-\lambda^4)}{b(2b-\lambda^2)(3\lambda^2\rho-2\lambda^2+4b\rho^2-8b\rho+4b)}$$
$$= 0$$

得 $b = \dfrac{a}{c_m}$ 或 $b = \dfrac{\lambda^2 \sqrt{9\rho^4-26\rho^3+27\rho^2-10\rho+1}-7\rho+3\rho^2+3)}{4(\rho-1)^2}$，其中 p_{rs}^* 表达式在 4.4.1 节中给出，p_{rc}^* 表达式在 4.3.2 节中给出。令 $b_3 = \dfrac{a}{c_m}$，$b_2 = \dfrac{\lambda^2(\sqrt{9\rho^4-26\rho^3+27\rho^2-10\rho+1}-7\rho+3\rho^2+3)}{4(\rho-1)^2}$，这样当 $0 < b < b_3$ 或 $b_2 \leq b < 1$ 时，$p_{rs}^* < p_{rc}^*$；当 $b_3 \leq b < b_2$ 时，$p_{rs}^* \geq p_{rc}^*$。

证毕。

命题 5 阐述了成本共担契约对供应链管理商定价的影响。具体来说，当需求的价格敏感系数较大或者较小时，即 $0 < b < b_3$ 或 $b_2 \leq b < 1$，成本共担契约能够有效降低供应链管理商定价。当煤炭需求的价格敏感系数较大时，消费者对价格变化更加敏感，供应链管理商为了吸引消费者和增加市场份额，可能倾向于降低定价。通过成本共担契约，煤炭生产商与供应链管理商共同承担减排成本，降低了供应链管理商的经营成本，从而可以降低定价。在实际的煤炭供应链中，当煤炭的需求价格敏感系数较大或较小时，采用成本共担契约可以有效降低供应链管理商的定价。通过与煤炭生产商共同承担减排成本，供应链管理商可以降低经营成本，并在市场竞争中降低定价以增加市场份额或吸引消费者。这样，成本共担契约在促使供应链管理商降低定价方面发挥了积极的作用。当需求的价格敏感系数适中时，即 $b_3 \leq b < b_2$，成本共担契约使供应链管理商提高定价。当需求价格敏感系数适中时，供应链管理商可能更加注重保持利润和避免损失。煤炭供应链的成本共担契约通常要求供应链中的各个环节共同承担减排成本或其他成本，这可能会增加供应链管理商的经营成本。为了抵消这些额外成本并保持利润水平，供应链管理商可能会倾向于增加煤炭的定价。

4.6.2.3　成本共担契约对供应链整体利润的影响

通过对比成本共担契约下供应链整体利润与共生情形下供应链整体利

润,可以研究成本共担契约对供应链整体利润的影响。具体如命题 6 所示。

命题 6：存在两个阈值b_3和b_1,导致：(1)当$0<b<b_3$或$b_1 \leqslant b<1$时,$\pi_s<\pi_c$；(2)当$b_3 \leqslant b<b_1$时,$\pi_s \geqslant \pi_c$。

证明：令

$$\pi_s^* - \pi_c^* = \frac{(\rho-1)^2(a-bc_m)^2}{2(3\lambda^2\rho-2\lambda^2+4b\rho^2-8b\rho+4b)} - \frac{(a-bc_m)^2}{2(2b-\lambda^2)}$$
$$+ \frac{(\rho-1)^3(a-bc_m)^2(\lambda^2-2b+2b\rho)}{2\sigma_1^2} = 0$$

得$b = \frac{a}{c_m}$或$b = -\frac{\lambda^2(2\rho+\sqrt{\rho^3(9\rho-4)}+3\rho^2-2)}{4(\rho-1)^2}$,其中$\pi_s^* = \pi_{rs}^* + \pi_{ms}^*$,$\pi_{rs}^*$与$\pi_{ms}^*$表达式在 4.4.2 节中给出,$\pi_c^*$表达式在 4.3.2 节中给出。令$b_3 = \frac{a}{c_m}$,$b_1 = \frac{\lambda^2\sqrt{9\rho^4-26\rho^3+27\rho^2-10\rho+1}-7\rho+3\rho^2+3)}{4(\rho-1)^2}$,这样当$0<b<b_3$或$b_1 \leqslant b<1$时,$\pi_s<\pi_c$；当$b_3 \leqslant b<b_1$时,$\pi_s \geqslant \pi_c$。

证毕。

命题 6 阐述了成本共担契约对供应链整体利润的影响。具体来说,当需求的价格敏感系数较大或较小时,即$0<b<b_3$或$b_1 \leqslant b<1$,成本共担契约降低了供应链整体利润。首先,由于额外负担成本,供应链管理商需要承担煤炭生产商的碳减排成本,这增加了其经营成本。这些额外成本在短期内可能无法通过提高产品价格来弥补,从而直接影响了供应链管理商的盈利能力。其次,价格竞争加剧。需求价格敏感系数较大意味着消费者对价格变动更为敏感,供应链管理商往往会面临激烈的价格竞争。此时,由于竞争对手很可能不承担这些额外成本,供应链管理商很难将碳减排成本转移给消费者,这可能导致供应链管理商降低产品价格以保持市场份额,从而使其利润进一步受损。最后,由于利益分配不均,成本共担契约要求供应链管理商承担煤炭生产商的碳减排成本,不同参与方之间的成本分担可能存在不均衡。若供应链管理商相对于煤炭生产商承担了较大比例的成本,其利润水平可能会下降。当需求的价格敏感系数适中时,即$b_3 \leqslant b<b_1$,成本共担契约增加了供应链整体利润,优于共生情形。成本共担契约可以促使供应链中的不同参与方建立合作关系,通过共享成本和利益来提高整体利润。适中的价格敏感系数条件下,成本共

担契约鼓励供应链管理商与煤炭生产商共同应对碳减排等成本,促进合作,优化资源配置和流程,从而增加整个供应链的效率和利润。

4.6.3 成本共担与协调碳减排契约的影响

本小节分别研究了成本共担与协调碳减排契约对煤炭生产商碳减排、煤炭供应链管理商定价与供应链整体利润的影响。

4.6.3.1 成本共担与协调碳减排对煤炭生产商碳减排的影响

通过对比成本共担与协调碳减排下煤炭生产商碳减排努力水平与共生情形下煤炭生产商碳减排努力水平,可以研究成本共担与协调碳减排对煤炭生产商碳减排的影响。具体如命题 7 所示。

命题 7:存在一个阈值b_3,导致:(1)当 $b<b_3$ 时,$\mu_{mb}<\mu_{mc}$;(2)当 $b \geq b_3$ 时,$\mu_{mb} \geq \mu_{mc}$。

证明:令

$$\mu_{mb}^* - \mu_{mc}^* = -\frac{\lambda(a-bc_m)}{2b-\lambda^2} - \frac{\lambda\rho(\rho-1)(a-bc_m)}{2\lambda^2\rho^2-\lambda^2+4b\rho^3-8b\rho^2+4b\rho} = 0$$

得 $b=\dfrac{a}{c_m}$,其中 μ_{mb}^* 表达式在 4.5.1 节中给出,μ_{mc}^* 表达式在 4.3.2 节中给出。令 $b_3=\dfrac{a}{c_m}$,这样当 $b<b_3$ 时,$\mu_{mb}^*<\mu_{mc}^*$;当 $b \geq b_3$ 时,$\mu_{mb}^* \geq \mu_{mc}^*$。

证毕。

命题 7 阐述了成本共担与协调碳减排对煤炭生产商碳减排的影响。具体来说,当需求的价格敏感系数较大时,即 $b \geq b_3$,成本共担与协调碳减排能够有效鼓励煤炭生产商加大减排力度。通过成本共担和协调碳减排,供应链中的各方可以共同释放合作潜力,实现整体利益最大化。当煤炭的需求价格敏感系数较大时,成本共担机制激励供应链管理商与煤炭生产商协同降低碳排放成本,从而提高整个供应链的利润。这种成本共担与协调碳减排的机制为煤炭生产商提供明确的激励,鼓励其积极推动减排措施,以适应敏感的需求价格,并提高供应链的竞争力和可持续性。当需求的价格敏感系数较小时,即 $b<b_3$,成本共担与协调碳减排削弱了煤炭生产商的碳减排意愿。首先,由于碳减排成本分担,在价格敏感系数较小的情况下,如果供应链管理商主动承担

大部分减排成本,煤炭生产商可能不再承担相应的经济成本,这可能减弱煤炭生产商减排的动力,导致他们对减排措施采取较为消极的态度。其次,如果缺乏明确激励机制,在成本共担与协调碳减排情况下,煤炭生产商可能缺乏加大减排努力的动力。尽管成本共担与协调碳减排在某些情况下可能降低煤炭生产商的减排意愿,但应该注意,这并不意味着减排努力会完全停止。供应链管理商仍可以通过其他方式鼓励煤炭生产商进行减排,例如建立奖励机制,提供技术支持或与煤炭消费者合作推动减碳供应链的建立等。

4.6.3.2 成本共担与协调碳减排契约对供应链管理商定价的影响

通过对比成本共担与协调碳减排下供应链管理商定价与共生情形下供应链管理商定价,可以研究成本共担与协调碳减排对供应链管理商定价的影响。具体如命题 8 所示。

命题 8:存在两个阈值 b_3 和 b_4,导致:(1)当 $0<b<b_3$ 或 $b_4 \leqslant b<1$ 时,$p_{rb}<p_{rc}$;(2)当 $b_3 \leqslant b<b_4$ 时,$p_{rb} \geqslant p_{rc}$。

证明:令

$$p_{rb}^* - p_{rc}^* = \frac{(a-bc_m)(2b^2\rho^3 - 4b^2\rho^2 + 2b^2\rho - 3b\lambda^2\rho^3)}{b(2b-\lambda^2)(2\lambda^2\rho^2 - \lambda^2 + 4b\rho^3 - 8b\rho^2 + 4b\rho)}$$
$$+ \frac{(a-bc_m)(8b\lambda^2\rho^2 - 5b\lambda^2\rho + b\lambda^2 - 2\lambda^4\rho^2 + \lambda^4\rho)}{b(2b-\lambda^2)(2\lambda^2\rho^2 - \lambda^2 + 4b\rho^3 - 8b\rho^2 + 4b\rho)}$$
$$= 0$$

得 $b = \dfrac{a}{c_m}$ 或

$$b = -\frac{\lambda^2(\sqrt{9\rho^6 - 32\rho^5 + 54\rho^4 - 54\rho^3 + 33\rho^2 - 10\rho + 1} - 5\rho + 8\rho^2 - 3\rho^3 + 1)}{4\rho(\rho-1)^2},$$

其中 p_{rb}^* 表达式在 4.5.1 节中给出,p_{rc}^* 表达式在 4.3.2 节中给出。令 $b_3 = \dfrac{a}{c_m}$,

$$b_4 = -\frac{\lambda^2(\sqrt{9\rho^6 - 32\rho^5 + 54\rho^4 - 54\rho^3 + 33\rho^2 - 10\rho + 1} - 5\rho + 8\rho^2 - 3\rho^3 + 1)}{4\rho(\rho-1)^2},$$ 这

样当 $0<b<b_3$ 或 $b_4 \leqslant b<1$ 时,$p_{rb}<p_{rc}$;当 $b_3 \leqslant b<b_4$ 时,$p_{rb} \geqslant p_{rc}$。

证毕。

命题 8 阐述了成本共担与协调碳减排契约对供应链管理商定价的影响。具体来说,当需求的价格敏感系数较大或者较小时,即 $0<b<b_3$ 或 $b_4 \leqslant b<1$,

成本共担与协调碳减排契约能够有效降低供应链管理商定价。成本共担契约可以鼓励供应链中的各方建立合作关系,通过共分成本和共享利益来实现优化。在价格敏感系数较大或较小时,成本共担与协调碳减排机制可以促使供应链管理商主动承担一部分减排成本,减轻了煤炭生产商的经济负担。通过减少煤炭生产商的成本压力,供应链管理商可以在定价时更加灵活,从而降低整体的定价水平。当需求的价格敏感系数适中时,即 $b_3 \leqslant b < b_4$,成本共担与协调碳减排契约增加了供应链管理商定价。当需求价格敏感系数适中时,供应链管理商在成本共担与协调减排契约中可能会承担更多的减排成本,这可能会导致供应链管理商增加定价以弥补成本。由于供应链管理商愿意分担减排成本,煤炭生产商可能会降低减排的动力,从而导致供应链管理商更加依赖于定价来维持其收益。

4.6.3.3 成本共担与协调碳减排契约对供应链整体利润的影响

通过对比成本共担与协调碳减排契约下供应链整体利润与共生情形下供应链整体利润,可以研究成本共担与协调碳减排契约对供应链整体利润的影响。具体如命题9所示。

命题9:存在两个阈值 b_3 和 b_5,导致:(1)当 $0 < b < b_3$ 或 $b_5 \leqslant b < 1$ 时,$\pi_b < \pi_c$;(2)当 $b_3 \leqslant b < b_5$ 时,$\pi_b \geqslant \pi_c$。

证明:令

$$\pi_b^* - \pi_c^* = \frac{(\rho-1)^3(a-bc_m)^2(2\lambda^2\rho^2 - 2\lambda^2\rho + \lambda^2 + 2b\rho^3 - 2b\rho^2)}{2(2\lambda^2\rho^2 - \lambda^2 + 4b\rho^3 - 8b\rho^2 + 4b\rho)^2}$$
$$- \frac{(a-bc_m)^2}{2(2b-\lambda^2)} + \frac{\rho(\rho-1)^2(a-bc_m)^2}{2(2\lambda^2\rho^2 - \lambda^2 + 4b\rho^3 - 8b\rho^2 + 4b\rho)}$$
$$= 0$$

得 $b = \dfrac{a}{c_m}$ 或 $b = \dfrac{\lambda^2(6\rho - 7\rho^2 + 2\rho^3 - 3\rho^4 + \sigma_1 - 1)}{4\rho^2(\rho-1)^2}$,其中 $\pi_b^* = \pi_{rb}^* + \pi_{mb}^*$,$\pi_{rb}^*$ 与 π_{mb}^* 表达式在 4.5.2 节中给出,π_c^* 表达式在 4.3.2 节中给出。令 $b_3 = \dfrac{a}{c_m}$,$b_5 = \dfrac{\lambda^2(6\rho - 7\rho^2 + 2\rho^3 - 3\rho^4 + \sigma_1 - 1)}{4\rho^2(\rho-1)^2}$,这样当 $0 < b < b_3$ 或 $b_5 \leqslant b < 1$ 时,$\pi_b < \pi_c$;当 $b_3 \leqslant b < b_5$ 时,$\pi_b \geqslant \pi_c$。其中 $\sigma_1 = \sqrt{(\rho^4 - 2\rho^3 + 5\rho^2 - 4\rho + 1)(9\rho^4 - 10\rho^3 + 13\rho^2 - 8\rho + 1)}$。

证毕。

命题 9 阐述了成本共担与协调碳减排契约对供应链整体利润的影响。具体来说，当需求的价格敏感系数较大或者较小时，即 $0<b<b_3$ 或 $b_5 \leqslant b<1$，成本共担与协调碳减排契约降低了供应链整体利润。成本共担与协调碳减排契约会增加供应链管理商的经营成本。如果需求价格敏感系数较大，供应链管理商需要分担大部分减排成本，这可能导致供应链的整体成本增加，并降低利润。另一方面，如果需求价格敏感系数较小，供应链管理商承担较少的减排成本，但可能仍需要支付一定的费用，这也会增加成本并降低利润。当需求的价格敏感系数适中时，即 $b_3 \leqslant b<b_5$，成本共担与协调碳减排契约增加了供应链整体利润。在适中的需求价格敏感系数下，成本共担与协调碳减排契约可以激励供应链中的各方建立合作关系，实现整体利益的最大化。通过合理分担减排成本和优化资源配置，供应链管理商和煤炭生产商可以共同获取更多的利润，提高整个供应链的绩效。

4.6.4 数值模拟

由于本章节研究的两级煤炭企业可持续供应链涉及变量众多，无法获取真实的运作数据，本书通过煤炭资源网、煤炭行业协会、煤炭信息网及实地调研等途径获取研究中煤炭企业的数据，数值模拟所选取的数据尽量结合煤炭企业供应链实际运行情况。变量具体赋值如下：$t=0.8, \lambda=0.34, c_m=0.4$ 和 $a=0.6$。将以上数据代入前文的具体模型公式中，本节通过数值仿真对企业共生方式与协调契约的影响进行验证。同时以一种更为直观的方式来进一步讨论煤炭供应链管理商和煤炭生产商的影响。

通过 MATLAB 进行数值仿真来研究企业共生方式对煤炭生产商碳减排的影响，如图 4-9 所示。图 4-9 更加生动地展示了命题 1 的结果。煤炭供应链管理商与煤炭生产商共生总是能够增加煤炭生产商碳减排努力水平。

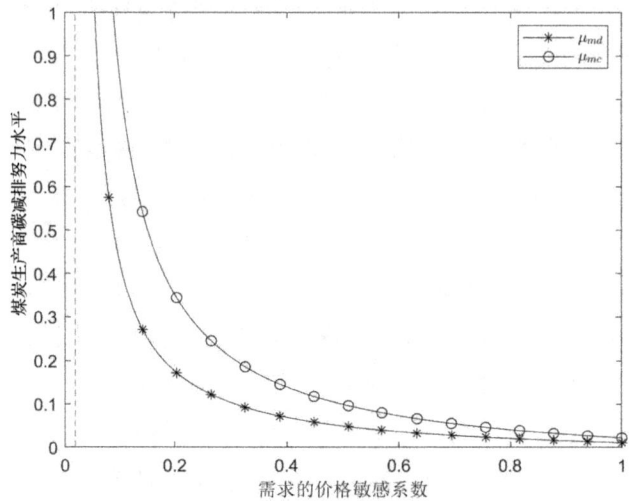

图 4-9　企业共生方式对煤炭生产商碳减排的影响

通过 MATLAB 进行数值仿真来研究企业共生方式对供应链管理商定价的影响,如图 4-10 所示。图 4-10 更加生动展示了命题 2 的结果。如图所示,当需求的价格敏感系数较大或者较小时,即 $0<b<b_3$ 或 $b_6 \leqslant b<1$,煤炭供应链管理商与煤炭生产商非共生能够有效降低供应链管理商定价。当需求的价格敏感系数适中时,即 $b_3 \leqslant b<b_6$,煤炭供应链管理商与煤炭生产商非共生增加了供应链管理商定价。

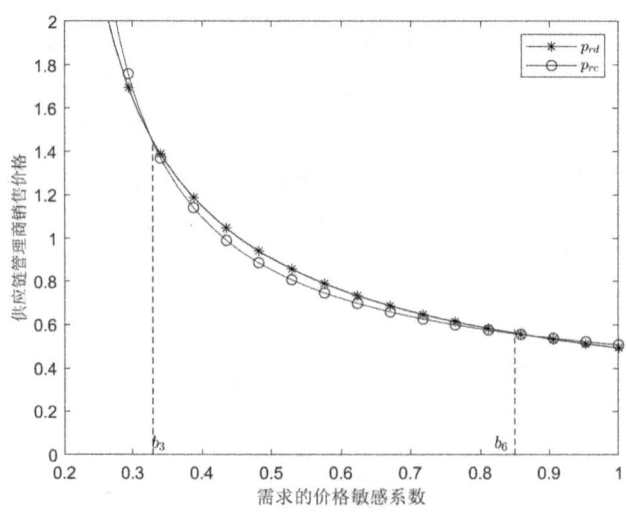

图 4-10　企业共生方式对供应链管理商定价的影响

通过 MATLAB 进行数值仿真来研究企业共生方式对供应链整体利润的影响，如图 4-11 所示。图 4-11 更加生动地展示了命题 3 的结果。煤炭供应链管理商与煤炭生产商共生总是能够增加煤炭供应链整体利润。

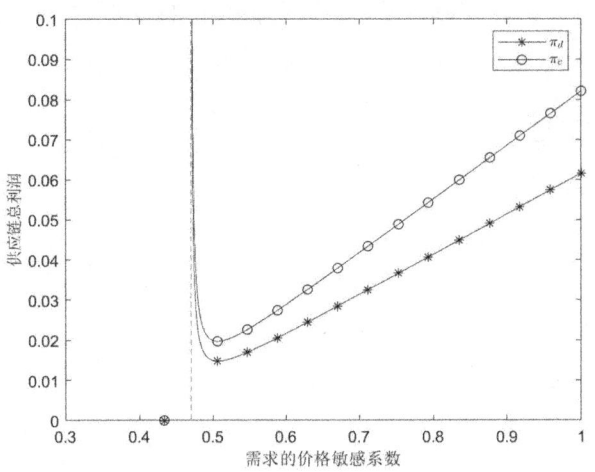

图 4-11　企业共生方式对供应链整体利润的影响

通过 MATLAB 进行数值仿真来研究成本共担契约对煤炭生产商碳减排的影响，如图 4-12 所示。图 4-12 更加生动地展示了命题 4 的结果。如图所示，当需求的价格敏感系数较大时，即 $b \geqslant b_3$，成本共担契约能够有效鼓励煤炭生产商加大碳减排力度。当需求的价格敏感系数较小时，即 $b < b_3$，成本共担契约削弱了煤炭生产商的碳减排努力水平。

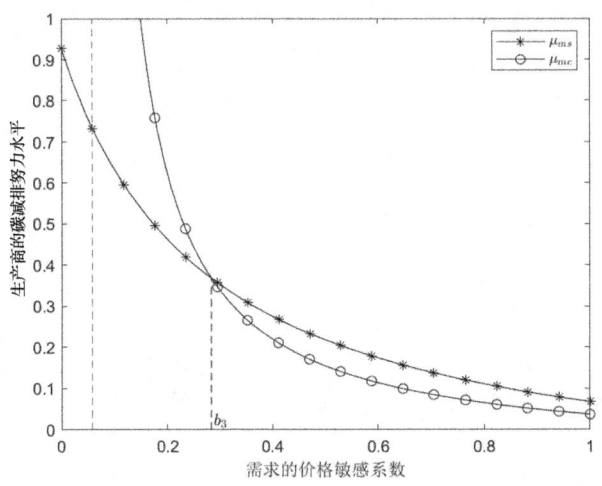

图 4-12　成本共担契约对煤炭生产商碳减排的影响

通过 MATLAB 进行数值仿真来研究成本共担契约对煤炭供应链管理商定价的影响,如图 4-13 所示。图 4-13 更加生动地展示了命题 5 的结果。当需求的价格敏感系数较大或者较小时,即 $0<b<b_3$ 或 $b_2 \leqslant b<1$,成本共担契约能够有效降低供应链管理商定价。当需求的价格敏感系数适中时,即 $b_3 \leqslant b<b_2$,成本共担契约增加了供应链管理商定价。

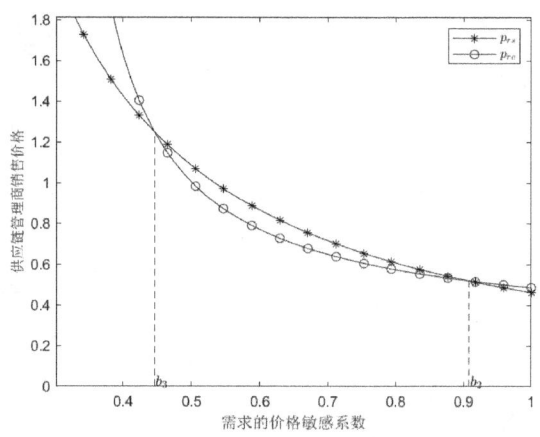

图 4-13 成本共担契约对供应链管理商定价的影响

通过 MATLAB 进行数值仿真来研究成本共担契约对供应链整体利润的影响,如图 4-14 所示。图 4-14 更加生动地展示了命题 6 的结果。当需求的价格敏感系数较大或较小时,即 $0<b<b_3$ 或 $b_1 \leqslant b<1$,成本共担契约降低了供应链整体利润。当需求的价格敏感系数适中时,即 $b_3 \leqslant b<b_1$,成本共担契约增加了供应链整体利润。

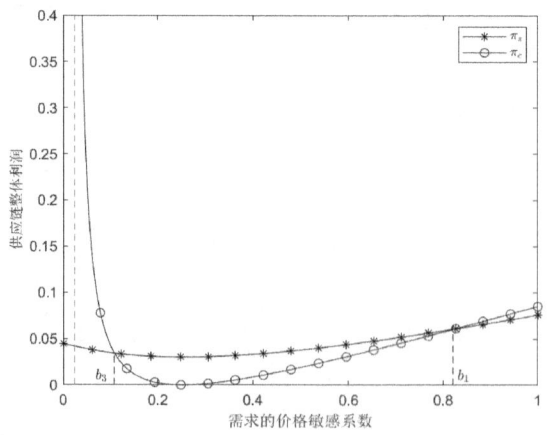

图 4-14 成本共担契约对供应链整体利润的影响

通过 MATLAB 进行数值仿真来研究成本共担与协调碳减排对煤炭生产商碳减排的影响，如图 4-15 所示。图 4-15 更加生动地展示了命题 7 的结果。当需求的价格敏感系数较大时，即 $b \geqslant b_3$，成本共担与协调碳减排契约能够有效鼓励煤炭生产商加大减排力度。当需求的价格敏感系数较小时，即 $b < b_3$，成本共担与协调碳减排契约削弱了煤炭生产商的碳减排努力水平。

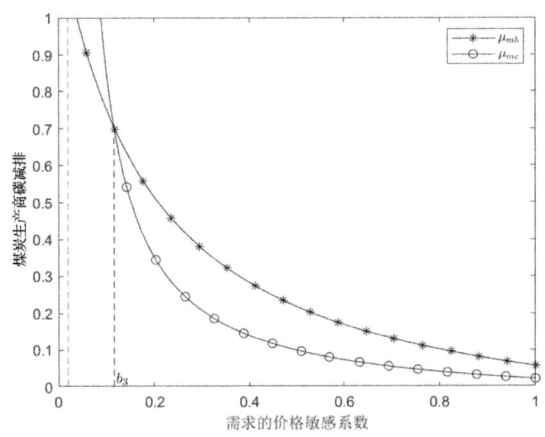

图 4-15　成本共担与协调碳减排对煤炭生产商碳减排的影响

通过 MATLAB 进行数值仿真来研究成本共担与协调碳减排对供应链管理商定价的影响，如图 4-16 所示。图 4-16 更加生动地展示了命题 8 的结果。当需求的价格敏感系数较大或者较小时，即 $0 < b < b_3$ 或 $b_4 \leqslant b < 1$，成本共担与协调碳减排契约能够有效降低供应链管理商定价。当需求的价格敏感系数适中时，即 $b_3 \leqslant b < b_4$，成本共担与协调碳减排契约增加了供应链管理商定价。

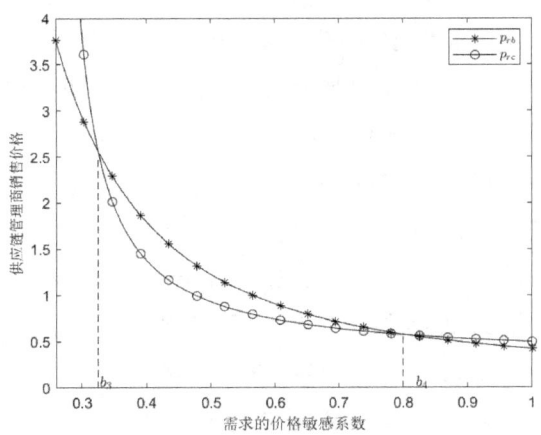

图 4-16　成本共担与协调碳减排契约对供应链管理商定价的影响

通过 MATLAB 进行数值仿真来研究成本共担与协调碳减排对供应链整体利润的影响,如图 4-17 所示。图 4-17 更加生动地展示了命题 9 的结果。具体来说,当需求的价格敏感系数较大或者较小时,即 $0<b<b_3$ 或 $b_5 \leqslant b<1$,成本共担与协调碳减排契约降低了供应链整体利润。当需求的价格敏感系数适中时,即 $b_3 \leqslant b<b_5$,成本共担与协调碳减排契约增加了供应链整体利润。

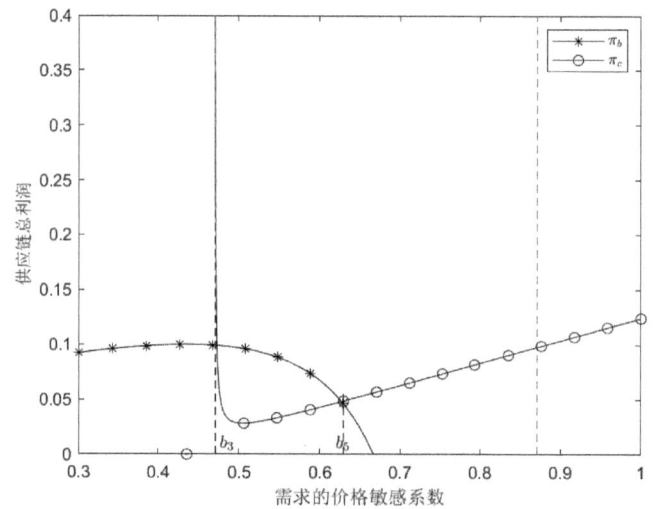

图 4-17 成本共担与协调碳减排契约对供应链整体利润的影响

4.7 本章小结

本章节内容探讨了煤炭企业可持续供应链探索阶段的收益协调分配机制,采用 Stackelberg 博弈模型,在生产商和供应链管理商完全信息情形下,结合供应链成本共担契约和企业协同减排契约,实现了供应链主体在共生和非共生两种决策情形下煤炭企业可持续供应链成本收益优化。通过对模型求解和算例比较,并引入煤炭行业实际调研数据进行数值模拟,以探究成本共担比例如何实现供应链收益协调,并通过各主体变量的变化研究成本共担比例对供应链收益分配的内在影响激励。通过本章节研究,主要可以得出以下结论:

1)研究发现可通过成本共担契约实现煤炭企业可持续供应链的收益协调。在需求的价格敏感系数 $b_3 \leqslant b \leqslant b_1$ 时,仅煤炭生产商实施碳减排,即煤炭生产商和供应链管理商之间存在最优的成本共担比例可以实现非共生情形下供应链整体利润高于共生供应链整体利润。在需求的价格敏感系数 $b_3 \leqslant b \leqslant b_5$ 时，煤炭供应链管理商和生产商协同进行碳减排，并共同承担双方碳减排成本，煤炭生产商和供应链管理商之间存在最优的成本共担比例可以实现非共生情形下供应链整体利润高于共生情形下供应链整体利润。此比例会受消费者需求弹性、供应链各主体运营成本等多因素的影响，生产商和供应链管理商可以不断调节主体决策变量实现煤炭企业供应链整体收益分配的优化和协调。

2）对于供应链管理商而言，其煤炭销售价格和碳减排努力水平均会对成本共担比例产生影响。煤炭供应链管理商的销售价格与成本共担比例同向变动。供应链管理商承担部分生产商碳减排成本，其整体运营成本上升，故而在销售价格上进行提升。在与煤炭生产商协同碳减排后，供应链管理商的销售价格与碳减排水平随着成本分担比例的增加呈现上升趋势，而在比例过高后出现下降趋势。当供应链管理商承担过高的成本共担比例时，为了应对增加的成本压力，适应市场需求变化以及应对竞争压力，销售价格很可能会下降。然而，过度降低销售价格可能对供应链管理商的利润产生负面影响，因此需要平衡考虑成本承担和利润的权衡；同时，面临在资金、技术和减排选择等方面的限制，供应链管理商也会降低碳减排努力水平。为了平衡经济利益和碳减排目标，供应链管理商需要谨慎评估成本分担比例，确保能够保持合理的碳减排努力水平。

3）对于生产商而言，其煤炭批发价格和碳减排努力水平也会影响成本共担比例。煤炭生产商的批发价格与成本共担比例反向变动而碳减排努力水平与成本共担比例同向变动，但在成本共担比例过高时，碳减排努力水平则又呈现反向变动。当成本共担比例提高时，供应链管理商愿意承担更多煤炭生产商的碳减排成本。鼓励煤炭生产商加大碳减排的力度，以满足供应链管理商的要求，同时也符合可持续发展的目标。因此，成本共担比例的增加促使煤炭生产商采取更多的碳减排措施，提高碳减排努力水平。然而，成本共担比例过高后，生产商也可能在追求自身利益的情况下减少碳减排措施。生产商也可能发现通过降低碳减排努力水平来减少自身的成本更有利可图。他们可能会选择省略或减少采用昂贵的碳减排技术、设备或措施，以降低自身的成本负担，并将更多的责任和成本转嫁给供应链管理商。同时，生产商可能面临技术或资源上的限制，使其无法继续增加碳减排措施。即使供应链管理商愿意承担更多的成本,生产商也可能缺乏技术能力、资金或其他资源来实施更多的碳减排措施,从而导致碳减排努力水平的下降。在某些情况下,可能缺乏监管或约束来确保生产商履行其碳减排责任。即使成本共担比例提高,没有强制性的法律、政策或指导方针来要求生产商维持或提高碳减排努力水平,他们也可能会选择减少碳减排措施以降低成本。因此,要建立有效的监管和合作机制,确保生产商履行其碳减排责任,以实现可持续发展的目标。

在供应链管理商加入联合碳减排,并共同承担双方的碳减排成本时,生产商的煤炭批发价格和碳减排努力水平与成本分担比例反向变动,当成本分担比例增加时,供应链管理商愿意承担更多的碳减排成本。为了平衡这一额外成本,煤炭生产商可能会调整其煤炭的批发价格,以减轻自身的负担并保持市场竞争力。煤炭供应链碳减排的主要主体为生产商,当供应链管理商承担更多的碳减排成本,同时加入联合碳减排时,会减轻生产商的经济负担,然而,生产商可能会减少采取碳减排措施的力度,因为他们不再承担额外的经济压力。因此,生产商的碳减排努力水平与成本分担比例反向变动。

4)值得注意的是,需求的价格敏感系数对成本分担比例的影响也较为显著,煤炭价格和市场需求量的变动会很大程度上影响成本共担契约实施的有效性。对于煤炭生产商来说,较高的需求价格敏感系数意味着更容易通过调整价格来分担碳减排成本,同时维持市场竞争力。对于供应链管理商来说,需求价格敏感系数的变动可能影响他们对分担成本的意愿和能力。而成本共担契约的实施效果取决于煤炭生产商和供应链管理商之间的协商和合作。此外,还要考虑煤炭价格和市场需求量的变动对成本共担契约的影响。如果煤炭价格上涨或市场需求量下降,煤炭生产商可能面临更大的经济压力,而供应链管理商可能需要重新评估自身的可承担性和利益模型。

因此,在实施成本共担契约时,煤炭生产商和供应链管理商都应密切关注需求价格敏感系数的变动、煤炭价格的波动及市场需求量的变化。通过合作和协调,双方可以灵活地调整成本分担比例和契约条款,以确保契约的有效性和可持续性,并共同应对市场环境的挑战。随着可持续供应链发展到优化阶段,各利益主体纷纷加入煤炭企业可持续供应链运营中,多主体利益诉求矛盾将会影响供应链整体的可持续性,降低运行效率,因此下阶段的研究重点则为各主体协同优化合作,以促进煤炭行业可持续发展。

5 煤炭企业可持续供应链协同合作机制研究

上一章的研究采用了 Stackelberg 博弈模型来探讨不同情形下煤炭企业可持续供应链的收益协调。然而，Stackelberg 博弈模型主要关注在给定的策略选择下的结果。在实际情况下，供应链管理商和煤炭生产商的决策是一个动态的过程。演化博弈模型通过考虑决策的演化和适应性，能够更好地模拟和解释实际决策行为。煤炭生产商和供应链管理商之间的协同合作是供应链成功运作的关键因素。演化博弈模型能够探讨不同合作策略之间的稳定性和适应性，并考虑合作策略的演化路径。这有助于研究在不同环境条件下，如何形成稳定的协同合作关系。在供应链管理中，煤炭生产商和供应链管理商往往与其他相关方共同作用，这涉及多方的利益和相互关系。演化博弈模型能够更好地模拟和分析这种群体效应，帮助理解供应链中的相互作用和协同行为。

因此，本部分研究首先构建煤炭生产商和供应链管理商双方主体的动态演化博弈模型，建立可持续性强的供应链合作机制，从而实现更好的利益协调和供应链绩效提升。随着煤炭企业可持续供应链发展至利益相关者参与阶段，煤炭企业可持续供应链面临各方利益相关者的协同合作，结合第 3 章研究中监管压力对煤炭企业构建可持续供应链具有正向的促进作用，在第 3 节中引入政府主体，考虑政府在监管中的激励和惩罚作用，形成煤炭内部供应链与外部政府的三方主体演化博弈模型，通过供应链外部利益相关体和供应链内部煤炭生产商和供应链管理商协同合作，来促进煤炭企业可持续供应链稳定发展。

5.1 本章引言

随着煤炭企业可持续供应链的不断发展，供应链各主体之间以及各方利益相关者合作加深，煤炭企业面临着推动可持续供应链协同合作的迫切需求。不同利益相关者之间可能存在利益冲突和权力不平衡的问题。某些利益相关者可能对煤炭企业的环境影响和社会责任提出更高的要求,而企业可能需要权衡不同利益之间的矛盾,导致难以达成一致和共识。煤炭企业可持续供应链外部利益相关者主要有政府、社区、非政府组织、社会媒体等。政府要求企业采取更严格的环保政策,限制碳排放和减少环境污染。环保组织要求企业停止或减少使用煤炭,转向更环保的能源。社区关注煤炭开采对当地环境和居民健康的影响,希望减少对煤炭产业的依赖。煤炭企业可持续供应链上下游主体面临来自各利益相关体的压力,然而,转向可持续能源和减少环境影响需要大量的资金和技术投入,这导致推进可持续供应链整合变得困难。因此,构建煤炭企业可持续供应链利益相关体之间的协商机制,找到平衡各方利益的解决方案迫在眉睫。

供应链上各利益相关体的协同合作对于提高效率、优化资源利用、应对管理风险、实现可持续性、增强竞争力和创新能力具有重要的意义。通过协同合作,可以构建稳定、高效、可持续的供应链网络,实现共同的利益和长期的合作关系。Zhang 等人进行的研究探讨了中国可持续煤炭供应链合作的实践、挑战和机遇。研究发现,不同利益相关方之间的合作程度受到政策支持、资源配合和信息共享等因素的影响[181]。Kim 等进行的研究应用演化博弈理论,分析了可持续煤炭供应链中不同参与方的策略选择和博弈结果。研究表明,通过改变合作伙伴关系、协调决策和建立激励机制,煤炭企业和供应链管理商可以在协同合作中获得更多的利益[182]。Chen 和 Yang 等使用演化博弈理论研究了供应链中合作伙伴的策略选择和协同合作的演化过程。研究结果表明,在不同的环境条件下,合作伙伴可能形成合作联盟并通过互惠性行为促进协同合作的稳定性[183]。Li 和 Zhou 等基于演化博弈理论,分析了供应链合作伙伴基于成本和质量的策略选择。研究结果表明,在不同的演化规则下,供应链合作伙伴可以形成稳定的合作策略,从而实现共同的成本降低和质量提高的目标。演化博弈为分析多方参与者之间相互作用的复杂性提供了一种有效的框架,协同合作各方达到共同利益,共同克服潜在的合作障碍[184]。

基于以上分析,本书首先构建了煤炭企业供应链内部生产商和供应链管理商的双方动态演化博弈模型,探讨双方参与者之间的相互影响和博弈决策的演化规则。其次,引入煤炭企业可持续供应链外部重要利益相关者——政府,生产商和供应链管理商除了相互博弈和合作外,还需要考虑政府的监管要求和对其决策的影响。政府监管的强度和灵活性也会受到供应链内部博弈结果和外部环境的影响。通过合作和共同决策,生产商、供应链管理商和政府可以在煤炭企业可持续供应链持续稳定发展方面达成共识和共同利益,从而实现优化的供应链绩效和可持续发展目标。

5.2 煤炭企业可持续供应链双方可持续策略博弈模型

5.2.1 模型描述与参数设定

本节以煤炭生产商和煤炭供应链管理商作为博弈的主体,研究双方企业可持续策略的演化稳定性。在第 4 章中,已经探讨了煤炭生产商和供应链管理商在碳减排下的收益协调,但这种模型可能更注重于特定的目标和策略,并没有考虑过程中的动态演化和协同效应。通过引入动态演化博弈模型,可以考虑生产商和供应链管理商在长期演化过程中对策略的调整和优化。这种模型可以更好地反映现实中的决策过程,包括参与者之间的相互影响、学习和适应,并考虑到外部环境的影响。通过动态演化博弈的研究,可以更全面地分析煤炭生产商和供应链管理商之间的协作行为,并评估其策略的演化稳定性。

基于此,在可持续供应链的背景下,煤炭生产商和供应链管理商不再仅仅处于环境管理阶段,更多地关注可持续发展的多个方面。煤炭生产商进行可持续生产即在开采、加工和运输过程中最大限度地减少环境影响,提高资源利用效率和履行社会责任的实践。煤炭供应链管理商可持续运营即通过优化物流、促进合作、降低碳足迹等措施,实现煤炭供应链的环境友好、社会责任和经济效益的可持续发展。本书假设煤炭生产商的行为策略空间为进行可持续生产和不进行可持续生产(简记为 M 和 NM),供应链管理商的行为策略空间为参与可持续运营和不参与可持续运营(简记为 R 和 NR)。根据演化博弈理论,它假设博弈参与方是有限理性的,意味着他们根据当前信息和经验做出决策,而不是通过完全理性的计算。参与者通过不断尝试和调整不同的策略,根据策略的成功和失败反馈不断优化自己的决策。通过进化的过程,博弈参与者可能逐渐收敛到一种稳定的策略组合,称为演化稳定策略。因此,为研究煤炭生产商和煤炭供应链管理商在不同策略组合下的成本、收益以及损失,需作出如下假设(本节涉及参数符号与定义如表 5-1 所示):

1)当煤炭生产商和煤炭供应链管理商全都不采取可持续活动时,那么双方的初始收益分别为 I_m、I_r，且 $I_m>0$、$I_r>0$。

2）当煤炭生产商和煤炭供应链管理商在此种情况下全都采取可持续活动，那么供应链最终所提供的产品的可持续水平会提高，供应链下游的煤炭消费企业也将更倾向于购买可持续性水平较为高的产品，此时双方的收益分别为 $(1+l)I_m+R_m-C_m$、$(1+m)I_r+R_r-C_r$。其中，$l(l>0)$ 表示煤炭生产商采取可持续生产的投资收益率，表明煤炭生产商进行可持续生产所增加的收益和成本的比率；$m(m>0)$ 表示煤炭供应链管理商采取可持续运营的投资收益率，代表供应链管理商采取可持续运营所增加的收益和成本的比率；C_m 表示煤炭生产商采取可持续生产的成本；C_r 表示供应链管理商采取可持续运营的成本，且 $C_m>0$、$C_r>0$；R_m 表示煤炭生产商的超额收益，即煤炭生产商和供应链管理商均进行可持续活动时，由于协同效应的产生而增加的收益；R_r 表示煤炭供应链管理商所增加的收益，且 $R_m>0$、$R_r>0$。

3）当煤炭生产商采取可持续生产而供应链管理商不进行可持续运营时，煤炭生产商的可持续生产投入保障了产品在煤炭生产运营环节的可持续性，消费企业的需求会随之有所提升，此时煤炭生产商的收益为 $(1+l)I_m-C_m$。供应链管理商由于存在"搭便车"行为，可以获得额外的收益 I_r+L_r，该收益金额超过了不进行可持续运营时的收益。这里 L_r 表示供应链管理商通过"搭便车"行为所获得的额外收益，且 $L_r>0$。

4）当供应链管理商进行可持续运营而煤炭生产商不进行可持续生产时，供应链管理商的可持续运营保障了产品在销售环节的可持续度，供应链管理商进行产品可持续运营的程度与消费者需求呈正相关，因此其总收益为 $(1+m)I_r-C_r$。在供应链上游，煤炭生产商由于存在"搭便车"行为，其总收益为 I_m+L_m。这里的 L_m 表示煤炭生产商通过采取"搭便车"行为所获得的额外收益，且 $L_m>0$。

5）根据边际效用递减规律，当企业增加投资时，预期利润率呈递减趋势。因此可以得出结论，搭便车收益 (L_m) 大于超额收益 (R_m)，即 $L_m>R_m$；同时也可得出搭便车收益 (L_r) 大于超额收益 (R_r)，即 $L_r>R_r$。

表 5-1 本节涉及参数符号与定义

变量符号	变量符号解释
I_m	煤炭生产商初始收益
I_r	煤炭供应链管理商初始收益
l	煤炭生产商进行可持续生产的投资收益率
m	供应链管理商进行可持续运营的投资收益率
C_m	煤炭生产商进行可持续生产的成本
C_r	供应链管理商进行可持续运营的成本
R_m	生产商因协同效应的超额收益
R_r	供应链管理商因协同效应的超额收益
L_r	供应链管理商"搭便车"所增加的收益
L_m	生产商采取"搭便车"行为所增加的收益
m	变量右下标小写,表示煤炭生产商
r	变量右下标小写,表示煤炭供应链管理商

根据以上假设,构建煤炭生产商和供应链管理商的收益矩阵,如下表 5-2 所示。

表 5-2 双方收益矩阵

支付		供应链管理商	
		进行可持续运营(y)	不进行可持续运营($1-y$)
煤炭生产商	进行可持续生产 (x)	$(1+\lambda)I_m+R_m-C_m$ $(1+\mu)I_r+R_r-C_r$	$(1+\lambda)I_m-C_m$ I_r+L_r
	不进行可持续生产 ($1-x$)	I_m+L_m $(1+\mu)I_r-C_r$	I_m I_r

5.2.2 煤炭生产商的策略稳定性分析

当煤炭生产商选择进行可持续生产时,其预期效用为:

$$U_{11}=y[(1+\lambda)I_m+R_m-C_m]+(1-y)[(1+\lambda)I_m-C_m]$$

当煤炭生产商选择不进行可持续生产时,其预期效用为:

$$U_{12}=y(I_m+L_m)+(1-y)I_m$$

煤炭生产商的平均期望效用为:

$$\bar{U}_1=x U_{11}+(1-x)U_{12}$$

构建煤炭生产商的复制动态方程：

$$F(x)=\frac{\mathrm{d}x}{\mathrm{d}t}=x(U_{11}-\bar{U}_1)=x(1-x)[y(R_m-L_m)+\lambda I_m-C_m]$$

$F(x)$ 的一阶导数：

$$F'(x)=(1-2x)[y(R_m-L_m)+\lambda I_m-C_m]$$

根据演化稳定性定理：$F(x)=0,F'(x)<0$ 时，x 为演化稳定点。令 $F(x)=0$，则 $x=0,x=1$ 或 $y=\dfrac{C_m-\lambda I_m}{R_m-L_m}$。当 $y=\dfrac{C_m-\lambda I_m}{R_m-L_m}$ 时，对于任意 x，都有 $F(x)=0,F'(x)=0$，则 x 处于稳定状态，意味着煤炭生产商的任何策略都是稳定策略。当 $y\neq\dfrac{C_m-\lambda I_m}{R_m-L_m}$ 时，下面进行讨论：

情形 1：根据模型假设，由于 $L_m>R_m$，则 $R_m-L_m<0$，如果 $C_m-\lambda I_m>0$，则 $y>\dfrac{C_m-\lambda I_m}{R_m-L_m}$，将 $x=0,x=1$ 代入 $F'(x)$ 中，得到 $F'(0)<0,F'(1)>0$，则 $x=0$ 是演化稳定点，在这种情形下，煤炭生产商会选择不进行可持续生产的策略。

情形 2：如果 $R_m-L_m<C_m-\lambda I_m<0$，那分析以下两种情况。

当 $y>\dfrac{C_m-\lambda I_m}{R_m-L_m}$ 时，将 $x=0,x=1$ 代入 $F'(x)$ 中，得到 $F'(0)<0,F'(1)>0$，则 $x=0$ 是演化稳定点；当 $y<\dfrac{C_m-\lambda I_m}{R_m-L_m}$ 时，将 $x=0,x=1$ 代入 $F'(x)$ 中，得到 $F'(0)>0,F'(1)<0$，则 $x=1$ 是演化稳定点，在这种情形下，煤炭生产商会选择进行可持续生产的策略。

情形 3：如果 $C_m-\lambda I_m<R_m-L_m$，则 $y<\dfrac{C_m-\lambda I_m}{R_m-L_m}$，将 $x=0,x=1$ 代入 $F'(x)$ 中，得到 $F'(0)>0,F'(1)<0$，则 $x=1$ 是演化稳定点。

煤炭生产商的策略阶段图如图 5-1 所示。

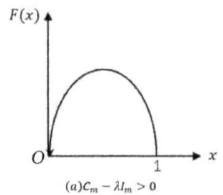
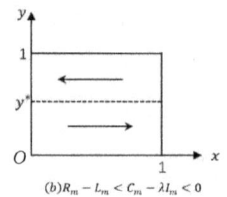
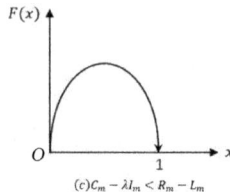

图 5-1 煤炭生产商的策略阶段图

5.2.3 供应链管理商的策略稳定性分析

当供应链管理商选择参与可持续运营时,其预期效用为:
$$U_{21}=x[(1+\mu)I_r+R_r-C_r]+(1-x)[(1+\mu)I_r-C_r]$$
当供应链管理商选择不参与可持续运营时,其预期效用为:
$$U_{21}=x(I_r+L_r)+(1-x)I_r$$
供应链管理商的平均期望效用为:
$$\bar{U}_2=yU_{21}+(1-y)U_{22}$$
构建供应链管理商的复制动态方程:
$$F(y)=\frac{\mathrm{d}y}{\mathrm{d}t}=y(U_{21}-\bar{U}_2)=y(1-y)[x(R_r-L_r)+\mu I_r-C_r]$$
$F(y)$ 的一阶导数:
$$F'(y)=(1-2y)[x(R_r-L_r)+\mu I_r-C_r]$$
令 $F(y)=0$,则 $y=0$,$y=1$ 或 $x=\dfrac{C_r-\mu I_r}{R_r-L_r}$。

当 $x=\dfrac{C_r-\mu I_r}{R_r-L_r}$ 时,对于任意 y,都有 $F(y)=0$,$F'(y)=0$,则 y 处于稳定状态,意味着供应链管理商的任何策略都是稳定策略。

当 $x\neq\dfrac{C_r-\mu I_r}{R_r-L_r}$ 时,下面分情况进行讨论。

情形4:根据模型假设,$L_r>R_r$,则 $R_r-L_r<0$,如果 $C_r-\mu I_r>0$,则 $x>\dfrac{C_r-\mu I_r}{R_r-L_r}$,将 $y=0$,$y=1$ 代入 $F'(y)$ 中,得到 $F'(0)<0$,$F'(1)>0$,则 $y=0$ 为演化稳定点,此时,有限理性的供应链管理商将采取不参与可持续运营的策略。

情形5:如果 $R_r-L_r<C_r-\mu I_r<0$,那分析以下两种情况。

当 $x>\dfrac{C_r-\mu I_r}{R_r-L_r}$ 时,将 $y=0$,$y=1$ 代入 $F'(y)$ 中,得到 $F'(0)<0$,$F'(1)>0$,则 $y=0$ 为演化稳定点;当 $x<\dfrac{C_r-\mu I_r}{R_r-L_r}$ 时,将 $y=0$,$y=1$ 代入 $F'(y)$ 中,得到 $F'(0)>0$,$F'(1)<0$,则 $y=1$ 为演化稳定点,此时,有限理性的供应链管理商将采取参与可持续运营的策略。

情形 6：如果 $C_r - \mu I_r < R_r - L_r$，则 $x < \dfrac{C_r - \mu I_r}{R_r - L_r}$，将 $y = 0, y = 1$ 代入 $F'(y)$ 中，得到 $F'(0) > 0, F'(1) < 0$，则 $y = 1$ 为演化稳定点。

供应链管理商的策略阶段图如图 5-2 所示。

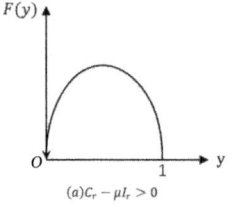
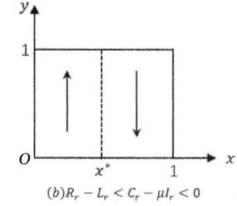
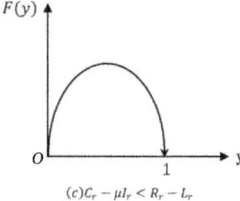

图 5-2　供应链管理商的策略阶段图

5.2.4　煤炭生产商和供应链管理商的 ESS 分析

根据弗里德曼的观点，演化博弈的 ESS 可以由雅可比矩阵的局部稳定性分析来确定。本书演化博弈模型对应的雅可比矩阵为：

$$\text{JocobianMatrix} = \begin{pmatrix} \dfrac{\partial F(x)}{\partial x} & \dfrac{\partial F(x)}{\partial y} \\ \dfrac{\partial F(y)}{\partial x} & \dfrac{\partial F(y)}{\partial y} \end{pmatrix}$$

$$= \begin{pmatrix} (1-2x)[y(R_m - L_m) + \lambda I_m - C_m] & x(1-x)(R_m - L_m) \\ y(1-y)(R_r - L_r) & (1-2y)[x(R_r - L_r) + \mu I_r - C_r] \end{pmatrix}$$

将 5 个平衡点代入雅可比矩阵，可计算雅可比矩阵的特征值如表 5-3 所示。在非对称演化博弈中，仅考虑纯策略均衡的稳定性是可以接受的。因此，只需要讨论 4 个平衡点的稳定性，即 $E_1(0,0)$、$E_2(0,1)$、$E_3(1,0)$、$E_4(1,1)$。根据李雅普诺夫稳定性理论，当且仅当雅可比矩阵的所有特征值都为负时，平衡点为 ESS。当雅可比矩阵的所有特征值的符号都可以确定且至少有一个特征值总是正的时候，平衡点是不稳定的（详见表 5-3）。

表 5-3　雅可比矩阵的特征值

平衡点	特征值1	特征值2	稳定性	稳定条件
$E_1(0,0)$	$\lambda I_m - C_m$	$\mu I_r - C_r$	ESS	$\lambda I_m - C_m < 0$ $\mu I_r - C_r < 0$
$E_2(0,1)$	$R_m - L_m + \lambda I_m - C_m$	$-(\mu I_r - C_r)$	ESS	$R_m - L_m + \lambda I_m - C_m < 0$ $-(\mu I_r - C_r) < 0$
$E_3(1,0)$	$-(\lambda I_m - C_m)$	$R_r - L_r + \mu I_r - C_r$	ESS	$-(\lambda I_m - C_m) < 0$ $R_r - L_r + \mu I_r - C_r < 0$
$E_4(1,1)$	$-(R_m - L_m + \lambda I_m - C_m)$	$-(R_r - L_r + \mu I_r - C_r)$	ESS	$-(R_m - L_m + \lambda I_m - C_m) < 0$ $-(R_r - L_r + \mu I_r - C_r) < 0$
$E_5(x_1^*, y_1^*)$	$i\sqrt{\|\varepsilon_1 \varepsilon_2\|}$	$-i\sqrt{\|\varepsilon_1 \varepsilon_2\|}$	鞍点	

1）当 $\lambda I_m - C_m < 0$ 和 $\mu I_r - C_r < 0$ 时，演化稳定点 $E_1(0,0)$ 对应的雅可比矩阵特征值均为负值，说明 $E_1(0,0)$ 为 ESS。这表明，当煤炭生产商进行可持续生产投入的成本大于其投资收益，且供应链管理商进行可持续运营投入的成本大于其投资收益时，(不进行可持续生产,不参与可持续运营)是演化稳定策略。

2）当 $R_m - L_m + \lambda I_m - C_m < 0$ 和 $-(\mu I_r - C_r) < 0$ 时，演化稳定点 $E_2(0,1)$ 对应的雅可比矩阵特征值均为负值，说明 $E_2(0,1)$ 为 ESS。这表明，当煤炭生产商进行可持续生产获得的收益小于其"搭便车"的收益，且供应链管理商进行可持续运营获得的投资收益大于其投资成本时不进行可持续生产,参与可持续运营是演化稳定策略。

3）当 $-(\lambda I_m - C_m) < 0$ 和 $R_r - L_r + \mu I_r - C_r < 0$ 时，演化稳定点 $E_3(1,0)$ 对应的雅可比矩阵特征值均为负值，说明 $E_3(1,0)$ 为 ESS。这表明，当煤炭生产商进行可持续生产获得的收益大于其投资成本，且供应链管理商进行可持续运营获得的收益小于其"搭便车"的收益时进行可持续生产,不参与可持续运营是演化稳定策略。

4）当 $-(R_m - L_m + \lambda I_m - C_m) < 0$ 和 $-(R_r - L_r + \mu I_r - C_r) < 0$ 时，演化稳定点 $E_4(1,1)$ 对应的雅可比矩阵特征值均为负值，说明 $E_4(1,1)$ 为 ESS。这表明，当煤炭生产商进行可持续生产获得的收益大于其"搭便车"的收益，且供应链管理商进行可持续运营获得的收益大于其"搭便车"的收益时进行可持续生产,参与可持续运营是演化稳定策略。

5.3 政府监管下煤炭企业可持续供应链三方策略博弈模型

5.3.1 模型描述与参数设定

随着可持续供应链进一步深化发展，各利益相关体对煤炭企业供应链的利益和诉求也会越来越多，政府作为煤炭企业可持续供应链外部重要利益相关体，其对供应链的可持续发展至关重要。我国煤炭行业的集中度在逐年提高，少数大型企业在市场中占据主导地位。高度集中度也可能存在一些潜在问题，如市场垄断风险和缺乏竞争带来的不利影响。因此，政府和监管机构需要在维护公平竞争和促进市场健康可持续发展的同时，采取必要的措施进行监管和调控。在上述博弈模型中存在煤炭生产商或供应链管理商"搭便车"的问题。为解决这一问题，引入政府监管措施，即政府对"搭便车"方实施惩罚，并对没有"搭便车"的方提供补贴。通过构建一个包括煤炭生产商、供应链管理商和政府的三方演化博弈模型，分析该博弈的演化过程，找出演化稳定策略。接着，利用软件进行仿真验证，以达到使系统实现"煤炭生产商和供应链管理商均进行可持续活动"的最优策略状态[185]。

本节的研究主要关注煤炭生产商、供应链管理商和政府这三个参与方。煤炭生产商在实际煤炭生产环节注重可持续生产，供应链管理商则负责进行中间阶段的整合包括物流、销售、金融、市场拓展等，而政府则承担主体的监督与管控责任。根据演化博弈理论，博弈参与方都是有限理性的，他们需要通过学习和改进来逐步接近最优策略，而非一开始就能找到最优策略。因此，该研究旨在探究煤炭生产商、供应链管理商和政府三方之间在不同策略组合下的成本、收益和损失。这将有助于深入理解他们之间的相互作用，并推动系统朝着最优策略状态不断演化。因此做出如下假设（本节涉及参数符号与定义如表 5-4 所示）：

假设 1：博弈的参与者包括煤炭生产商(m)、供应链管理商(r)、政府(t)，并且在博弈过程中三方群体都是有限理性的，即以自身利润最大化为目标。

假设 2：煤炭生产商的行为策略空间为进行可持续生产和不进行可持续生产（简记为 M 和 NM）；供应链管理商的行为策略空间为参与可持续运营和

不参与可持续运营(简记为 R 和 NR);政府的行为策略空间为监管和不监管(简记为 T 和 NT)。

假设 3:生产商进行可持续生产的概率为 x,不进行可持续生产的概率为 $1-x$;供应链管理商参与可持续运营的概率为 y,不参与的概率为 $1-y$;政府监管的概率为 z,不监管的概率为 $1-z$。

假设 4:P 是有一方采取搭便车行为时,政府给予相应的惩罚,S 是煤炭生产商或管理商进行可持续运营时,政府给予对应的奖励补贴,V_r 和 V_m 是管理商和生产商的超额收益,G 是政府超额收益。不失一般性,本假设中各变量均大于 0。

根据以上假设描述,构建煤炭生产商、供应链管理商和政府的收益矩阵,如下表 5-5 所示。

表 5-4 本节涉及参数符号与定义

变量符号	变量符号解释
I_m	煤炭生产商初始收益
I_r	煤炭供应链管理商初始收益
V_m	煤炭生产商进行可持续生产的收益
V_r	供应链管理商进行可持续运营的收益
G	政府收益
ΔG	政府增加的收益
P	政府对"搭便车"实施的惩罚
S	煤炭生产商或管理商进行碳减排时政府给予的补贴
C_m	煤炭生产商进行可持续生产的成本
C_r	供应链管理商进行可持续运营的成本
C_t	政府进行监管的运营成本
R_m	生产商因协同效应的超额收益
R_r	供应链管理商因协同效应的超额收益
L_r	供应链管理商"搭便车"所增加的收益
L_m	生产商采取"搭便车"行为所增加的收益
m	变量右下标小写,表示煤炭生产商
r	变量右下标小写,表示煤炭供应链管理商
t	变量右下标小写,表示政府

表 5-5 三方博弈的收益矩阵

支付			政府	
			监管(z)	不监管($1-z$)
生产商	进行可持续生产 (x)	管理商	参与可持续运营 (y)	$V_m+R_m-C_m+S$ $V_r+R_r-C_r+S$ $G+\Delta G-2S-C_t$	$V_m+R_m-C_m$ $V_r+R_r-C_r$ G
			不参与可持续运营 ($1-y$)	V_m-C_m+S I_r+L_r-P $G+P-S-C_t$	V_m-C_m I_r+L_r G
	不进行可持续生产 ($1-x$)	管理商	参与可持续运营 (y)	I_m+L_m-P V_r-C_r+S $G+P-S-C_t$	I_m+L_m V_r-C_r G
			不参与可持续运营 ($1-y$)	I_m I_r $G-C_t$	I_m I_r G

5.3.2 煤炭生产商的策略稳定性分析

根据模型假设,令生产商采取"进行可持续生产"与"不进行可持续生产"策略情况下的期望收益分别为 U_{11} 和 U_{12},平均期望收益为 $\bar{U}_1$,其计算公式如下:

$U_{11}=yz(V_m+R_m-C_m+S)+y(1-z)(V_m+R_m-C_m)+(1-y)z(V_m-C_m+S)+(1-y)(1-z)(V_m-C_m)$

$U_{12}=yz(I_m+L_m-P)+y(1-z)(I_m+L_m)+(1-y)z(I_m)+(1-y)(1-z)(I_m)$

$$\bar{U}_1=x U_{11}+(1-x)U_{12}$$

构建生产商的复制动态方程:

$$F(x)=\frac{dx}{dt}=x(U_{11}-\bar{U}_1)=x(1-x)(V_m-I_m-C_m-yL_m+yR_m+zS+yzP) \tag{5.14}$$

对 $F(x)$ 求一阶导数:

$F'(x)=(1-2x)(V_m-I_m-C_m-yL_m+yR_m+zS+yzP)$

令 $F(x)=0$,则 $x=0$,$x=1$ 或 $y=\dfrac{I_m+C_m-V_m-zS}{R_m-L_m+zP}$ 或 $z=\dfrac{I_m+C_m+yL_m-yR_m-V_m}{S+yP}$。

$y=\dfrac{I_m+C_m-V_m-zS}{R_m-L_m+zP}$ 时,对于任意 x,都有 $F(x)=0$,$F'(x)=0$,则 x 处于稳定状态,此时,生产商的任何策略都是稳定策略。

$y\neq\dfrac{I_m+C_m-V_m-zS}{R_m-L_m+zP}$ 时,下面分情况进行讨论:

当 $y>\dfrac{I_m+C_m-V_m-zS}{R_m-L_m+zP}$ 时,如果 $R_m-L_m+zP>0$,将 $x=0$,$x=1$ 代入 $F'(x)$ 中,得到 $F'(0)>0$,$F'(1)<0$,则 $x=1$ 是演化稳定点,此时,有限理性的博弈主体生产商会选择进行可持续生产的策略;如果 $R_m-L_m+zP<0$,将 $x=0$,$x=1$ 代入 $F'(x)$ 中,得到 $F'(0)<0$,$F'(1)>0$,则 $x=0$ 是演化稳定点,此时,有限理性的博弈主体生产商会选择不进行可持续生产的策略。

当 $y<\dfrac{I_m+C_m-V_m-zS}{R_m-L_m+zP}$ 时,如果 $R_m-L_m+zP>0$,将 $x=0$,$x=1$ 代入 $F'(x)$ 中,得到 $F'(0)<0$,$F'(1)>0$,则 $x=0$ 是演化稳定点;如果 $R_m-L_m+zP<0$,将 $x=0$,$x=1$ 代入 $F'(x)$ 中,得到 $F'(0)>0$,$F'(1)<0$,则 $x=1$ 是演化稳定点。

同理,当 $z=\dfrac{I_m+C_m+yL_m-yR_m-V_m}{S+yP}$ 时,对于任意 x,都有 $F(x)=0$,$F'(x)=0$,则 x 处于稳定状态,此时,生产商的任何策略都是稳定策略。$z\neq\dfrac{I_m+C_m+yL_m-yR_m-V_m}{S+yP}$ 时,策略稳定性分析与上述一致。

生产商的策略相位图如图 5-3 所示。

由图 5-3(a)可知,将生产商进行可持续生产的概率体积记为 V_{11},生产商不进行可持续生产的概率体积记为 V_{12},计算得:

$$V_{11}=\dfrac{1}{2}\times\left(1-\dfrac{I_m+C_m-V_m-zS}{R_m-L_m+zP}\right)\times\left(1-\dfrac{I_m+C_m+yL_m-yR_m-V_m}{S+yP}\right)\times 1$$

$$V_{12}=1-\dfrac{1}{2}\times\left(1-\dfrac{I_m+C_m-V_m-zS}{R_m-L_m+zP}\right)\times\left(1-\dfrac{I_m+C_m+yL_m-yR_m-V_m}{S+yP}\right)\times 1$$

化简得:

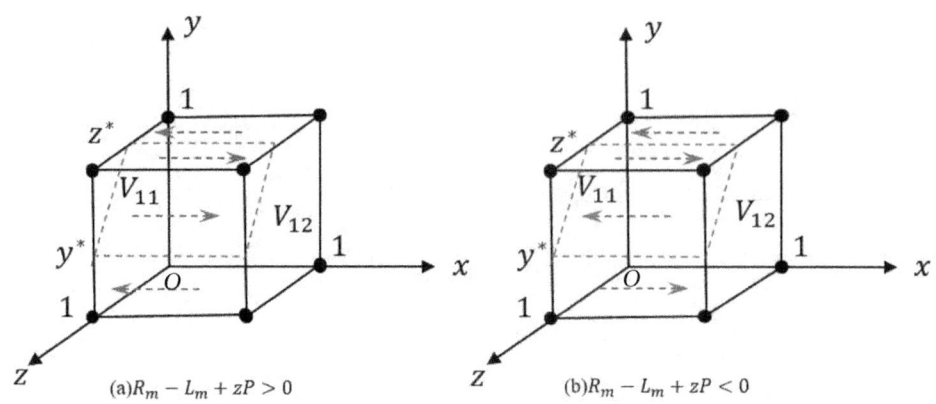

图 5-3 生产商的策略相位图

$$V_{11}=\frac{(R_m-L_m+zP-I_m-C_m+V_m+zS)(S+yP-I_m-C_m-yL_m+yR_m+V_m)}{2(R_m-L_m+zP)(S+yP)}$$

推论 1：生产商进行可持续生产的概率与生产商的超额收益 R_m、搭便车的惩罚 P、生产商的收益 V_m、政府补贴 S 呈正相关，与生产商搭便车的收益 L_m、生产商的初始收益 I_m、生产商进行可持续生产的成本 C_m 呈负相关。

证明：概率体积 $V_{11}>0$ 恒成立，根据生产商进行可持续生产的概率体积 V_{11} 的表达式，求各要素的一阶偏导数，得：$\frac{\partial V_{11}}{\partial R_m}>0$、$\frac{\partial V_{11}}{\partial P}>0$、$\frac{\partial V_{11}}{\partial V_m}>0$、$\frac{\partial V_{11}}{\partial S}>0$、$\frac{\partial V_{11}}{\partial L_m}<0$、$\frac{\partial V_{11}}{\partial I_m}<0$、$\frac{\partial V_{11}}{\partial C_m}<0$，因此，$R_m$、$P$、$V_m$、$S$ 增加或者 L_m、I_m、C_m 减少，均可使生产商进行可持续生产的概率上升。

5.3.3 煤炭供应链管理商的策略稳定性分析

令管理商采取"参与可持续运营"与"不参与可持续运营"策略情况下的期望收益分别为 U_{21} 和 U_{22}，平均期望收益为 $\bar{U}_2$，其计算公式如下：

$U_{21}=xz(V_r+R_r-C_r+S)+x(1-z)(V_r+R_r-C_r)+(1-x)z(V_r-C_r+S)+(1-x)(1-z)(V_r-C_r)$

$U_{22}=xz(I_r+L_r-P)+x(1-z)(I_r+L_r)+(1-x)z(I_r)+(1-x)(1-z)(I_r)$

$\bar{U}_2=yU_{21}+(1-y)U_{22}$

构建管理商的复制动态方程：

$$F(y)=\frac{\mathrm{d}y}{\mathrm{d}t}=y(U_{21}-\bar{U}_2)=y(1-y)(V_r-I_r-C_r-xL_r+xR_r+xS+zS+xzP-xzS)$$

对 $F(y)$ 求一阶导数：

$$F'(y)=(1-2y)(V_r-I_r-C_r-xL_r+xR_r+xS+zS+xzP-xzS)$$

令 $F(y)=0$，则 $y=0$，$y=1$ 或 $x=\dfrac{I_r+C_r-V_r-zS}{R_r-L_r+S+zP-zS}$ 或

$$z=\frac{I_r+C_r-V_r+xL_r-xR_r-xS}{S+xP-xS}$$

$x=\dfrac{I_r+C_r-V_r-zS}{R_r-L_r+S+zP-zS}$ 时，对于任意 y，都有 $F(y)=0,F'(y)=0$，则 y 处于稳定状态，此时，管理商的任何策略都是稳定策略。

$x\neq\dfrac{I_r+C_r-V_r-zS}{R_r-L_r+S+zP-zS}$ 时，下面分情况进行讨论：

当 $x>\dfrac{I_r+C_r-V_r-zS}{R_r-L_r+S+zP-zS}$ 时，如果 $R_r-L_r+S+zP-zS>0$，将 $y=0$，$y=1$ 代入 $F'(y)$ 中，得到 $F'(0)>0,F'(1)<0$，则 $y=1$ 是演化稳定点，此时，管理商会采取参与可持续运营的策略；如果 $R_r-L_r+S+zP-zS<0$，将 $y=0$，$y=1$ 代入 $F'(y)$ 中，得到 $F'(0)<0,F'(1)>0$，则 $y=0$ 是演化稳定点，此时，管理商会采取不参与可持续运营的策略。

当 $x<\dfrac{I_r+C_r-V_r-zS}{R_r-L_r+S+zP-zS}$ 时，如果 $R_r-L_r+S+zP-zS>0$，将 $y=0$，$y=1$ 代入 $F'(y)$ 中，得到 $F'(0)<0,F'(1)>0$，则 $y=0$ 是演化稳定点；如果 $R_r-L_r+S+zP-zS<0$，将 $y=0,y=1$ 代入 $F'(y)$ 中，得到 $F'(0)>0,F'(1)<0$，则 $y=1$ 是演化稳定点。

同理，当 $z=\dfrac{I_r+C_r-V_r+xL_r-xR_r-xS}{S+xP-xS}$ 时，对于任意 x，都有 $F(x)=0$，$F'(x)=0$，则 x 处于稳定状态，此时，管理商的任何策略都是稳定策略。

$z\neq\dfrac{I_r+C_r-V_r+xL_r-xR_r-xS}{S+xP-xS}$ 时，策略稳定性分析与上述一致。

管理商的策略相位图如图 5-4 所示。

由图 5-4(a)可知，三角柱体的体积 V_{21} 代表供应链管理商不参与可持续运营的概率，供应链管理商参与可持续运营的概率体积记为 V_{22}，计算得：

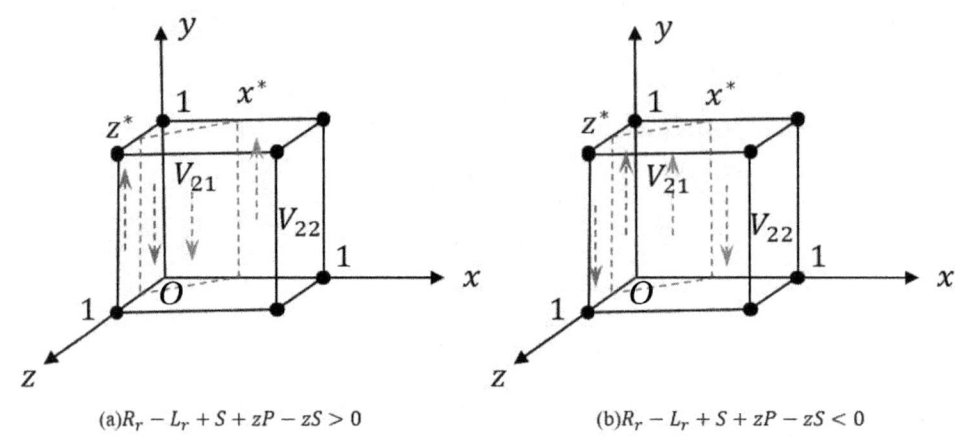

(a)$R_r - L_r + S + zP - zS > 0$ (b)$R_r - L_r + S + zP - zS < 0$

图 5-4 管理商的策略相位图

$$V_{21} = \frac{1}{2} \times \frac{I_r + C_r - V_r - zS}{R_r - L_r + S + zP - zS} \times \frac{I_r + C_r - V_r + xL_r - xR_r - xS}{S + xP - xS} \times 1$$

$$V_{22} = 1 - \frac{1}{2} \times \frac{I_r + C_r - V_r - zS}{R_r - L_r + S + zP - zS} \times \frac{I_r + C_r - V_r + xL_r - xR_r - xS}{S + xP - xS} \times 1$$

化简得：

$$V_{22} = 1 - \frac{(I_r + C_r - V_r - zS)(I_r + C_r - V_r + xL_r - xR_r - xS)}{2(R_r - L_r + S + zP - zS)(S + xP - xS)}$$

推论 2：供应链管理商参与可持续运营的概率与管理商的收益 V_r、政府补贴 S、超额收益 R_r 呈正相关，与供应链管理商进行可持续运营的成本 C_r、初始收益 I_r、搭便车的收益 L_r 呈负相关。

证明：根据供应链管理商参与可持续运营的概率体积 V_{22} 的表达式，求各要素的一阶偏导数，得：$\frac{\partial V_{22}}{\partial V_r} > 0$、$\frac{\partial V_{22}}{\partial S} > 0$、$\frac{\partial V_{22}}{\partial R_r} > 0$、$\frac{\partial V_{22}}{\partial C_r} < 0$、$\frac{\partial V_{22}}{\partial I_r} < 0$、$\frac{\partial V_{22}}{\partial L_r} < 0$，因此，$V_r$、$S$、$R_r$ 增加或者 C_r、I_r、L_r 减少，均可使供应链管理商参与可持续运营的概率上升。

5.3.4 政府参与的策略稳定性分析

令政府采取"监管"与"不监管"策略情况下的期望收益分别为 U_{31} 和 U_{32}，平均期望收益为 $\bar{U}_3$，其计算公式如下：

$$U_{31} = xy(G + \Delta G - 2S - C_t) + x(1-y)(G - P - S - C_t) + (1-x)y(G$$

$+P-S-C_t)+(1-x)(1-y)(G-C_t)$

$U_{32}=xy(G)+x(1-y)(G)+(1-x)y(G)+(1-x)(1-y)(G)$

$\bar{U}_3=z U_{31}+(1-z)U_{32}$

构建政府的复制动态方程：

$F(z)=\dfrac{dz}{dt}=z(U_{31}-\bar{U}_3)=z(1-z)(-C_t-xP+yP-xS-yS+xy\Delta G)$

对 $F(z)$ 求一阶导数：

$F'(z)=(1-2z)(-C_t-xP+yP-xS-yS+xy\Delta G)$

令 $F(z)=0$，则 $z=0, z=1$ 或 $x=\dfrac{C_t-yP+yS}{y\Delta G-P-S}$ 或 $y=\dfrac{C_t+xP+xS}{P-S+x\Delta G}$

$x=\dfrac{C_t-yP+yS}{y\Delta G-P-S}$ 时，对于任意 z，都有 $F(z)=0, F'(z)=0$，则 z 处于稳定状态，此时，政府的任何策略都是稳定策略。

$x\neq\dfrac{C_t-yP+yS}{y\Delta G-P-S}$ 时，下面分情况进行讨论：

当 $x>\dfrac{C_t-yP+yS}{y\Delta G-P-S}$ 时，如果 $y\Delta G-P-S>0$，将 $z=0, z=1$ 代入 $F'(z)$ 中，得到 $F'(0)>0, F'(1)<0$，则 $z=1$ 是演化稳定点，此时，政府会采取监管的策略；如果 $y\Delta G-P-S<0$，将 $z=0, z=1$ 代入 $F'(z)$ 中，得到 $F'(0)<0, F'(1)>0$，则 $z=0$ 是演化稳定点，此时，政府会采取不监管的策略。

当 $x<\dfrac{C_t-yP+yS}{y\Delta G-P-S}$ 时，如果 $y\Delta G-P-S>0$，将 $z=0, z=1$ 代入 $F'(z)$ 中，得到 $F'(0)<0, F'(1)>0$，则 $z=0$ 是演化稳定点；如果 $y\Delta G-P-S<0$，将 $z=0, z=1$ 代入 $F'(z)$ 中，得到 $F'(0)>0, F'(1)<0$，则 $z=1$ 是演化稳定点。

同理，当

$$y=\dfrac{C_t+xP+xS}{P-S+x\Delta G}$$

时，对于任意 x，都有 $F(x)=0, F'(x)=0$，则 x 处于稳定状态，此时，政府的任何策略都是稳定策略。

$$y\neq\dfrac{C_t+xP+xS}{P-S+x\Delta G}$$

时,策略稳定性分析与上述一致。

政府的策略相位图如图 5-5 所示。

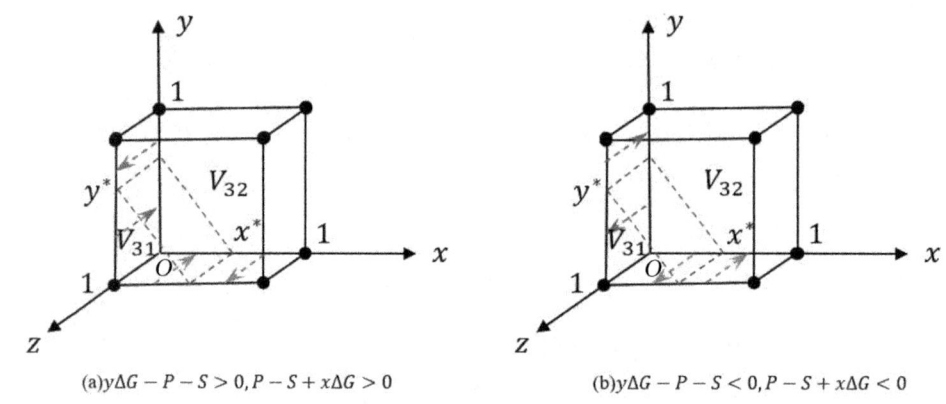

图 5-5 政府的策略相位图

由图 5-5(a)可知,三角柱体的体积 V_{31} 代表政府不监管的概率,政府监管的概率体积记为 V_{32},计算得:

$$V_{31} = \frac{1}{2} \times \frac{C_t - yP + yS}{y\Delta G - P - S} \times \frac{C_t + xP + xS}{P - S + x\Delta G} \times 1$$

$$V_{32} = 1 - \frac{1}{2} \times \frac{C_t - yP + yS}{y\Delta G - P - S} \times \frac{C_t + xP + xS}{P - S + x\Delta G} \times 1$$

化简得:

$$V_{32} = 1 - \frac{(C_t - yP + yS)(C_t + xP + xS)}{2(y\Delta G - P - S)(P - S + x\Delta G)}$$

推论 3:政府监管的概率关于政府对搭便车行为监管的罚金 P 正相关,关于监管成本 C_t、政府补贴 S 负相关。

证明:根据政府监管的概率体积 V_{32} 的表达式,求各要素的一阶偏导数,得:$\frac{\partial V_{32}}{\partial P} > 0$,$\frac{\partial V_{32}}{\partial C_0} < 0$,$\frac{\partial V_{32}}{\partial S} < 0$,因此,$P$ 增加或者 C_0、S 减少,均可使政府监管的概率上升。

综上所述,煤炭生产商和供应链管理商的协同合作机制受外部激励因素的影响,协同效应带来的超额收益,政府提供的补贴以及对"搭便车"行为的惩罚均可促进可持续供应链的发展。通过降低可持续供应链的生产成本、运营成本和扩大协同效应可以使供应链中各主体的协同合作可能性达到最大。"搭便车"行为获得的收益和前期的投入成本过高则会抑制可持续供应链的发展,导致协同合作的可能性减小,应通过政府的第三方监管来干预各主体的合作意愿,提高合作的可能性,促使系统向"进行可持续生产,参与可持续运营"发展。

5.3.5 三方演化稳定策略分析

令复制动态方程式的三个方程 $F(x)=0, F(y)=0, F(z)=0$,得到 16 个局部均衡点。分别是 $E_1(0,0,0), E_2(0,0,1), E_3(0,1,0), E_4(0,1,1), E_5(1,0,0), E_6(1,0,1), E_7(1,1,0), E_8(1,1,1)$, $E_9\left(\dfrac{I_r-C_r-V_r-zS}{R_r-L_r+S+zP-zS}, \dfrac{I_m+C_m-V_m-zS}{R_m-L_m+zP}, \dfrac{I_m+C_m+yL_m-yR_m-V_m}{S+yP}\right)$, $E_{10}\left(\dfrac{I_r-C_r-V_r-zS}{R_r-L_r+S+zP-zS}, \dfrac{I_m+C_m-V_m-zS}{R_m-L_m+zP}, \dfrac{I_r-C_r-V_r+L_r-xR_r-xS}{S+xP-xS}\right)$, $E_{11}\left(\dfrac{I_r-C_r-V_r-zS}{R_r-L_r+S+zP-zS}, \dfrac{C_t+xP+xS}{P-S+x\Delta G}, \dfrac{I_m+C_m+yL_m-yR_m-V_m}{S+yP}\right)$, $E_{12}\left(0, \dfrac{C_t}{P-S}, \dfrac{C_r+I_r-V_r}{S}\right)$, $E_{13}\left(\dfrac{C_t-yP+yS}{y\Delta G-P-S}, \dfrac{I_m+C_m-V_m-zS}{R_m-L_m+zP}, \dfrac{I_m+C_m+yL_m-yR_m-V_m}{S+yP}\right)$, $E_{14}\left(\dfrac{C_t-yP+yS}{y\Delta G-P-S}, \dfrac{I_m+C_m-V_m-zS}{R_m-L_m+zP}, \dfrac{I_r-C_r-V_r+L_r-xR_r-xS}{S+xP-xS}\right)$, $E_{15}\left(\dfrac{C_t-yP+yS}{y\Delta G-P-S}, \dfrac{C_0+xP+xS}{P-S+x\Delta G}, \dfrac{I_m+C_m+yL_m-yR_m-V_m}{S+yP}\right)$, $E_{16}\left(1, \dfrac{C_t+P+S}{P-S+\Delta G}, \dfrac{I_r+C_r-V_r+L_r-R_r-S}{P}\right)$。

微分方程系统的演化稳定策略(ESS)可由该系统的雅可比矩阵局部稳定性分析得到,雅可比矩阵的局部稳定性通过判别其特征值来确定,由复制动态方程得到该系统的雅可比矩阵为:

$$J = \begin{bmatrix} \dfrac{\partial F(x)}{\partial x} & \dfrac{\partial F(x)}{\partial y} & \dfrac{\partial F(x)}{\partial z} \\ \dfrac{\partial F(y)}{\partial x} & \dfrac{\partial F(y)}{\partial y} & \dfrac{\partial F(y)}{\partial z} \\ \dfrac{\partial F(z)}{\partial x} & \dfrac{\partial F(z)}{\partial y} & \dfrac{\partial F(z)}{\partial z} \end{bmatrix}$$

$$\dfrac{\partial F(x)}{\partial x} = (1-2x)(V_m - I_m - C_m - yL_m + yR_m + zS + yzP)$$

$$\dfrac{\partial F(x)}{\partial y} = x(1-x)(R_m - L_m + zP)$$

$$\frac{\partial F(x)}{\partial z}=x(1-x)(S+yP)$$

$$\frac{\partial F(y)}{\partial x}=y(1-y)(R_r+S+zP-zS-L_r)$$

$$\frac{\partial F(y)}{\partial y}=(1-2y)(V_r-I_r-C_r-xL_r+xR_r+xS+zS+xzP-xzS)$$

$$\frac{\partial F(y)}{\partial z}=y(1-y)(S+xP-xS)$$

$$\frac{\partial F(z)}{\partial x}=z(1-z)(y\Delta G-P-S)$$

$$\frac{\partial F(z)}{\partial y}=z(1-z)(P-S+x\Delta G)$$

$$\frac{\partial F(z)}{\partial z}=(1-2z)(-C_t-xP+yP-xS-yS+xy\Delta G)$$

通过将 16 个均衡点代入雅可比矩阵,可以得到每个均衡点所对应的雅可比矩阵特征值。这些特征值的结果列在表 5-6 中。根据李雅普诺夫稳定性理论,当且仅当雅可比矩阵的所有特征值均为负时,相应的均衡点被认为是 ESS(Evolutionary Stable Strategy)稳定的。当雅可比矩阵的所有特征值的符号都可以确定且至少有一个特征值总是正的时候,平衡点是不稳定的。详见表 5-6(注:"×"表示特征值正负情况不确定,"+"表示特征值为正,"-"表示特征值为负,"0"表示特征值为 0)。

表 5-6 雅可比矩阵的特征值

平衡点	特征值 1	特征值 2	特征值 3	稳定性
E_1	×	×	−	可能 ESS
E_2	×	×	+	不稳定
E_3	×	×	×	可能 ESS
E_4	×	×	×	可能 ESS
E_5	×	×	−	可能 ESS
E_6	×	×	+	不稳定
E_7	×	×	×	可能 ESS

表 5-6 (续表)

平衡点	特征值 1	特征值 2	特征值 3	稳定性

平衡点	特征值1	特征值2	特征值3	稳定性
E_8	×	×	×	可能 ESS
E_9	×	0	×	鞍点
E_{10}	×	×	0	鞍点
E_{11}	0	×	×	鞍点
E_{12}	×	0	×	鞍点
E_{13}	×	×	0	鞍点
E_{14}	0	×	×	鞍点
E_{15}	0	×	×	鞍点
E_{16}	×	0	×	鞍点

根据对雅可比矩阵所求得的特征值判断，一共有 6 个平衡点可能为演化稳定策略，分别是 $E_1(0,0,0)$，$E_3(0,1,0)$，$E_4(0,1,1)$，$E_5(1,0,0)$，$E_7(1,1,0)$，$E_8(1,1,1)$。

情形 1：由于 $-C_t<0$，当 $V_m-I_m-C_m<0$ 和 $V_r-I_r-C_r<0$ 时，演化稳定点 $E_1(0,0,0)$ 对应的雅可比矩阵特征值均为负值，说明 $E_1(0,0,0)$ 为 ESS。

这表明，当满足以下两个条件：(1)生产商进行可持续生产获得的增值收益小于其投入的成本；(2)管理商进行可持续运营获得的增值收益小于其投入的成本。则生产商不进行可持续生产，供应链管理商不参与可持续运营，政府不监管是演化稳定策略。

情形 2：当 $R_m-I_m-L_m-C_m+V_m<0$、$C_r+I_r-V_r<0$ 和 $P-C_t-S<0$ 时，演化稳定点 $E_3(0,1,0)$ 对应的雅可比矩阵特征值均为负值，说明 $E_3(0,1,0)$ 为 ESS。

这表明，当满足以下三个条件：(1)生产商进行可持续生产获得的增值收益小于其所投入的成本；(2)管理商进行可持续运营获得的增值收益大于其投入的成本；(3)政府在监管策略下的收益小于其不监管时的收益。则生产商不进行可持续生产，供应链管理商参与可持续运营，政府不监管是演化稳定策略。

情形 3：当 $P+V_m-I_m-L_m-C_m+R_m+S<0$、$C_r+I_r-S-V_r<0$ 和 $C_t-P+S<0$ 时，演化稳定点 $E_4(0,1,1)$ 对应的雅可比矩阵特征值均为负值，说明 $E_4(0,1,1)$ 为 ESS。

这表明,当满足以下三个条件:(1)在政府监管机制下,即使生产商在可持续生产中可以得到政府补贴,但生产商进行可持续生产获得的收益小于其所投入的成本;(2)管理商进行可持续运营获得的收益与政府贴补之和大于其投入的成本;(3)政府在监管策略下的收益大于其不监管时的收益。则生产商不进行可持续生产,供应链管理商参与可持续运营,政府监管是演化稳定策略。

情形 4:由于 $-C_t-P-S<0$,当 $C_m+I_m-V_m<0$ 和 $R_r-C_r-I_r+S+V_r-L_r<0$ 时,演化稳定点 $E_5(1,0,0)$ 对应的雅可比矩阵特征值均为负值,说明 $E_5(1,0,0)$ 为 ESS。

这表明,当满足以下两个条件时:(1)生产商进行可持续生产获得的增值收益大于其投入的成本;(2)在政府监管机制下,即使有政府补贴,但管理商进行可持续运营获得的收益小于其投入的成本。则生产商进行可持续生产,供应链管理商不参与可持续运营,政府不监管是演化稳定策略。

情形 5:当 $C_m+I_m+L_m-R_m-V_m<0$、$C_r+I_r-R_r-S-V_r+L_r<0$ 和 $\Delta G-C_t-2S<0$ 时,演化稳定点 $E_7(1,1,0)$ 对应的雅可比矩阵特征值均为负值,说明 $E_7(1,1,0)$ 为 ESS。

这表明,当满足以下三个条件时:(1)生产商进行可持续生产获得的收益大于其投入的成本;(2)管理商进行可持续运营获得的收益大于其投入的成本;(3)政府在监管策略下的收益小于其不监管时的收益。则生产商进行可持续生产,供应链管理商参与可持续运营,政府不监管是演化稳定策略。

情形 6:当 $C_m+I_m+L_m-P-R_m-S-V_m<0$、$C_r+I_r-R_r-P-S-V_r+L_r<0$ 和 $C_t-\Delta G+2S<0$ 时,演化稳定点 $E_8(1,1,1)$ 对应的雅可比矩阵特征值均为负值,说明 $E_8(1,1,1)$ 为 ESS。

这表明,当满足以下三个条件时:(1)在政府监管机制下,生产商搭便车行为会受到政府的惩罚,导致生产商不进行可持续生产获得的收益小于其所投入的成本;(2)同样受到政府监管的影响,管理商不进行可持续运营获得的收益小于其投入的成本;(3)政府在监管策略下的收益大于其所投入的成本。则生产商进行可持续生产,供应链管理商参与可持续运营,政府监管是演化稳定策略。

5.4 数值模拟

为了使演化博弈的结果可视化,从而更加直观地展现不同因素对煤炭生产商和供应链管理商之间协同合作的影响,本章使用 MATLAB 进行仿真分析。通过对某煤炭集团下属煤炭生产企业和供应链管理企业的电话访谈以及实地调研,得到了数值仿真中的相关数据,如下:2022 年,该集团下属煤炭生产企业年收入 145 亿元,利润 23 亿,企业上交税费 21 亿,生产成本 36.87 亿,政府在 2022 年给予该生产企业的各项补贴包括智能化建设、安全改造、绿色和研发技术投入、满负荷生产、稳岗补贴等总计 3 503 万;该集团下属煤炭供应链管理商利润总额 2.24 亿,管理运营成本为 3 亿,上交税费 8 000 万,政府补贴 300 万。在此基础上,设计生产商的投资收益率为 $\lambda \in (0.3,0.6)$,$\mu \in (0.4,0.7)$,政府惩罚为 $P \in (1,2)$。

5.4.1 煤炭企业可持续供应链双方策略仿真分析

5.4.1.1 均衡点的演化轨迹

本节对 5.2.4 中提到的 4 个可能存在的 ESS 的演化轨迹进行仿真。

1) 当 $\lambda I_m - C_m < 0$ 和 $\mu I_r - C_r < 0$ 时,$E_1(0,0)$ 为 ESS。双方主体的演化轨迹如图 5-6 所示。

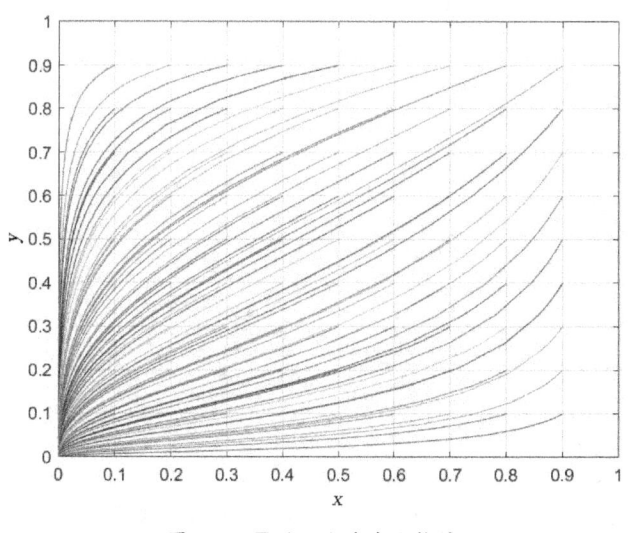

图 5-6 $E_1(0,0)$ 的演化轨迹

扫码查看彩图 5-6 到 5-15

2) 当 $R_m - L_m + \lambda I_m - C_m < 0$ 和 $-(\mu I_r - C_r) < 0$ 时,$E_2(0,1)$ 为 ESS。双方主体的演化轨迹如图 5-7 所示。

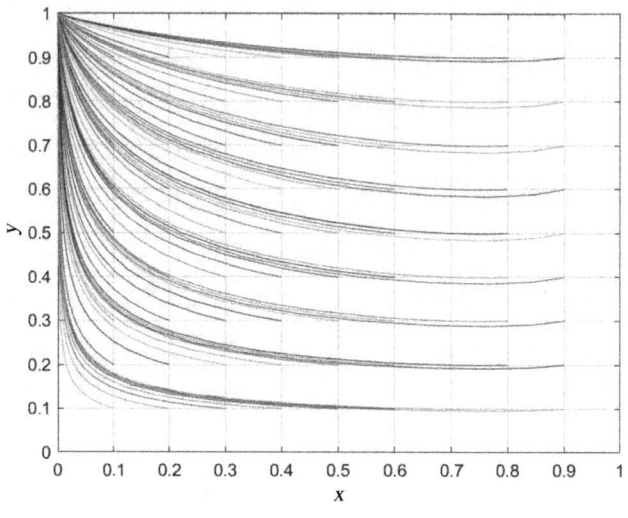

图 5-7　$E_2(0,1)$ 的演化轨迹

3)当$-(\lambda I_m - C_m) < 0$ 和 $R_r - L_r + \mu I_r - C_r < 0$ 时，$E_3(1,0)$ 为 ESS。双方主体的演化轨迹如图 5-8 所示。

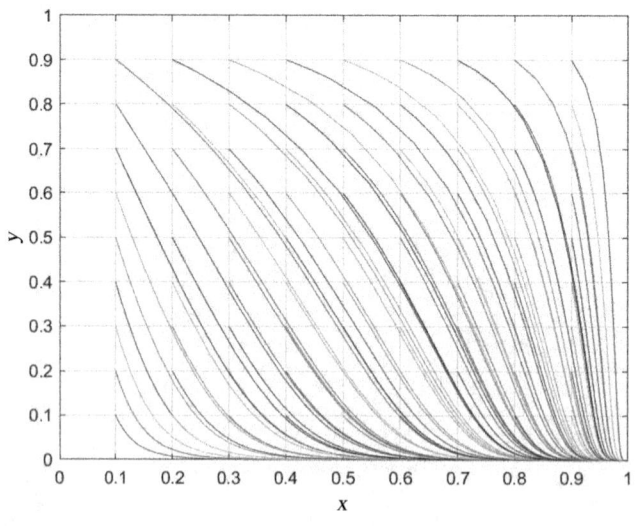

图 5-8　$E_3(1,0)$ 的演化轨迹

4)当$-(R_m - L_m + \lambda I_m - C_m) < 0$ 和 $-(R_r - L_r + \mu I_r - C_r) < 0$ 时，$E_4(1,1)$ 为 ESS。双方主体的演化轨迹如图 5-9 所示。

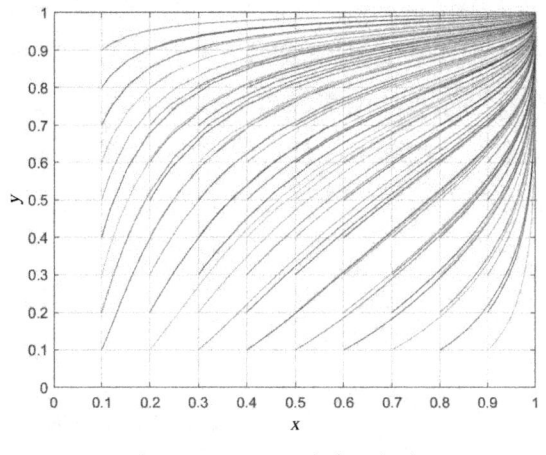

图 5-9 $E_4(1,1)$ 的演化轨迹

5.4.1.2 初始意愿对演化轨迹的影响

通过对演化稳定策略的稳定条件进行分析,将仿真中的参数赋值设置为:$R_m=25.12, L_m=18.9, \lambda=0.68, I_m=23, C_m=36.87, R_r=2.3, L_r=1.68, \mu=0.77, I_r=2.24, C_r=3$。成本与收益单位为亿元。

初始意愿表示煤炭生产商和供应链管理商最初的合作渴望度,为了分析初始意愿对煤炭生产商和供应链管理商的演化轨迹影响,分别令 $x=0.3、0.5、0.7$ 和 $y=0.3、0.5、0.7$,同时保持其他参数不变,探讨两个博弈主体在不同的初始意愿设置下,对系统均衡的影响,演化轨迹的结果如图 5-10 所示。

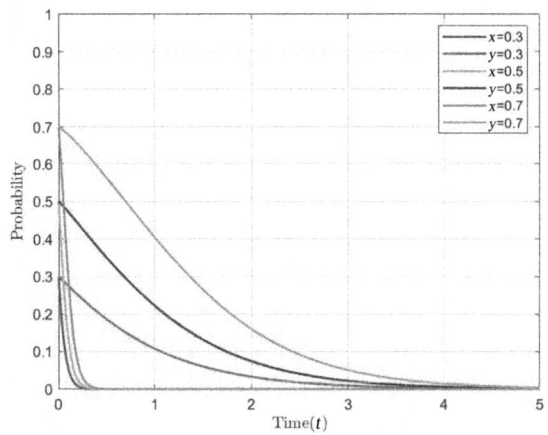

图 5-10 初始意愿对演化轨迹的影响

根据图 5-10 的观察结果,可以得出结论:博弈主体的策略选择不受初始意愿的影响。具体到煤炭生产商的情况,在初始意愿发生改变的情况下,煤炭生产商始终选择不进行可持续生产的策略。这表明,煤炭生产商在决策时将获得的超额收益与参与可持续生产投入的成本和"搭便车"行为获得的收益进行比较,显然,在本模拟中煤炭生产商选择不进行可持续生产这一决策获得的收益更大。从图中不难看出,供应链管理商的演化轨迹也是同理。但不同初始意愿可以改变系统的演化时间,初始意愿越高,双方主体趋于稳定的速度越快,即演化时间越短。

5.4.1.3 可持续供应链投入成本对演化轨迹的影响

在上文中,通过具体案例得到了数值模拟中的参数赋值,在双方初始意愿分别为 0.3、0.5 和 0.7 时,得到了两博弈主体均不合作的结果。基于此,猜想两博弈主体在可持续供应链中投入的成本可能是影响策略选择的关键因素之一,为了找到成本影响主体策略的阈值,假设一组小于 $C_m=36.87$ 的成本赋值,令 $C_m=15、20、25、30$,初始意愿取 0.5,同时保持其他参数不变,得到了煤炭生产商在可持续生产中的成本对演化结果的影响,如图 5-11(a)所示。同理,令 $C_r=0.8、1.4、2、2.6$,初始意愿取 0.5,同时保持其他参数不变,得到了供应链管理商在可持续运营中的成本对演化结果的影响,如图 5-11(b)所示。

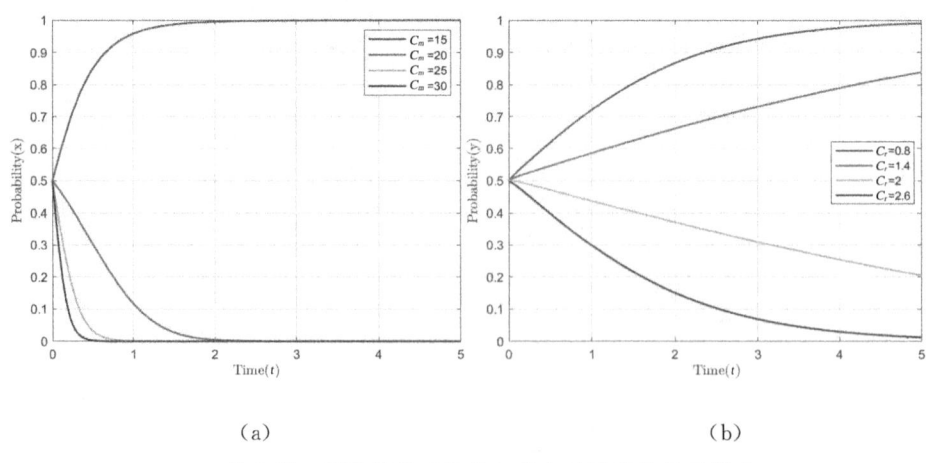

(a)   (b)

图 5-11 可持续供应链投入成本对演化轨迹的影响

由图 5-11(a)可知,随着煤炭生产商在可持续生产中投入的成本逐渐增大,生产商的策略选择会随之发生改变,当 $C_m=15$ 时,x 趋向于 1,即生产采取可持续生产的策略,当 $C_m \geqslant 20$ 时,x 趋向于 0,即生产商采取不可持续生产的策略,则煤炭生产商在可持续生产中投入的成本影响其策略的阈值介于 15～20。对于供应链管理商而言,通过观察图 5-11(b)可以发现,在既定演化时间内,随着供应链管理商在可持续运营中投入的成本每增加 0.6,都会使其进行可持续运营的概率降低,直至不进行可持续运营,供应链管理商在可持续运营中投入的成本影响其策略的阈值介于 1.4～2。

5.4.1.4 超额收益对演化轨迹的影响

煤炭生产商和供应链管理商均秉承可持续发展理念而获得超额收益是其协同合作的重要推动力。但目前的协同效应还不足以吸引双方主体参与到可持续供应链中。本节讨论协同合作的超额收益对煤炭生产商和供应链管理商的演化结果的影响,令煤炭生产商进行可持续生产获得的超额收益 $R_m=25$、35、45、55,供应链管理商参与可持续运营获得的超额收益 $R_r=2.5$、3、3.5、4,初始意愿取 0.5,同时保持其他参数不变,得到了煤炭生产商和供应链管理商通过协同合作效应获得的超额收益对演化结果的影响,分别如图 5-12(a)、图 5-12(b)所示。

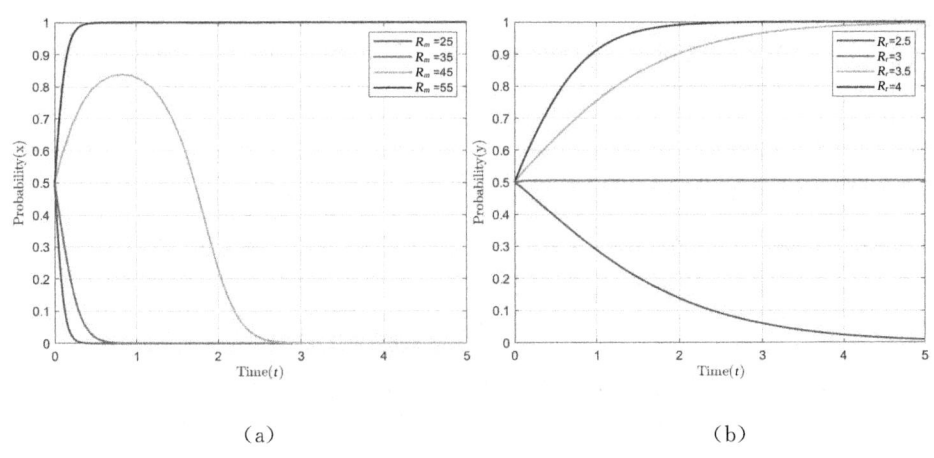

(a)　　　　　　　　　　　　(b)

图 5-12　超额收益对演化轨迹的影响

由图 5-12(a)可知,随着煤炭生产商进行可持续生产获得的超额收益逐渐增大,生产商的策略选择由开始的趋于不可持续生产转变为可持续生产,且煤炭生产商进行可持续生产获得的超额收益影响其策略的阈值介于 45～55。根据图 5-12(b),当 $R_r=3$ 时,供应链管理商参与可持续运营的概率恒定趋于

0.5,这说明,在供应链管理商进行可持续运营投入的成本和获得的超额收益相同时,管理商选择参与可持续运营和不可持续运营的概率相同,若超额收益更小,则趋向于 $y=0$,即选择不参与可持续运营,若超额收益更大,则趋向于 $y=1$,即选择参与可持续运营,则供应链管理商参与可持续运营获得的超额收益影响其策略的阈值为3。

5.4.2 政府监管下可持续供应链三方策略仿真分析

本节所研究的内容是煤炭生产商和供应链管理商之间如何开展高效的协同合作发展。上文已经对煤炭生产商和供应链管理商二者的博弈过程做了分析,但考虑到现实生活中在该博弈问题中的参与者可能不仅仅只有煤炭生产商和供应链管理商,还有三方甚至更多方。在国内,由于监管体系不够完善,导致许多企业打着可持续的幌子,钻监管的漏洞,通过"搭便车"行为来为自身谋利,给可持续供应链带来了许多风险。因此,为了给可持续供应链市场提供相对公平的协同合作环境,引入新的博弈参与主体,即政府对可持续供应链的监管。

5.4.2.1 初始意愿对演化轨迹的影响

在 5.3.4 节中,通过对模型求解,得到了可能存在的 6 个 ESS,分别是 $E_1(0,0,0), E_3(0,1,0), E_4(0,1,1), E_5(1,0,0), E_7(1,1,0), E_8(1,1,1)$。结合实证案例、演化稳定策略的稳定条件以及特征值的正负关系,将三方演化博弈仿真中的参数赋值设置为:$V_m=42.8, I_m=23, C_m=36.87, L_m=18.9, R_m=25.12, S=0.38, P=1.3, V_r=6.2, I_r=2.24, C_r=3, L_r=1.68, R_r=2.3, C_0=0.6, \Delta G=1.5$。成本与收益单位为亿元。

令煤炭生产商、供应链管理商和政府的初始意愿分别为 0.3、0.5、0.7,同时保持其他参数不变,探讨三方博弈主体在不同的初始意愿设置下,对于系统均衡的影响,演化轨迹的结果如图 5-13 所示。

由图 5-13 可知,不同初始意愿不影响系统均衡,初始意愿在 0.3、0.5、0.7 时均趋向于 (0,1,1),即均衡点 E_4 为现行条件下的 ESS。

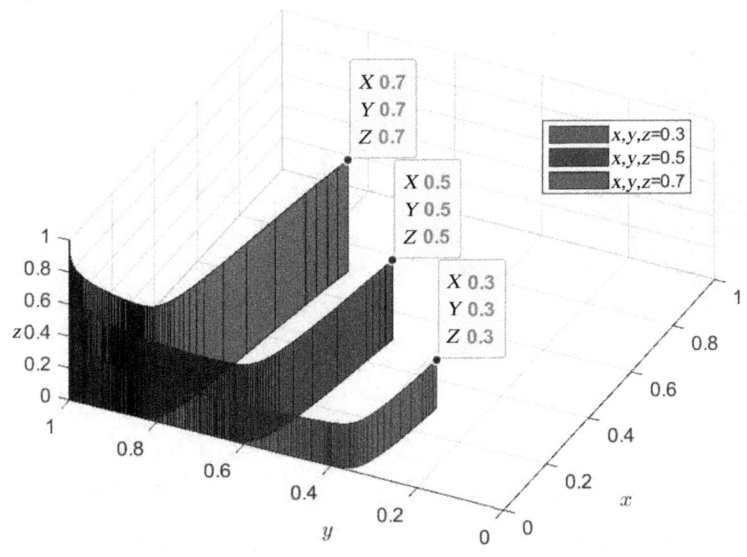

图 5-13 初始意愿对演化轨迹的影响

5.4.2.2 "搭便车"的惩罚对演化轨迹的影响

在 5.4.1.3 节和 5.4.1.4 节中分析得到,降低可持续生产的成本和增加协同效应带来的超额收益均可使煤炭生产商和供应链管理商更趋向于可持续活动。但在现实生活中,既定规模的煤炭企业很难在可持续供应链中操控成本和收益,因此,可以通过第三方的干预来促使煤炭生产商进行可持续生产。

当供应链管理商进行可持续运营、煤炭生产商不进行可持续生产时,煤炭生产商通过"搭便车"行为可以获得额外的收益,这就会诱导企业产生"搭便车"的动机。因此,本节讨论政府在企业"搭便车"行为中给予的惩罚力度对系统稳定性演化结果的影响,令"搭便车"时政府实施的惩罚 $P=1.5$、2.5、3.5,初始意愿取 0.5,同时保持其他参数不变,得到了"搭便车"时政府实施的惩罚对三方演化结果的影响如图 5-14(a)所示,对煤炭生产商策略影响的平面图如图 5-14(b)所示。

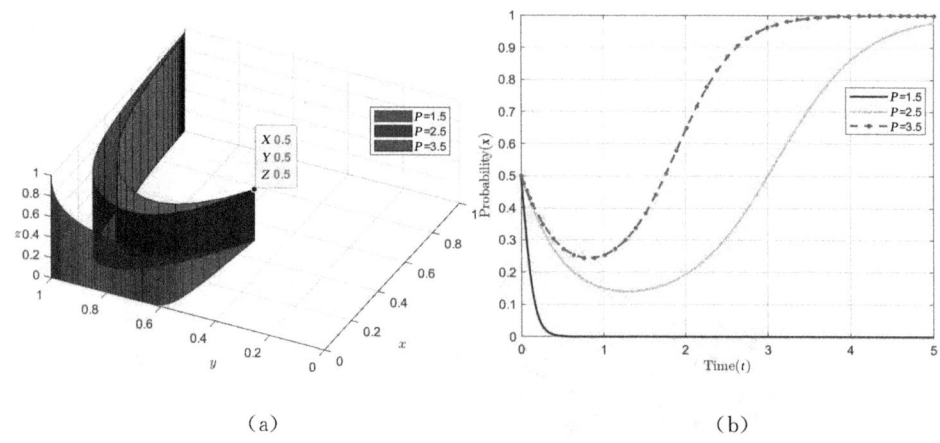

(a)　　　　　　　　　　　　　(b)

图 5-14 "搭便车"的惩罚对演化轨迹的影响

由图 5-14(a)可知,随着"搭便车"时政府实施的惩罚逐渐增大,供应链管理商和政府的策略不会发生改变,但煤炭生产商的策略选择会由不进行可持续生产转变为进行可持续生产。具体来说,当 $P=1.5$ 时,系统均衡趋向于 $E_4(0,1,1)$,当 $P \geqslant 2.5$,系统均衡趋向于 $E_8(1,1,1)$,这表明"搭便车"时政府实施的惩罚影响煤炭生产商策略的阈值介于 $1.5 \sim 2.5$。图 5-14(b)是针对煤炭生产商的演化轨迹平面图,政府对煤炭生产商"搭便车"实施的惩罚力度越大,煤炭生产商采取可持续生产策略的速度就越快,即系统演化时间越短。

5.4.2.3　政府补贴对演化轨迹的影响

政府补贴是提高企业协同合作积极性的重要推动因素,政府提供补贴金额等同于提高企业在可持续供应链中的收益。通过提供补贴,政府可以鼓励煤炭企业采取可持续供应链管理措施,包括环境保护、社会责任和资源效率等方面。补贴金额可以起到一定的激励作用,有助于企业降低可持续供应链改进的成本,增加其在该领域的投资和行动的积极性。

本节讨论政府补贴金额对系统稳定性演化结果的影响,令补贴金额 $S=1、2、3$,初始意愿取 0.5,同时保持其他参数不变,得到了政府补贴对三方演化结果的影响如图 5-15(a)所示,对煤炭生产商策略影响的平面图如图 5-15(b)所示。

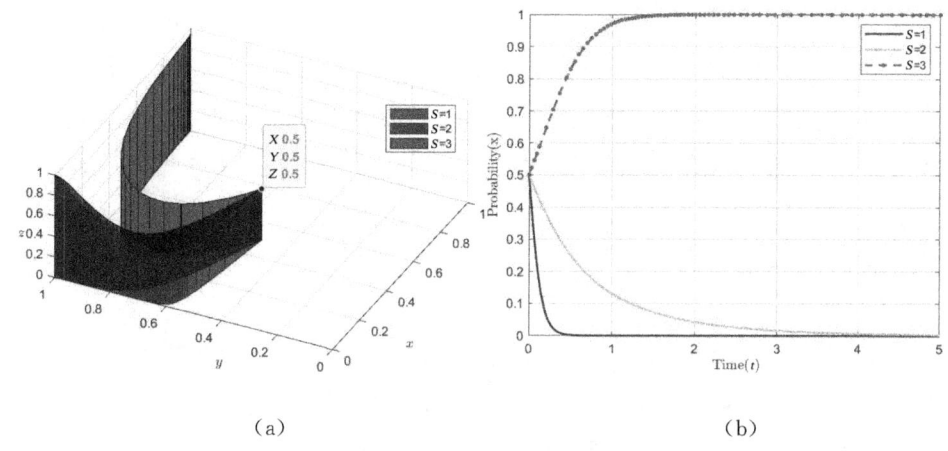

图 5-15 政府补贴对演化轨迹的影响

由图 5-15(a)可知,随着政府补贴金额逐渐增大,供应链管理商和政府的策略不会发生改变,但煤炭生产商的策略选择会由不进行可持续生产转变为进行可持续生产。具体来说,当 $S \leqslant 2$ 时,系统均衡趋向于 $E_4(0,1,1)$,当 $S=3$ 时,系统均衡趋向于 $E_8(1,1,1)$,这表明,政府补贴金额影响煤炭生产商策略的阈值介于 2~3。根据图 5-15(b)可知,政府补贴金额越低,煤炭生产商采取不可持续生产策略的速度就越快。

5.5 本章小结

本章利用演化博弈理论,研究了煤炭企业可持续供应链主体间协同合作行为的动态博弈模型。在传统供应链的二维空间中,上游和下游参与方进行双方博弈。为了进行更全面的分析,将双方博弈拓展到一个三维空间,并考虑相对独立的三方博弈,将其纳入一个整体进行综合考虑,可以更好地理解和评估三方博弈参与方之间的互动关系。基于以上分析,本书通过建立煤炭生产商和供应链管理商的合作博弈收益矩阵,构建了复制动态方程以分析不同情况下的系统演化趋势和路径。同时,为了激励供应链各个主体全面合作并惩罚搭便车行为,将政府监管作为外部环境考虑到模型收益中。基于这一基础,分析了三方合作状态下政府补贴和惩罚补偿等因素对供应链协同合作的影响,并通过 MATLAB 软件进行了数值模拟。结果表明:

1)煤炭生产商和供应链管理商策略受到可持续活动成本 C、投资收益率、

超额收益 R、搭便车增加的收益 L 的影响,随着影响因素的变化,煤炭生产商和供应链管理商协同合作的稳定策略依次是 $E_1(0,0)$、$E_2(0,1)$、$E_3(1,0)$、$E_4(1,1)$。政府监管加入动态博弈后,三方的策略受到超额收益 R、惩罚 P、收益 V 和政府补贴 S、搭便车的收益 L、初始收益 I 和可持续生产的成本 C 的共同影响,随着不同因素的变化,煤炭生产商和供应链管理商、政府协同合作的稳定策略依次是 $E_1(0,0,0)$,$E_3(0,1,0)$,$E_4(0,1,1)$,$E_5(1,0,0)$,$E_7(1,1,0)$,$E_8(1,1,1)$。

2)协同效应带来的超额收益,政府提供的补贴以及对"搭便车"行为的惩罚增加,系统演化到帕累托最优策略(合作,合作,合作)的概率增大,有利于供应链全面协同合作的实现。通过降低可持续供应链的生产成本、运营成本和扩大协同效应也可以使供应链中各主体的协同合作可能性达到最大。"搭便车"行为获得的收益和前期的投入成本过高则会抑制可持续供应链的发展,导致协同合作的可能性减小,应通过政府的第三方监管来干预,提高合作的可能性,促使系统向帕累托最优策略发展。初始合作意愿本身可能不会直接影响煤炭生产商的策略选择,但它可以在一定程度上影响合作伙伴之间的沟通、协商和共同目标的制定。有较高的初始意愿意味着双方倾向于积极合作,共同推动可持续生产策略的实施。

3)"搭便车"行为的存在会对整个系统产生负面影响。首先,搭便车行为得到了奖励或收益,导致参与者缺乏合作意愿,因此放弃主动合作,从而危及供应链协同合作的稳定性。其次,"搭便车"行为可能破坏供应链合作的公平性,造成资源和利益的不均衡分配。如果一些参与者一直"搭便车"而不承担自己的责任,则其他参与者可能会感到不公平,并逐渐失去对合作的信任,最终导致合作关系的破裂。为了防止"搭便车"行为的影响,合适的激励和惩罚机制可以起到重要作用。通过设立奖励机制,"搭便车"行为可以受到有效限制,同时鼓励参与者更积极地参与合作。另一方面,对于"搭便车"行为应实施相应的惩罚措施,以确保参与者承担起自己的责任和义务。有效地解决"搭便车"行为问题可以促进供应链各方之间的合作和均衡,增强供应链合作系统的稳定性和可持续性。

4)政府补贴可以为煤炭生产商提供经济上的激励,鼓励他们采取可持续的生产策略,减轻生产成本,提供额外的收入来源,使得可持续实践变得更有吸引力,从而激励煤炭生产商改变其策略并采取环保和可持续的做法。同时,可以帮助供应链管理商建设和优化供应链管理系统,支持可持续采购和运输实践,提高整个供应链的效率,减少环境影响,并为消费者提供更可持续的产品选择。政府补贴作为一项政策工具,通过设定补贴条件和要求,鼓励推行清洁能源技术、降低排放、节约资源等可持续实践。

6 煤炭企业可持续供应链风险防控机制研究

上一章基于煤炭生产商、煤炭供应链管理商、政府构建了双方和三方演化博弈模型,探讨了如何实现煤炭企业可持续供应链协同合作。然而,纵使煤炭企业可持续供应链进入协同合作的优化阶段,煤炭供应链的复杂性和不稳定属性以及可持续供应链的本质决定了煤炭企业可持续供应链在不断运行的进程中,供应链风险问题将不可避免。本章通过识别煤炭企业可持续供应链在优化阶段所面临的各个维度风险,构建了煤炭企业可持续供应链风险评估指标体系,同时采用层次分析法对各个维度风险指标赋予权重,以期为煤炭企业可持续供应链优化升级阶段所面临的风险问题提供管控重点。在此基础上,为了验证评估指标的科学性与有效性,采取模糊综合评价法对 A 煤炭集团风险水平进行评估,并从风险防范和风险监控机制来对稳定阶段所面临的风险提出具体机制分析。

6.1 本章引言

当前,全球供应链面临许多不确定因素,供应链的复杂性使其容易受到各种风险的影响[186,187]。风险是指不确定的事件或情况,可能对目标的实现产生负面影响[186]。风险可以由多种因素引起,包括但不限于自然灾害、政治和法律环境变化、技术故障、供应链中断、市场需求波动、竞争压力和人为错误等[189]。这些风险可能导致多种后果,如生产中断、交付延迟、成本增加、客户满意度下降、品牌声誉受损、市场份额损失及财务损失等。因此,企业需要进行风险识别、评估和管理,以制定应对策略,减轻风险对业务的不利影响。

煤炭行业面临迫切转型的需求和可持续发展的压力。由于传统煤炭产业的过度开采和高碳排放,煤炭企业面临环境保护、能源转型和碳减排等挑战。为了实现高质量发展,煤炭企业需要进行结构调整、技术升级和创新转型,以提高资源利用效率、降低环境影响,同时保持行业的可持续性和竞争力。截至 2020 年,全球可再生能源占比已经增长到约 26%。随着清洁能源的发展和政策环境的变化,煤炭企业需要寻找新的能源替代品或转型为清洁能源供应商。然而,这个过程充满了挑战,比如技术可行性、市场接受度和投资回报等。截至2021年,德国煤炭企业在转型为可再生能源供应商时面临巨大的投资风险。为实现低碳目标,煤炭企业需要投资数10亿欧元用于设施转型和技术升级。据研究调查发现,2019年,超过70%的消费者表示,他们更愿意支持那些关注环境和社会问题的公司。随着消费者对企业可持续性和社会责任的关注增加,煤炭企业需要确保供应链的透明度和合规性,包括采矿是否合规,劳工权益是否受到保护以及环境是否得到保护等。例如,有关煤矿工作条件恶劣和环境遭受破坏的报道导致某些煤炭企业面临声誉危机和消费者抵制,进而影响其可持续供应链的稳定性。煤炭企业在追求高质量发展的背景下,面临着多个风险因素,而这些风险会对可持续供应链的稳定性产生负面影响。因此,煤炭企业需要采取积极的风险管理措施,以确保可持续供应链的顺利运行。

然而,煤炭企业可持续供应链风险管理是一个新兴的研究领域,从不同行业的风险评估和管理文献中可以了解到一些可持续供应链风险研究的重点。例如,Rostamzadeh 提出了一种模糊多准则综合决策方法,基于与理想解相似度排序(TOPSIS)和准则间相关性(CRITIC)方法,建立可持续供应链风险管理(SSCRM)评估框架,包括7个主要标准和44个子标准。其中最主要的子标准为:机器和设备风险,关键供应商故障,需求波动,政府政策风险,IT安全,经济问题,以及缺乏适当的污水渗透[190]。Alshehri 采用模糊层次分析法和模糊 WASPAS 方法相结合的多准则综合决策分析方法分析了沙特阿拉伯制造业实施可持续供应链所受到的风险因素,研究表明经济风险、管理政策风险、环境风险是主要风险因素,在子风险中工业排放、市场动态、管理政策失败、财务约束和信贷不确定性排名靠前[191]。Moktadir 以皮革行业为例,针对可持续性的五个维度(社会、环境、经济、技术和制度),采用帕累托分析以发现最相关的风险因素。并采用最佳-最差方法(BWM)来评估每个相关风险因素对决策目的的重要性。研究结果表明,"低效的污水处理""消费者偏好的变化""固体废物的不当倾倒""价格和成本的波动"和"财政变化"是在新兴经济体背景下成功实施可持续供应链管理(SSCM)实践所需要解决的关键风险因素[192]。Amin 等利用一种新的模糊 VIKOR-CRITIC 技术来评估巴西物流业可持续供应链风险。研究发现组织风险是最重要的考虑因素,而环境危害的影响最小。供应延迟、运费/油价波动、破产和自然灾害是这些类别中最重要的四个标准[193]。

根据现有的研究分析,当前文献中缺乏针对煤炭企业可持续供应链建立风险评估框架的研究。为填补这一研究不足,本章采用实地调研法和文献调查法,识别了煤炭企业可持续供应链运营中所面临的一级指标风险因素。结合德尔菲法和变异系数法对初选指标进行筛选,建立了包含8个一级指标和40个二级指标的煤炭企业可持续供应链风险评估指标体系。通过AHP分析法确定了煤炭企业可持续供应链风险评估指标的权重系数,并构建了基于模糊综合评价的风险评估模型。为验证评估指标的科学性和有效性,本书选取A煤炭集团作为案例,应用所建立的评估指标体系对其风险等级进行评估。同时,提出了相应的风险防范机制和风险监控机制,旨在为煤炭企业可持续供应链运营的发展提供风险管理方面的指导。

6.2 煤炭企业可持续供应链风险识别

6.2.1 风险识别过程

煤炭企业可持续供应链风险识别是指对影响煤炭企业可持续供应链优化升级阶段稳定性的相关潜在风险进行辨识和评估的过程。根据Carter和Rogers的研究,风险识别对于煤炭企业的可持续供应链管理至关重要[194]。通过风险识别,企业能够从全面和系统的角度审视供应链,分析各环节中的潜在风险,并及时采取措施来降低风险的影响。能够在优化提升阶段预警和识别潜在风险,从而能够更好地应对和管理这些风险。企业能够更准确地评估风险与回报的平衡,从而更好地配置资源,制定决策,并提高企业的运营效率和竞争力;确立风险管理策略,采取不同的措施,如风险规避、风险减轻、风险转移等,以降低风险对供应链的影响[195]。

本书风险识别过程包括:部分文献综述,识别所有与研究目的存在相关性的风险因素;实地采访调研企业中管理人员,结合煤炭企业供应链实际运营过程中存在的风险问题。共确定风险因素一级指标8个:经济风险、安全作业风险、生态环境风险、管理政策风险、需求风险、可持续供应风险、技术风险、社会风险。

6.2.2 风险因素作用机制分析

(1) 经济风险

煤炭企业可持续供应链经济风险是指在运营和发展可持续供应链时，煤炭企业面临的与经济环境相关的各种风险因素。这些风险可以影响企业的盈利能力、资金流动和经营稳定性，从而对其可持续发展造成重大影响。经济周期风险涉及经济环境的波动和不确定性。煤炭企业的盈利能力可能受经济周期的影响，当经济衰退或不景气时，能源需求可能下降，导致销售量和价格下降，进而影响企业的收入和利润率。融资风险指的是企业融资的困难和成本增加。由于煤炭行业的特殊性和环境压力，融资难度较高，金融机构对煤炭企业的融资提供更为谨慎和限制的条件，这可能导致企业在扩大规模、技术升级和运营资金方面面临困难。财务约束是指企业在经营活动中面临的财务限制和资源紧缺。煤炭企业可能会受资金短缺的影响，面临投资、生产和运营活动的限制，从而影响供应链的正常运转和可持续性发展。偿债风险涉及企业偿还债务的能力和偿债能力的稳定性。煤炭企业可能面临债务高企、现金流紧张等风险，无法按时偿还债务可能导致信用评级下调、债务违约等问题，对企业的财务状况和供应链运营造成不利影响。研发投入风险是指企业在开展科研和技术创新方面所面临的风险。煤炭企业需要进行技术升级、环保改造和可持续能源开发等方面的研发投入，但这些投入可能带来资金压力和技术风险，需要谨慎评估和管控。

(2) 安全作业风险

煤炭企业的可持续供应链安全作业风险是指在煤炭生产和供应链运营中可能出现的与安全作业相关的潜在危险和风险因素。它涵盖了多个方面的风险，包括自然灾害、安全生产培训意识不足、采掘技术升级困难、机械设备故障和员工操作风险。自然灾害如地震、泥石流、洪水等可能对煤炭企业的安全作业产生重大影响。这些灾害可能引发矿井塌方、设备损坏、交通中断等情况，危及人员安全和供应链的连续性。煤炭企业中，员工对安全操作的认识和培训水平至关重要。不合格的安全培训、安全意识缺乏以及不合规的操作可能导致事故发生，造成人员伤亡和生产中断。在煤炭生产行业中，为了提高采煤效率、降低成本、减少环境影响以及提升安全作业水平，煤炭企业常常会进行采煤技术的升级和改进。然而，采煤技术升级需要进行大规模改造和投资，新技术可能存在未知的问题和潜在的风险,需要进行全面的评估和测试,并对现有的矿工进行培训和转岗,以适应新的作业方式和流程。煤炭企业依赖各种机械设备进行生产作业,设备的故障可能导致事故和生产中断。这包括矿井通风系统故障、人车碰撞、输送带故障等。员工的操作行为对煤炭企业的安全作业具有重要影响。操作不规范、忽视安全措施以及违反操作规程可能导致事故发生。因此,提高员工的安全意识、操作水平和企业监督能力,确保他们按照规定进行操作,是降低员工操作风险的关键。

(3)生态环境风险

煤炭企业的可持续供应链生态环境风险是指与煤炭生产和供应链运营相关的潜在生态环境危害和不利因素,它涵盖了多个方面,包括矿区生态破坏、降污减排风险、能源高消耗和环境事故。煤炭企业需要有效管理和治理其产业活动对环境造成的负面影响。包括对大气、水和土壤等环境要素污染的控制和管理,煤矿废弃物的妥善处理,以及对环境法规和标准的合规性等。未进行合理的环境治理可能带来环境违规和相关罚款的风险。煤炭企业通常在矿区进行开采活动,这可能对当地的生态系统和自然资源造成影响。矿区生态保护涉及采煤活动对生态环境的修复和保护,包括植被恢复、水源保护、生物多样性保护等。未进行有效的矿区生态保护可能导致生态环境退化和产业可持续性威胁。煤炭生产过程中产生的尾气、污水和固体废物等污染物需要进行减排和处理。降低污染物的排放对环境保护和可持续发展至关重要。未能合规减排可能引发环境违规和监管风险,对企业形象和可持续供应链运营产生负面影响。煤炭生产和供应链所需的能源消耗量是另一个重要的环境风险因素。高能耗意味着对能源资源的大量消耗,可能加剧能源的紧缺和环境压力。煤炭企业应该努力改善能源利用效率,推动清洁能源的使用,以降低能源消耗对环境的负面影响。煤炭生产过程中可能发生环境事故,如矿井爆炸、尾矿库泄漏等,导致环境破坏和生态灾难。环境事故风险管理涉及事故防控、应急响应能力以及事故后的环境修复等方面。未能妥善应对环境事故可能引发企业环境责任风险和社会声誉风险。

(4)管理政策风险

煤炭企业可持续供应链管理政策风险为在煤炭企业的供应链管理过程中,由于相关管理政策的制定、实施和变化可能引发的风险和不确定性。这些风险主要与相关政策的合规性、法律风险、地方政府的监管力度、煤炭行业准入限制以及企业可持续发展战略等因素相关。煤炭企业的可持续供应链管理可能受制于相关政府部门制定的政策法规。政策的变化可能导致企业需要调整其供应链管理的模式、流程和要求，未及时适应新政策可能带来合规风险和运营不稳定性。煤炭企业在供应链管理中必须遵守国家和地方的法律法规要求，未能符合法律要求可能面临罚款、处罚和法律诉讼等风险。地方政府在煤炭采掘和供应链管理方面可能会实施不同的监管政策和力度。这些监管政策和力度的变化可能对煤炭企业的供应链管理带来影响，包括环境保护要求、采煤许可证审批、产能调控等方面的限制，进而影响企业的生产运作和可持续发展。政府对煤炭行业的准入和退出有一定的限制和管理要求，如煤炭采矿许可证、生产能力审批等。煤炭企业未能符合准入要求或无法维持经营许可条件，可能面临关闭、整改和被淘汰的风险。煤炭企业在供应链管理中需要制定和实施与可持续发展战略相符的政策和实践，充分考虑环境保护、社会责任和经济效益等方面的要求。如果企业的可持续发展战略与外部环境要求不一致，可能面临声誉风险、市场竞争力下降等问题。

(5)需求风险

煤炭企业可持续供应链需求风险是在煤炭企业的供应链管理过程中，由于需求方面的因素可能导致的潜在风险和不确定性。国际能源市场中煤炭价格存在较大的波动性。全球能源需求变化、产能调整、季节性需求变化、贸易政策改变等因素都会对煤炭价格产生影响。价格的大幅波动可能会对煤炭企业的供应链管理带来风险，例如利润率压力、预算不确定性和采购计划的调整需求。煤炭行业具有明显的周期性特征，受宏观经济波动和行业需求波动的影响较大。经济下行周期和能源结构调整可能导致煤炭需求下降，而经济复苏和新兴市场需求增加则可能带来煤炭需求的上升。这种周期性需求的波动可能会对煤炭企业的供应链管理带来风险，例如库存管理的挑战、生产能力调整的成本和运营风险的增加。随着全球对环境友好能源的追求，清洁能源的替代性威胁已经成为煤炭企业面临的一项重要风险。政策支持、技术进步和投资增加推动了清洁能源的发展。清洁能源的替代性增强可能导致煤炭需求的长期下降，从而对煤炭企业的供应链管理带来挑战，例如市场份额的减少、收益能力的下降和企业转型的需求。

供应链中的牛鞭效应是指需求信号在供应链上下游的传递过程中被扭曲和放大的现象。在煤炭供应链中，牛鞭效应可能导致需求的扭曲和波动。例如,当需求在下游环节剧烈波动时,上游的煤炭生产和供应可能出现不匹配,导致供需失衡、库存积压和产能过剩的风险。这种不平衡的供需关系可能对煤炭企业的生产计划、库存管理和运营成本产生不利影响,增加企业的风险暴露和运营困难。煤炭企业的供应链可能依赖于一些关键客户,如电力公司、钢铁厂等。如果这些关键客户出现例如停产、需求下降或其他供应链中断因素,将直接影响煤炭企业的供应链管理。这类中断可能导致销售额和利润下降,甚至对煤炭企业的市场地位和可持续发展造成重大影响。

(6)可持续供应风险

可持续供应风险主要涉及供应商的合法合规性、绿色承诺、质量管理,以及可能出现的核心供应商中断、采购成本风险、煤炭资源衰竭风险、产能约束风险和物流运输风险等方面。煤炭企业在选择和合作供应商时,应关注供应商是否符合相关法规和合规要求,如果供应商存在违法违规行为,企业可能面临法律风险、声誉风险和合规风险。随着环境意识的提高,企业在发展可持续供应链时需要考虑供应商的环境责任和绿色承诺。供应商的环境管理能力、减排措施和资源利用效率等对于实现煤炭企业的可持续发展目标至关重要。供应商的产品质量对于煤炭企业的生产和运营具有至关重要的影响。不合格的供应商产品可能导致生产事故、产品质量问题和客户投诉,进而影响企业声誉和市场竞争力。煤炭企业的供应链中存在的一些核心供应商对企业的生产和运营至关重要。如果核心供应商无法提供所需的原材料或关键零部件,可能导致生产中断、交货延误等风险。采购成本对于煤炭企业的盈利能力至关重要。不稳定的原材料价格,原材料供应不足,市场垄断等因素可能导致采购成本的大幅波动,给企业的盈利能力和经营稳定性带来风险。煤炭资源属于有限资源,随着开采和消耗,煤炭企业面临着煤炭资源衰竭的风险。资源衰竭可能导致供应减少和成本上升,对企业的可持续供应链造成重大影响。煤炭行业受到政府的产能约束和减排政策的限制,产能调控可能对煤炭企业的供应链管理产生影响。产能过剩可能导致价格下跌和市场竞争加剧,而产能限制可能导致供应不足和运营困难。物流运输风险指的是在煤炭供应链中,物流和运输环节可能面临的潜在风险和不确定性。这包括交通拥堵、道路封闭、天气灾害、运输事故等因素,可能导致物流运输的延误、损失甚至供应链中断。

(7)技术风险

煤炭企业可持续供应链信息技术风险是指在煤炭供应链中,涉及信息技术的环节可能面临的风险和不确定性。这包括绿色创新风险、人工智能风险、数字化供应链系统稳定性风险、物联网设备可靠性风险、信息系统安全性风险和信息获取及时性风险等。煤炭企业在推动可持续供应链时,引入新的绿色创新技术可能面临技术不成熟、投资高昂、市场不确定等风险。例如,使用新型清洁燃煤技术或碳捕获储存技术可能面临技术可行性和经济可行性的挑战。煤炭企业利用人工智能技术进行供应链管理时,可能面临数据隐私泄露、算法不准确、决策失误等风险。例如,基于人工智能的需求预测算法可能出现预测误差,导致供需不平衡和库存积压问题。煤炭企业数字化供应链系统的稳定性是关键,但可能面临系统故障、网络中断、软硬件兼容性等风险,这可能导致信息传递延迟、订单处理错误及业务中断等问题。煤炭企业在物联网技术应用中,所使用的传感器、监控设备等物联网设备可能存在故障、损坏或数据传输错误的风险。这可能导致供应链数据不准确、监测异常及生产中断等问题。煤炭企业的信息系统面临黑客攻击、数据泄露、恶意软件等安全风险。这可能导致数据丢失、信息泄露、业务中断及声誉损害等问题。供应链中信息获取及时性的风险涉及数据的收集、传输和处理的时效性。如果企业无法获得及时的供应链信息,就会面临缺乏实时视野、响应不及时等问题。

(8)社会风险

煤炭企业可持续供应链社会风险是指在煤炭供应链中,与社会及利益相关方相关的风险和不确定性。主要涵盖员工健康和安全、员工薪酬待遇和福利、社区关系维护以及公众舆论风险等。煤炭企业面临的社会风险之一是员工健康和安全问题。煤炭行业可能涉及高风险的工作环境,如煤矿作业和炼焦,这可能导致工人面临各种职业健康和安全风险。保障员工的安全和提供良好的工作环境对于可持续供应链的实现至关重要。煤炭企业的薪酬和福利政策直接影响员工的生活质量和工作动力。不合理的薪酬待遇、缺乏福利和保障措施,可能引发员工不满,导致工会纠纷和劳资关系紧张。煤炭企业的经营活动通常涉及周边社区和居民利益。负面的环境影响、自然资源破坏、噪声等问题可能引发社区对企业的不满和抗议。煤炭企业面临来自公众舆论的风险,包括媒体的负面报道、环保组织的质疑和社会大众的不满。负面的舆论对企业声誉和形象造成损害,可能导致投资者不信任、市场反应不利等后果。

6.3 煤炭企业可持续供应链风险评估

6.3.1 煤炭企业可持续供应链风险评估指标体系构建

6.3.1.1 评估指标构建原则

(1)系统性原则

以系统思维的方式来考虑煤炭企业可持续供应链的各个方面。煤炭企业的供应链涉及从采矿到生产、运输、销售等多个环节。在构建评估指标时,需要综合考虑不同环节的风险因素,例如资源供应的可持续性、采矿活动对生态系统的影响、运输安全等。指标体系应涵盖整个供应链,并考虑各环节之间的相互作用和依赖关系。

(2)可操作性原则

基于可靠的数据和可行的测量方法,以确保能够获得准确和可比较的指标数据。评估指标还应具备实际操作的可行性,能够为煤炭企业提供有针对性的信息和洞察力。评估过程中需要确保数据的可获得性和准确性,确保指标的测量方法合理可行,并与相关利益相关者进行合作和沟通,以获得相关数据和信息。

(3)预见性原则

识别潜在风险和趋势,以便企业能够提前制定相应的应对措施和风险管理策略。在选择评估指标时,需要考虑其对未来发展的预测能力,例如通过趋势分析、模拟和预测模型来预测煤炭市场的变化和环境法规的演变等。同时,还需关注外部环境因素的变化,如气候变化、能源政策等对煤炭企业的潜在影响。

(4)可比性原则

评估指标的可比性有助于企业了解其在行业中的位置,并与同行进行对比。为了实现可比性,需确立统一的计量单位、明确的指标定义以及采用一致的数据收集和分析方法。这使得企业能够基于相同的标准和方法进行评估和比较,并更好地了解其风险状况。

(5)综合性原则

煤炭企业的供应链风险是由多个因素共同作用导致的,如环境风险、社会风险、经济风险等。评估指标体系应能够综合考虑这些因素之间的关系和综合效应,以获得对整体风险的全面评估。这可以通过采用综合评估方法,例如加权平均法、多指标决策方法等,将不同风险因素的权重和测算结合起来,得出综合的风险评估结果。

(6)可持续性原则

煤炭企业供应链的可持续性意味着评估风险时,要综合考虑社会、环境和经济可持续发展的因素。指标体系可以包括衡量企业的环境影响、社会责任、资源管理、能源效率等方面的指标,以确保企业在供应链中的行为符合可持续发展的原则。

(7)利益相关者参与原则

利益相关者是政府、非政府组织、社区、供应商、客户等。他们对煤炭企业的供应链风险有重要的影响。通过与利益相关者合作,可以确保指标体系充分考虑他们的关切和需求,提高指标的可信度和适用性。此外,利益相关者的参与还可以增加指标体系的合法性和可接受性。

(8)持续改进原则

煤炭企业的供应链风险是动态变化的,受到内外部环境的影响。指标体系应具备灵活性和适应性,能够随着时间和环境的变化进行调整和改进。通过定期评估和反馈机制,企业可以识别改进的机会和需求,并对指标体系进行修订和更新,以提高风险评估的准确性和有效性。

6.3.1.2 评估指标的初选

本章节借鉴文献[5,190,191,196—207]和煤炭企业实际调研及结果分析出影响煤炭企业可持续供应链运行稳定性的风险评估指标有 8 个一级指标,44 个二级指标。其中,经济风险指标包括经济周期风险、融资风险、财务约束、偿债风险、研发投入 5 个子指标;安全作业风险指标包括自然灾害、安全生产培训意识、采掘技术升级、机械设备故障、员工操作风险 5 个子指标;生态环境风险指标包括环境治理、矿区生态保护、降污减排风险、能源消耗、环境事故5 个子指标;管理政策风险指标包括相关政策风险、法律风险、地方政府监管力度、煤炭行业准入限制、企业可持续发展战略、合作伙伴风险 6 个子指标;需求风险指标包括国际能源市场价格波动性、煤炭行业周期性、清洁能源替代性、牛鞭效应风险、关键客户中断5个子指标；可持续供应风险指标包括供应商合法合规性、供应商绿色承诺、供应商质量管理、核心供应商中断、采购成本风险、煤炭资源衰竭风险、产能约束风险、物流运输风险8个子指标；信息技术风险指标包括绿色创新风险、人工智能风险、数字化供应链系统稳定性、物联网设备可靠性、信息系统安全性、信息获取及时性6个子指标；社会风险指标包括员工健康和安全、员工薪酬待遇和福利、社区关系维护、公众舆论风险4个子指标。具体参考文献，详见下表6-1。

表6-1　煤炭企业可持续供应链风险评估指标（初选）

一级指标	二级指标	参考文献
经济风险	经济周期风险	Ahmad et al.
	融资风险	Alshehri et al.
	财务约束	Musaad et al.
	偿债风险	Xie et al.
	研发投入	Zhang et al
安全作业风险	自然灾害	Alshehri et al.
	安全生产培训意识	Khan et al.
	采掘技术升级	Rostamzadeh et al.
	机械设备故障	耿殿明等
	员工操作风险	谭忠富等
		王冬冬
生态环境风险	环境治理	Alshehri et al.
	矿区生态保护	Ghosh et al.
	降污减排风险	Mohammed N et al.
	能源消耗	Nieuwenhuis et al.
	环境事故	耿殿明等
管理政策风险	相关政策风险	Alshehri et al.
	法律风险	Mangla et al.
	地方政府监管力度	Menon et al.
	煤炭行业准入限制	莫聪颖等
	企业可持续发展战略	王冬冬
	合作伙伴风险	

表 6-1 （续表）

一级指标	二级指标	参考文献
需求风险	国际能源市场价格波动性 煤炭行业周期性 清洁能源替代性 牛鞭效应风险 关键客户中断	Alshehri et al. Gurtu et al. Muhammad et al. Yang et al
可持续供应风险	供应商合法合规性 供应商绿色承诺 供应商质量管理 核心供应商中断 采购成本风险 煤炭资源衰竭风险 产能约束风险 物流运输风险	Alshehri et al. Craig et al. Mangla et al. Rostamzadeh et al. Yang et al
信息技术风险	绿色创新风险 人工智能风险 数字化供应链系统稳定性 物联网设备可靠性 信息系统安全性 信息获取及时性	Hsu et al. Moktadir et al. Rostamzadeh et al
社会风险	员工健康和安全 员工薪酬待遇和福利 社区关系维护 公众舆论风险	Alshehri et al. Köksal et al. 许建等 赵斯昕

6.3.1.3 基于变异系数法的评估指标筛选

基于上述对煤炭企业可持续供应链风险因素的辨识和分析,进一步查阅文献并进行初步筛选评估指标。在构建评估指标体系的过程中,常使用多种定性或定量方法对指标进行筛选,而德尔菲法,即专家调查法,是一种常用的方法。首先,邀请多名相关领域的专家进行多轮调研,在专家无须面对面交流的情况下，收集他们对初选评估指标的意见和看法，并通过反复咨询和反馈，将各专家意见进行综合归纳和汇总。其次，设计一份关于评估指标重要程度的调查问卷，并邀请各专家对该问卷进行重要程度评分。基于分析专家评分的结果，对指标进行筛选和剔除，最终确定了煤炭企业可持续供应链评估指标体系。在构建评估指标体系时，遵循相关思想和原则，参考了国内外文献，并在初选指标的基础上选取了德尔菲法并结合变异系数对煤炭企业可持续供应链风险评估指标进行了筛选，以构建全面有效的评估指标体系[208]。

为确保数据的有效性和全面性，并便于数据统计、分析和处理，选择了10位专家，包括某煤炭集团总经理、某煤炭集团规划处处长以及某大学安全工程、矿业工程和管理专业等领域的专家。所选专家的简介见表6-2。邀请这些专家参与问卷设计和专家评分，调查问卷采用了Liken五级量表（数字1～5分别表示"非常不重要、比较重要、一般重要、相当重要、非常重要"）。在收集专家填写的调查问卷后，对评分结果进行了统计和处理，基于专家评分的均值和变异系数对指标进行了筛选，以进一步确定煤炭企业可持续供应链风险评估指标。

表 6-2 参与确认已识别风险的专家简介

专家序号	工作单位	职位（级别）	工作年限	工作领域
E_1	煤炭企业	总经理助理	20+	企业管理和协调
E_2	煤炭企业	规划科科长	12+	企业战略规划
E_3	煤炭企业	销售公司经理	20+	供应链管理
E_4	煤炭企业	工会主席	15+	保护工人权益
E_5	煤炭企业	生产队队长	10+	生产第一线
E_6	高校	教授	30+	煤矿安全
E_7	高校	教授	15+	智能化安全生产
E_8	高校	副教授	10+	煤炭企业应急管理
E_9	高校	教授	20+	供应链管理
E_{10}	高校	副教授	12+	绿色供应链管理

在整理专家的评分结果中，计算了专家评分的平均值和标准差，并综合总结如表6-3所示。其中，指标的平均值为X_i，标准差为S_i。根据这些数据，计算了指标的变异系数，即$CV=S_i/X_i$。采用变异系数作为筛选指标的依据是

因为它能够考虑指标的相对波动性,相对于仅依靠标准差来判断指标重要性,变异系数更为准确。根据变异系数的计算结果,对指标进行了进一步的筛选和剔除,最终确定了煤炭企业可持续供应链风险评估指标体系。

表 6-3 专家打分均值表与变异系数表

一级指标	评估指标	平均值	变异系数
经济风险	经济周期风险	4.461 5	0.148 000 215
	融资风险	4.230 8	0.196 621 295
	财务约束	4.000 0	0.176 776 695
	偿债风险	4.153 8	0.133 607 173
	研发投入	4.307 7	0.174 338 820
安全作业风险	自然灾害	4.615 4	0.140 916 172
	安全生产培训意识	4.769 2	0.091 876 635
	采掘技术升级	4.384 6	0.175 184 641
	机械设备故障	4.384 6	0.148 333 828
	员工操作风险	4.923 1	0.056 364 636
生态环境风险	环境治理	3.076 9	0.357 058 653
	矿区生态保护	4.384 6	0.175 184 641
	降污减排风险	4.307 7	0.174 338 820
	能源消耗	4.692 3	0.102 428 360
	环境事故	3.923 1	0.264 532 157
管理政策风险	相关政策风险	4.461 5	0.116 250 611
	法律风险	4.384 6	0.175 184 641
	地方政府监管力度	3.769 2	0.245 893 699
	煤炭行业准入限制	3.923 1	0.219 865 501
	企业可持续发展战略	4.384 6	0.148 333 828
	合作伙伴风险	3.538 5	0.318 354 953
需求风险	国际能源市场价格波动性	4.461 5	0.148 000 215
	煤炭行业周期性	4.307 7	0.174 338 820
	清洁能源替代性	3.846 2	0.233 708 128
	牛鞭效应风险	3.692 3	0.231 559 023
	关键客户中断	4.076 9	0.211 571 132

表 6-3 （续表）

一级指标	评估指标	平均值	变异系数
可持续供应风险	供应商合法合规性	4.461 5	0.148 000 215
	供应商绿色承诺	2.892 3	0.341 559 023
	供应商质量管理	3.846 2	0.179 001 763
	核心供应商中断	4.461 5	0.174 051 495
	采购成本风险	4.230 8	0.141 620 045
	煤炭资源衰竭风险	4.615 4	0.166 424 270
	产能约束风险	4.076 9	0.233 986 412
	物流运输风险	3.923 1	0.163 215 932
信息技术风险	绿色创新风险	3.923 1	0.243 159 543
	人工智能风险	2.991 0	0.333 853 008
	数字化供应链系统稳定性	3.846 2	0.233 708 128
	物联网设备可靠性	4.076 9	0.157 058 653
	信息系统安全性	4.230 8	0.171 423 507
	信息获取及时性	4.307 7	0.198 478 395
社会风险	员工健康和安全	4.692 3	0.134 279 428
	员工薪酬待遇和福利	4.461 5	0.148 000 215
	社区关系维护	4.384 6	0.148 333 828
	公众舆论风险	4.230 8	0.219 065 550

专家打分表中的均值表示煤炭企业可持续供应链风险评估指标的重要程度，均值越大，则该指标越重要；变异系数表示各专家对煤炭企业可持续供应链风险评估指标的一致性，变异系数越小，则各个专家对该指标的意见更具有一致性。

通过表 6-3 可知，对于初选的煤炭企业可持续供应链风险评估指标中的 44 个二级指标，以均值小于 3 或者变异系数大于 0.3 两个标准中的一个来对指标进行筛选，环境治理、合作伙伴风险、供应商绿色承诺、人工智能风险均值小于 3 或者是变异系数大于 0.3，与其他指标的均值和变异系数差异明显，所以将该 4 个指标筛除，保留其他的 40 个指标。

需要注意的是，本节采用德尔菲法结合变异系数的方法在评估指标的筛选中，充分借鉴了专家的经验和知识，确保了评估指标的科学性和实用性。同时,通过广泛的专家参与和充分的讨论与反馈过程,增强了评估指标体系的可靠性和有效性。这一方法不仅适用于煤炭企业可持续供应链的风险评估,也可为其他领域的评估指标体系构建提供借鉴和参考。

6.3.1.4 评估体系的建立

通过德尔菲法进行专家打分后,结合数据调查和获得的实际情况,基于变异系数在诸多评估指标里面进行筛选,从而确立基于煤炭企业的可持续供应链风险评估指标体系。其中8个一级指标、40个二级指标,详见图6-1。

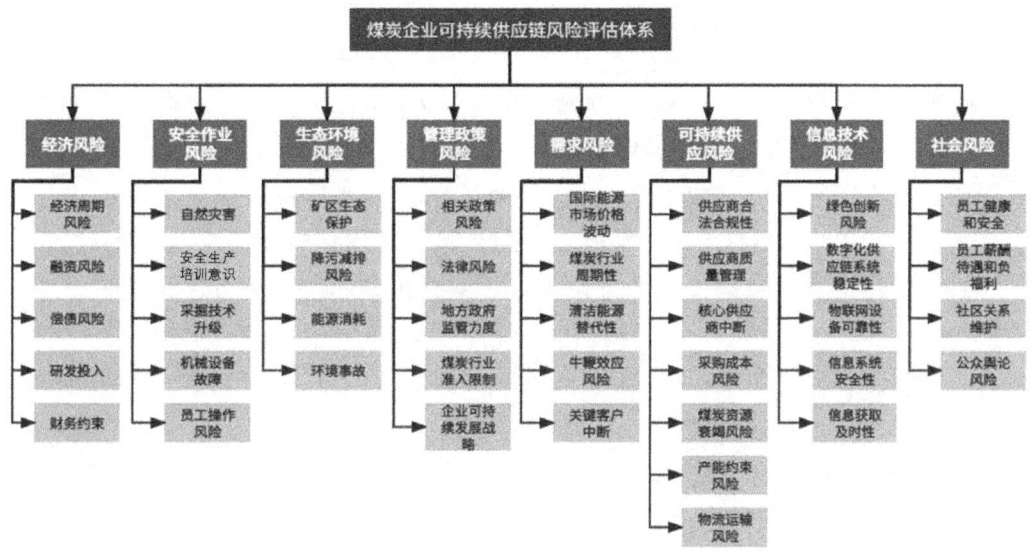

图 6-1 煤炭企业可持续供应链风险评估指标体系

6.3.2 煤炭企业可持续供应链风险评估模型

从上述评估指标体系可以看到煤炭企业可持续供应链风险评估涉及多个影响因素和评估指标,例如环境风险、社会责任、经济可行性等。层次分析法可以帮助建立层次结构模型,明确各级因素和指标之间的关系,并确定它们的权重。这有助于综合考虑不同因素的重要性,避免主观判断的盲目性。煤炭企业可持续供应链风险评估往往涉及许多主观性的因素,如专家的意见、经验和判断。模糊综合评价方法可以对这些模糊性和不确定性的因素进行建模和评估,将主观判断转化为定量化的结果。同时,模糊综合评价方法还能够处理指标值的模糊性和模糊逻辑,更好地适应煤炭企业供应链风险的特点。层次分析法和模糊综合评价方法具有较强的灵活性和可适应性,能够适应评估体系的变化和复杂度,并提供适合的结构和工具来处理不同层次的因素和不确定性。

因此,本书综合运用层次分析法和模糊综合评价方法可以使煤炭企业可持续供应链的风险评估更全面、准确和可操作化。结合定量和定性的信息,综合考虑多种因素的权重和评估结果,为煤炭企业提供有针对性的风险管理和决策支持。

6.3.2.1 层次分析法

本书使用层次分析法(Analytic Hierarchy Process,AHP)来确定煤炭企业可持续供应链风险指标的权重系数。AHP是一种多准则决策分析方法,它将复杂的决策问题分解成多个层次,并通过比较和评估各层次元素之间的重要性来确定权重。AHP方法的核心思想是将主观评估转化为定量化的权重,以提供一种系统化和结构化的方法来处理复杂决策问题。该方法由美国数学家Thomas L. Saaty于1970年提出,旨在帮助决策者解决涉及多层次和多因素的问题。它在多领域、多层次的决策中得到广泛应用,包括经济、工程、管理等领域。

层次分析法的一般步骤如下:

(1)构建层次结构模型

层次分析法将复杂的决策问题分解为多个层次,包括目标层、准则层和方案层。目标层反映了决策的总体目标,准则层包括实现目标所需的准则或指标,方案层则表示具体可选的决策方案。

(2)构造判断矩阵

使用德尔菲法进行专家调查时,在构建的层次结构中,将同一层次的元素与上一层次的准则进行比较,形成相应的判断矩阵。一般的判断矩阵形式如表6-4所示。

表 6-4 判断矩阵一般形式

A	A_1	A_2	$\cdots$	A_n
A_1	a_{11}	a_{12}	$\cdots$	a_{1n}
A_2	a_{12}	a_{22}	$\cdots$	a_{2n}
$\cdots$	$\cdots$	$\cdots$	$\cdots$	$\cdots$
A_n	a_{n1}	a_{n2}	$\cdots$	a_{nn}

判断矩阵中的元素 a_{ij} 表示同一层级的元素 A_i 和 A_j 相对于上一层级的准则 A 的重要程度进行比较，并使用 1~9 标度法对它们进行量化。层次分析法由 Saaty 提出，并使用标准度表（如表 6-5 所示）来对比两个因素的相对重要性。

表 6-5 标度涵义表

重要度	标准
1	两个因素具有相同重要性
3	一个因素略微比另一个因素重要
5	一个因素明显比另一个稍微重要
7	一个因素相对较重要
9	一个因素绝对比另一个重要
2 4 6 8	用于介于相邻标度之间的情况，表示相应的重要性程度

（3）判断矩阵求解与一致性检验

要求在进行一致性检验时，判断矩阵 A 的元素满足条件 $a_{ij} * a_{jk} = a_{ik}(i,j,k=1,2,\cdots,n)$。这说明在判断矩阵中，任意两个元素之间的值可以通过专家之间的传递来保持一致性。

第一，根据问题描述，对于 n 阶判断矩阵，进行独立重复 $\dfrac{n(n-1)}{2}$ 计算。矩阵的上三角部分的元素是从 $1,2,\cdots,9,1/2,1/3,\cdots,1/9$ 中随机取值，主对角线上的元素都赋值为 1，下三角的元素是上三角对称元素的倒数。这样构成了一个随机的正互反矩阵。

第二，求解矩阵 $\lambda_{\max}$。

第三，根据以上步骤进行多次计算并拥有足够样本数，可以得到一致性比率（CR）。当一致性比率小于 0.1 时，判断矩阵满足一致性要求，不需要进行调整。然而,由于问题的复杂性和多样性,一致性比率(CR)无法真实地反映判断矩阵的一致性。因此,在研究中,通常会应用随机一致性指标(RI)来检验判断矩阵的一致性。

因此 RI 的取值如表 6-6 所示:

表 6-6 平均随机一致性指标

n	1	2	3	4	5	6	7	8	9
RI	0	0	0.59	0.90	1.12	1.24	1.32	1.41	1.45

(4) 单排序的层次

判定同一层次上的元素对于高级层次所属权重时,通常采用方根法进行计算。这就是对同一层次内的元素进行排列顺序,并进行计算的过程。以下是方根法的计算过程:

第一步,将同层次内的元素按照其对上级层次的重要性进行排列顺序。

$$U_i = \prod_{j=1}^{n} x_{ij} (1, 2, \cdots, n)$$

第二步,计算每个元素在排序后的位置的平方根。

$$V_i = \sqrt[2]{U_i} (i = 1, 2, \cdots, n)$$

第三步,对所有元素的平方根进行归一化处理,确保归一化后的元素权重之和等于 1。

$$W_i = V_i / \sum_{i=1}^{j=n} V_j (j = 1, 2, \cdots, n)$$

第四步,归一化后的权重即为各元素对于高级层次所属权重的相对权重。

(5) 层次总排序

总排序就是依据上面步骤得到各层次中元素权重,由上到下依层次进行计算,每个元素对于上一层的关系作用表现在权重总数的计算结果和相关贡献。

6.3.2.2 模糊综合评价法

模糊综合评价法是一种用于确定风险评估体系,并判断企业风险等级水平的方法。它结合了层次法对指标进行赋权重的原理,通过计算因素集合和确定权重构建矩阵。然后,将矩阵与权重进行模糊运算,得出最终评估结果。

以下是模糊综合评价法的关键要素。

1) 计算因素集合。收集、定义影响风险评估的各种因素,并将其定量化或定性化，$U=\{U_1,U_2,U_3,\cdots,U_m\}$。

2) 确定权重。使用层次法或其他方法，对各个因素进行权重赋值，反映其相对重要性，$V=\{V_1(高)、V_2(较高)、V_3(一般)、V_4(较低)、V_5(低)\}$；$W=\{W_1,W_2,\cdots,W_m\}$。

3) 构建矩阵。根据确定的因素集合和权重，构建评估矩阵，将因素和权重按照一定规则组合起来。

$$R=\begin{bmatrix}r_1\\r_2\\\vdots\\r_n\end{bmatrix}=\begin{bmatrix}r_{11}&r_{12}&\cdots&r_{15}\\r_{21}&r_{22}&\cdots&r_{25}\\\vdots&\vdots&\vdots&\vdots\\r_{n1}&r_{n2}&\cdots&r_{n5}\end{bmatrix}$$

4) 模糊运算。利用模糊数学理论中的模糊运算方法，对评估矩阵进行运算，得到模糊评估结果，$W*R=Y$。

5) 判断风险等级：根据模糊评估结果，将其转化为对应的风险等级水平，可以是定性描述或定量指标。

6.3.2.3 风险评估步骤

本文主要采用基于 AHP-模糊综合评价的风险评估方法，详见图 6-2。具体步骤包括：确定评价指标、构建层次结构、设定判断矩阵、计算权重、模糊化评估数据、构建评估矩阵、计算模糊综合评价、分析和解释结果，最后将结果应用于决策制定和风险管理。

6.3.3 煤炭企业可持续供应链风险评估指标权重分析

(1) 建立层次结构模型

构建 AHP 层次，通过有条理地分析问题，划分为不同层次核心要素，依据这些层次要素构建适合整体体系研究的结构模型。建立结构层次时，依据各元素之间关联性呈阶梯形构建，使其相邻的指标处于同一个层次，并且逐步完善 AHP 的整体核心指标体系。根据德尔菲法和变异系数法构建了两级评估指标，建立了煤炭企业可持续供应链风险评估层次结构模型，详见图 6-1。

(2) 构建判断矩阵及求解

两个指标之间重要程度的比较是层次分析法的重要特点，两者对比形成判断矩阵，邀请专家根据研究主题以及指标内容进行综合判断。本书邀请表

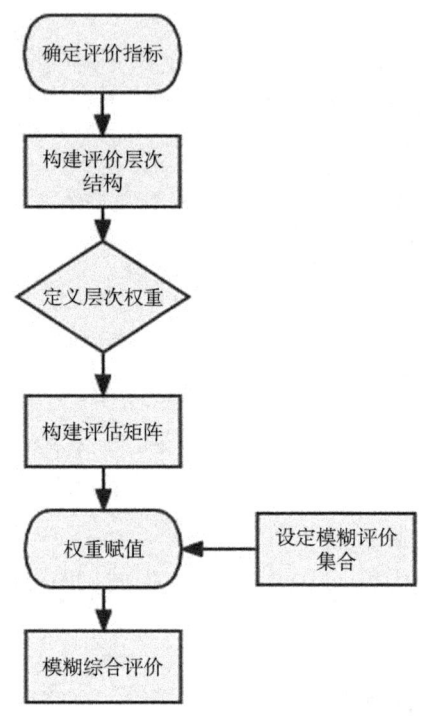

图 6-2 基于 AHP-模糊综合评价的风险评价步骤

6-2 中参与风险确认的 10 位专家和另外 4 位从事煤炭行业供应链研究经验丰富的学者对煤炭企业可持续供应链风险评估的各指标进行赋权,以保证科学性和公平性。发放《煤炭企业可持续供应链风险因素调查问卷》(见附录 2),整理并分析专家的调查数据。

通过对同一层次的不同指标两两相互比较的方法对指标的重要程度进行判断,采用 1~9 打分法,数值越大重要程度越高,详细打分规则见附录 2。第一次发放问卷结束后,收回问卷进行汇总,将处理结果反馈给专家,让专家进行第二次打分并给出反馈意见。第二次的过程与第一次相同,第三次打分得到反馈后将结果进行汇总。三次调查后,专家们的意见基本趋于一致,结束问卷的发放与调查,回收 14 份,回收率 100%,满足要求。最后,得到煤炭企业可持续供应链风险评估指标体系的判断矩阵,如表 6-7~表 6-15 所示,其中 $B=\{B_1,B_2,B_3,\cdots,B_m\}$ 为一级指标,$C=\{C_1,C_2,C_3,\cdots,C_m\}$ 为二级指标。

表 6-7 一级指标判断矩阵

一级指标	B_1	B_2	B_3	B_4	B_5	B_6	B_7	B_8
B_1	1	1/3	1	2	3	1	4	1/2
B_2	3	1	2	4	5	3	6	1
B_3	1	1/2	1	3	4	2	5	1/2
B_4	1/2	1/4	1/3	1	2	1/2	3	1/3
B_5	1/3	1/5	1/4	1/2	1	1/2	2	1/4
B_6	1	1/3	1/2	2	2	1	2	1/3
B_7	1/4	1/6	1/3	1/3	1/2	1/2	1	1/5
B_8	2	1	3	4	4	3	5	1

表 6-8 经济风险指标判断矩阵

B_1	C_1	C_2	C_3	C_4	C_5
C_1	1	2	4	2	3
C_2	1/2	1	3	2	2
C_3	1/4	1/3	1	1/2	1/2
C_4	1/2	1/2	2	1	2
C_5	1/3	1/2	2	1/2	1

表 6-9 安全作业风险指标判断矩阵

B_2	C_6	C_7	C_8	C_9	C_{10}
C_6	1	1/2	2	2	1/3
C_7	2	1	2	3	1
C_8	1/2	1/2	1	1	1/3
C_9	1/2	1/3	1	1	1/4
C_{10}	3	1	3	4	1

表 6-10　生态环境风险指标判断矩阵

B_3	C_{11}	C_{12}	C_{13}	C_{14}
C_{11}	1	1	2	1/2
C_{12}	1	1	1	1/2
C_{13}	1/2	1	1	1/3
C_{14}	2	2	3	1

表 6-11　管理政策风险指标判断矩阵

B_4	C_{15}	C_{16}	C_{17}	C_{18}	C_{19}
C_{15}	1	2	4	3	2
C_{16}	1/2	1	3	2	1
C_{17}	1/4	1/3	1	1/2	1/2
C_{18}	1/3	1/2	2	1	1/2
C_{19}	1/2	1	2	2	1

表 6-12　需求风险指标判断矩阵

B_5	C_{20}	C_{21}	C_{22}	C_{23}	C_{24}
C_{20}	1	1	3	3	2
C_{21}	1	1	2	3	2
C_{22}	1/3	1/2	1	2	1/2
C_{23}	1/3	1/3	1/2	1	1/3
C_{24}	1/2	1/2	2	3	1

表 6-13　可持续供应风险指标判断矩阵

B_6	C_{25}	C_{26}	C_{27}	C_{28}	C_{29}	C_{30}	C_{31}
C_{25}	1	2	1	3	1/2	4	5
C_{26}	1/2	1	1	2	1/3	2	3
C_{27}	1	1	1	2	1/2	3	3
C_{28}	1/3	1/2	1/2	1	1/3	1	2
C_{29}	2	3	2	3	1	4	5
C_{30}	1/4	1/2	1/3	1	1/4	1	2
C_{31}	1/5	1/3	1/3	1/2	1/5	1/2	1

表 6-14 信息技术风险指标判断矩阵

B_7	C_{32}	C_{33}	C_{34}	C_{35}	C_{36}
C_{32}	1	1	1/2	1/3	1/3
C_{33}	1	1	1/2	1/3	1/4
C_{34}	2	2	1	1	1/2
C_{35}	3	3	1	1	1
C_{36}	3	4	2	1	1

表 6-15 社会风险指标判断矩阵

B_8	C_{37}	C_{38}	C_{39}	C_{40}
C_{37}	1	1	2	2
C_{38}	1	1	2	2
C_{39}	1/2	1/2	1	2
C_{40}	1/2	1/2	1/2	1

(3) 权重和一致性检验

煤炭企业可持续供应链风险评估指标的权重计算使用了 SPSSAU 软件中的和积法。在进行 AHP 层次分析法的权重计算时，进行了一致性检验分析，计算了一致性指标 CR 值(CR＝CI/RI)。CR 值用于判断判断矩阵的一致性，通常来说，CR 值越小表示判断矩阵的一致性越好。一般情况下，当 CR 值小于 0.1 时，判断矩阵满足一致性检验；当 CR 值大于 0.1 时，判断矩阵不具有一致性，需要对其进行适当调整后再进行下一次分析。根据计算的权重和一致性检验的结果，汇总在表 6-16～表 6-24 中。

表 6-16 一级指标一致性检验结果

目标层	一级指标	权重	λ_{max}	CI	RI	CR	是否满足一致性
煤炭企业可持续供应链风险评估 A	B_1	0.115 8	8.381 9	0.054 6	1.41	0.038 7	是
	B_2	0.252 6					
	B_3	0.149 9					
	B_4	0.068 1					
	B_5	0.046 4					
	B_6	0.088 6					
	B_7	0.035 3					
	B_8	0.243 4					

从表 6-16 可以看出，CR 值小于 0.1，一致性检验通过。根据一级指标权重，可以得出 $B_2>B_8>B_3>B_1>B_6>B_4>B_5>B_7$。其中安全作业风险比重最高，其次为社会风险、生态环境风险、经济风险、可持续供应风险、管理政策风险、需求风险、信息技术风险。

表 6-17 经济风险一致性检验结果

一级指标	二级指标	权重	λ_{max}	CI	RI	CR	是否满足一致性
B_1	C_1	0.373 6	5.084 9	0.021 2	1.12	0.019 0	是
	C_2	0.248 6					
	C_3	0.079 8					
	C_4	0.175 5					
	C_5	0.122 4					

从表 6-17 可以看出，CR 值小于 0.1，一致性检验通过。根据经济风险二级指标权重，可以得出 $C_1>C_2>C_4>C_5>C_3$。其中经济周期风险比重最高，其次为融资风险、偿债风险、研发投入、财务约束风险。

表 6-18 安全作业风险指标一致性检验结果

一级指标	二级指标	权重	λ_{max}	CI	RI	CR	是否满足一致性
B_2	C_6	0.162 2					
	C_7	0.284 7					
	C_8	0.107 5	5.075 5	0.018 9	1.2	0.016 9	是
	C_9	0.091 8					
	C_{10}	0.353 7					

从表 6-18 可以看出,CR 值小于 0.1,一致性检验通过。根据安全作业风险二级指标权重,可以得出 $C_{10}>C_7>C_6>C_8>C_9$。其中员工操作风险比重最高,其次为安全生产培训风险、自然灾害、采掘技术升级、机械设备故障风险。

表 6-19 生态环境风险一致性检验结果

一级指标	二级指标	权重	λ_{max}	CI	RI	CR	是否满足一致性
B_3	C_{11}	0.230 6					
	C_{12}	0.194 8	4.045 9	0.015 3	0.90	0.017 0	是
	C_{13}	0.149 2					
	C_{14}	0.425 4					

从表 6-19 可以看出,CR 值小于 0.1,一致性检验通过。根据生态环境风险二级指标权重,可以得出 $C_{14}>C_{11}>C_{12}>C_{13}$。其中环境事故风险比重最高,其次为矿区生态保护、降污减排风险、能源消耗风险。

表 6-20 管理政策风险一致性检验结果

一级指标	二级指标	权重	λ_{max}	CI	RI	CR	是否满足一致性
B_4	C_{15}	0.377 4					
	C_{16}	0.217 1					
	C_{17}	0.081 6	5.049 3	0.012 3	1.12	0.011 0	是
	C_{18}	0.123 4					
	C_{19}	0.200 5					

从表 6-20 可以看出,CR 值小于 0.1,一致性检验通过。根据管理政策风险二级指标权重,可以得出 $C_{15}>C_{16}>C_{19}>C_{18}>C_{17}$。其中相关政策风险比重最高,其次为法律风险、企业可持续发展战略、煤炭行业准入限制、地方政府

监管力度风险。

表 6-21　需求风险一致性检验结果

一级指标	二级指标	权重	$\lambda_{\max}$	CI	RI	CR	是否满足一致性
B_5	C_{20}	0.312 3					
	C_{21}	0.288 8					
	C_{22}	0.125 1	5.094 3	0.023 6	1.12	0.021 1	是
	C_{23}	0.080 9					
	C_{24}	0.192 9					

从表 6-21 可以看出，CR 值小于 0.1，一致性检验通过。根据需求风险二级指标权重，可以得出 $C_{20}>C_{21}>C_{24}>C_{22}>C_{23}$。其中国际能源市场价格波动风险比重最高，其次为煤炭行业周期性、关键客户中断、清洁能源替代性、牛鞭效应风险。

表 6-22　可持续供应风险一致性检验结果

一级指标	二级指标	权重	$\lambda_{\max}$	CI	RI	CR	是否满足一致性
B_6	C_{25}	0.212 6					
	C_{26}	0.130 8					
	C_{27}	0.161 2					
	C_{28}	0.078 7	7.119 1	0.019 8	1.32	0.015 0	是
	C_{29}	0.302 8					
	C_{30}	0.068 8					
	C_{31}	0.045 1					

从表 6-22 可以看出，CR 值小于 0.1，一致性检验通过。根据可持续供应风险二级指标权重，可以得出 $C_{29}>C_{25}>C_{27}>C_{26}>C_{28}>C_{30}>C_{31}$。其中煤炭资源衰竭风险比重最高，其次为供应商合法合规性、核心供应商中断、供应商质量管理、采购成本风险、产能约束风险、物流运输风险。

表 6-23 信息技术风险一致性检验结果

一级指标	二级指标	权重	λ_{max}	CI	RI	CR	是否满足一致性
B_7	C_{32}	0.098 0	5.042 6	0.010 7	1.12	0.009 5	是
	C_{33}	0.092 6					
	C_{34}	0.203 3					
	C_{35}	0.274 0					
	C_{36}	0.332 1					

从表 6-23 可以看出，CR 值小于 0.1，一致性检验通过。根据信息技术风险二级指标权重，可以得出 $C_{36}>C_{35}>C_{34}>C_{32}>C_{33}$。其中信息获取及时性风险比重最高，其次为信息系统安全、物联网设备可靠性、绿色创新风险、数字化供应链稳定性风险。

表 6-24 社会风险一致性检验结果

一级指标	二级指标	权重	λ_{max}	CI	RI	CR	是否满足一致性
B_8	C_{37}	0.329 0	4.061 0	0.020 3	0.90	0.026 6	是
	C_{38}	0.329 0					
	C_{39}	0.200 2					
	C_{40}	0.141 8					

从表 6-24 可以看出，CR 值小于 0.1，一致性检验通过。根据社会风险二级指标权重，可以得出 $C_{37}=C_{38}>C_{39}>C_{40}$。其中员工健康和安全、员工薪酬与福利待遇风险比重最高，其次为社区关系维护、公众舆论风险。

综上，可得煤炭企业可持续供应链风险评估指标权重系数汇总表，如表6-25 所示。

表 6-25 煤炭企业可持续供应链风险评估指标初始权重系数

一级指标	一级指标权重	二级指标	二级指标权重
经济风险 B_1	0.115 8	经济周期风险	0.373 6
		融资风险	0.248 6
		财务约束	0.079 8
		偿债风险	0.175 5
		研发投入	0.122 4

表 6-25 （续表）

一级指标	一级指标权重	二级指标	二级指标权重
安全作业风险 B_2	0.252 6	自然灾害	0.162 2
		安全生产培训意识	0.284 7
		采掘技术升级	0.107 5
		机械设备故障	0.091 8
		员工操作风险	0.353 7
生态环境风险 B_3	0.149 9	矿区生态保护	0.230 6
		降污减排风险	0.194 8
		能源消耗	0.149 2
		环境事故	0.425 4
管理政策风险 B_4	0.068 1	相关政策风险	0.377 4
		法律风险	0.217 1
		地方政府监管力度	0.081 6
		煤炭行业准入限制	0.123 4
		企业可持续发展战略	0.200 5
需求风险 B_5	0.046 4	国际能源市场价格波动性	0.312 3
		煤炭行业周期性	0.288 8
		清洁能源替代性	0.125 1
		牛鞭效应风险	0.080 9
		关键客户中断	0.192 9
可持续供应风险 B_6	0.088 6	供应商合法合规性	0.212 6
		供应商质量管理	0.130 8
		核心供应商中断	0.161 2
		采购成本风险	0.078 7
		煤炭资源衰竭风险	0.302 8
		产能约束风险	0.068 8
		物流运输风险	0.045 1

表 6-25 （续表）

一级指标	一级指标权重	二级指标	二级指标权重
技术风险 B_7	0.035 3	绿色创新风险	0.098 0
		数字化供应链系统稳定性	0.092 6
		物联网设备可靠性	0.203 3
		信息系统安全性	0.274 0
		信息获取及时性	0.332 1
社会风险 B_8	0.243 4	员工健康和安全	0.329 0
		员工薪酬待遇和福利	0.329 0
		社区关系维护	0.200 2
		公众舆论风险	0.141 8

从以上结果可以看出，在煤炭企业可持续供应链中，安全作业风险、社会风险、生态环境风险及经济风险非常重要，而可持续供应风险、管理政策风险、需求风险和信息技术风险的重要性相对较低。由于煤炭企业的生产过程中存在矿井事故、煤矿气体爆炸、坍塌等安全风险，确保员工的安全和健康是至关重要的。煤炭企业应制定完善的安全操作规程，进行安全培训，配备必要的个人防护设备，以及加强安全检查和事故应急预案。在可持续供应链的三个维度中，社会可持续直接影响煤炭企业的长久发展。煤炭企业供应链中利益相关体包括煤炭企业与周边社区的关系、劳工权益、劳动安全、社会影响、公众舆论等。企业应建立积极的社会责任观念，与当地社区进行良好的沟通与合作，确保劳工享有应有的权益和安全条件，同时关注和解决社区的关切和需求。同时，煤炭企业在开采、运输和燃烧过程中会对环境产生影响，如空气、水源和土地的污染，破坏生态系统等。针对生态环境风险煤炭企业供应链上各主体企业应严格遵守环境保护法规、推行清洁生产技术、减少排放和废弃物，以及进行环境影响评估和监测。

通过层次分析法确立煤炭企业可持续供应链风险评估指标权重，以明确风险管控重点，该分析结果可以适用于所有类型的煤炭企业，有助于决策者更准确地评估风险和做出决策，提高决策的可靠性和合理性。

6.3.4 煤炭企业可持续供应链风险模糊综合评价

6.3.4.1 问卷调查数据来源

煤炭企业可持续供应链风险评估理论模型需要实证检验,通过与上节中14位专家沟通,并结合实地调研,最终选择A大型煤炭企业作为本次企业供应链风险评估的实证调研企业。A大型煤炭企业为调查对象主要经营范围涉及煤炭开采、煤化工、燃煤发供电、机械加工、钢铁冶炼、科技金融、建筑施工、现代供应链服务等领域。现有在册员工13万余人,所属单位60家,主要涉及煤炭、电力、建材、物贸、文旅医养、化工等产业。2023年上半年,该公司年收入2 623亿,利润203亿,原煤产量达到12 554万吨。"十四五"期间,该集团明确了以构建"两主两辅"为核心的产业发展定位,即两大"主业板块"和两大"辅业板块"。"主业板块"包括以煤炭、电力为主的能源产业、绿色建材产业;"辅业板块"包括现代物贸产业、文旅康养产业。

该集团致力于以可持续方式经营业务,包括提高能源利用效率、减少排放、加强环境保护和资源管理,积极保障企业相关利益者的权利,社区公众媒体满意度较高。在满足国内需求的同时,也出口相关产品到国际市场,参与国际能源和矿业贸易。该企业供应链发展具备可持续供应链的相关特征,且处于稳定发展阶段。故本书选取A大型能源集团作为调研企业。

本书调查问卷以A大型煤炭企业为调查对象,选取该煤炭企业下属煤炭生产企业、煤炭供应链管理企业、煤炭内部消费企业等下属企业中的管理层人员,共发放问卷100份,收回80份问卷,问卷回收率达到80%。经过有效性分析,删除无效问卷6份,共得到74份有效问卷。其中,管理人员占比78.38%,本科及研究生以上学历41.78%,工作年限10年以上占比67.12%,最终得到煤炭企业可持续供应链风险评估的数据,问卷结果如表6-26所示。

表 6-26　A 煤炭企业可持续供应链风险评估问卷数据

评估指标	评语集					统计
	高	较高	一般	较低	低	
经济周期风险	6	11	34	13	10	74
融资风险	3	12	27	18	14	74
财务约束	10	17	27	13	7	74
偿债风险	8	20	20	13	13	74
研发投入	4	17	33	12	8	74
自然灾害	5	17	19	20	13	74
安全生产培训意识	31	23	6	10	4	74
采掘技术升级	18	31	10	9	6	74
机械设备故障	4	10	21	20	19	74
员工操作风险	5	11	21	19	18	74
矿区生态保护	18	22	19	9	6	74
降污减排风险	10	18	22	17	7	74
能源消耗	1	9	18	26	20	74
环境事故	2	14	25	17	16	74
相关政策风险	8	14	28	15	9	74
法律风险	6	16	23	15	14	74
地方政府监管力度	15	30	18	7	4	74
煤炭行业准入限制	10	29	22	7	6	74
企业可持续发展战略	14	32	19	6	3	74
国际能源市场价格波动性	6	34	28	5	1	74
煤炭行业周期性	4	29	33	7	1	74
清洁能源替代性	3	25	36	8	2	74
牛鞭效应风险	6	14	37	13	4	74
关键客户中断	5	13	40	9	7	74
供应商合法合规性	11	23	30	7	3	74
供应商质量管理	11	22	32	7	2	74
核心供应商中断	4	21	32	9	8	74
采购成本风险	8	15	34	10	7	74

表 6-26 （续表）

评估指标	评语集					统计
	高	较高	一般	较低	低	
煤炭资源衰竭风险	6	17	34	9	8	74
产能约束风险	7	19	33	10	5	74
物流运输风险	6	12	37	11	8	74
绿色创新风险	3	14	37	10	10	74
数字化供应链系统稳定性	6	16	38	9	5	74
物联网设备可靠性	8	19	38	5	4	74
信息系统安全性	10	20	35	7	2	74
信息获取及时性	11	19	33	8	3	74
员工健康和安全	10	23	28	7	6	74
员工薪酬待遇和福利	6	15	42	7	4	74
社区关系维护	6	20	40	4	4	74
公众舆论风险	3	19	37	10	5	74

6.3.4.2　建立模糊综合评价模型

（1）建立评估因素集

主准则层 $U=\{U_1,U_2,\cdots,U_m\}$，U 为煤炭企业可持续供应链风险评估指标集，U_1 为经济风险评估指标集、U_2 为安全作业风险评估指标集、U_3 为生态环境风险评估指标集、U_4 为管理政策风险评估指标集、U_5 为需求风险评估指标集、U_6 为可持续供应风险评估指标集、U_7 为信息技术风险评估指标集、U_8 为社会风险评估指标集。次准则层 U_1 为 $\{U_{11},U_{12},U_{13},U_{14},U_{15}\}$，$U_{11}$ 为经济周期风险、U_{12} 为融资风险、U_{13} 为财务约束、U_{14} 为偿债风险、U_{15} 为研发投入；U_2 为 $\{U_{21},U_{22},U_{23},U_{24},U_{25}\}$，$U_{21}$ 为自然灾害、U_{22} 为安全生产培训、U_{23} 为采掘技术升级、U_{24} 为机械设备故障、U_{25} 为员工操作风险；U_3 为 $\{U_{31},U_{32},U_{33},U_{34}\}$，$U_{31}$ 为矿区生态保护、U_{32} 为降污减排风险、U_{33} 为能源消耗、U_{34} 为环境事故；U_4 为 $\{U_{41},U_{42},U_{43},U_{44},U_{45}\}$，$U_{41}$ 为相关政策风险、U_{42} 为法律风险、U_{43} 为地方政府监管力度、U_{44} 为煤炭行业准入限制、U_{45} 为企业可持续发展战略；U_5 为 $\{U_{51},U_{52},U_{53},U_{54},U_{55}\}$，$U_{51}$ 为国际能源市场价格波动性、U_{52} 为煤炭行业周期性、U_{53} 为清洁能源替代性、U_{54} 为牛鞭效应风险、U_{55} 为关键客户中断；U_6 为 $\{U_{61},$

U_{62},U_{63},U_{64},U_{65},U_{66},U_{67}},U_{61} 为供应商合法合规性、U_{62} 为供应商质量管理、U_{63} 为核心供应商中断、U_{64} 为采购成本风险、U_{65} 为煤炭资源衰竭风险、U_{66} 为产能约束风险、U_{67} 为物流运输风险；U_7 为{U_{71},U_{72},U_{73},U_{74},U_{75}}，U_{71} 为绿色创新风险、U_{72} 为数字化供应链系统稳定性、U_{73} 为物联网设备可靠性、U_{74} 为信息系统安全性、U_{75} 为信息获取及时性；U_8 为{U_{81},U_{82},U_{83},U_{84}}，U_{81} 为员工健康和安全、U_{82} 为员工薪酬待遇和福利、U_{83} 为社区关系维护、U_{84} 为公众舆论风险。

(2) 确定评估评语集

评估主体对指标评估的结果作为评语集，本书的评语集用 $V=\{V_1,V_2,V_3,V_4,V_5\}$ 表示。V 表示评语集合：V_1 表示风险水平低；V_2 表示较低；V_3 表示一般；V_4 表示较高；V_5 表示高。

(3) 评估指标模糊综合评价

① 评估指标权重

由权重表 6-25 中提取风险评估指标的权重向量。

一级指标权重为：

$W=(0.115\ 8,0.252\ 6,0.149\ 9,0.068\ 1,0.046\ 4,0.088\ 6,0.035\ 3,0.243\ 4)$

二级指标权重为：

$W_1=(0.373\ 6,0.248\ 6,0.079\ 8,0.175\ 5,0.122\ 4)$

$W_2=(0.162\ 2,0.284\ 7,0.107\ 5,0.091\ 8,0.353\ 7)$

$W_3=(0.230\ 6,0.194\ 8,0.149\ 2,0.425\ 4)$

$W_4=(0.377\ 4,0.217\ 1,0.081\ 6,0.123\ 4,0.200\ 5)$

$W_5=(0.312\ 3,0.288\ 8,0.125\ 1,0.080\ 9,0.192\ 9)$

$W_6=(0.212\ 6,0.130\ 8,0.161\ 2,0.078\ 7,0.302\ 8,0.068\ 8,0.045\ 1)$

$W_7=(0.098\ 0,0.092\ 6,0.203\ 3,0.274\ 0,0.332\ 1)$

$W_8=(0.329\ 0,0.329\ 0,0.200\ 2,0.141\ 8)$

② 构建评估矩阵

由问卷数据可得评估矩阵：

$$R_1=\begin{bmatrix}0.081\ 1 & 0.148\ 6 & 0.459\ 5 & 0.175\ 7 & 0.135\ 1\\ 0.040\ 5 & 0.162\ 2 & 0.364\ 9 & 0.243\ 2 & 0.189\ 2\\ 0.135\ 1 & 0.229\ 7 & 0.364\ 9 & 0.175\ 7 & 0.094\ 6\\ 0.108\ 1 & 0.270\ 3 & 0.270\ 3 & 0.175\ 7 & 0.175\ 7\\ 0.054\ 1 & 0.229\ 7 & 0.445\ 9 & 0.162\ 2 & 0.108\ 1\end{bmatrix}$$

$$R_2=\begin{bmatrix} 0.067\ 6 & 0.229\ 7 & 0.256\ 8 & 0.270\ 3 & 0.175\ 7 \\ 0.418\ 9 & 0.310\ 8 & 0.081\ 1 & 0.135\ 1 & 0.054\ 1 \\ 0.243\ 2 & 0.418\ 9 & 0.135\ 1 & 0.121\ 6 & 0.081\ 1 \\ 0.054\ 1 & 0.135\ 1 & 0.283\ 8 & 0.270\ 3 & 0.256\ 8 \\ 0.067\ 6 & 0.148\ 6 & 0.283\ 8 & 0.256\ 8 & 0.243\ 2 \end{bmatrix}$$

$$R_3=\begin{bmatrix} 0.243\ 2 & 0.297\ 3 & 0.256\ 8 & 0.121\ 6 & 0.081\ 1 \\ 0.135\ 1 & 0.243\ 2 & 0.297\ 3 & 0.229\ 7 & 0.094\ 6 \\ 0.013\ 5 & 0.121\ 6 & 0.243\ 2 & 0.351\ 4 & 0.270\ 3 \\ 0.027\ 0 & 0.189\ 2 & 0.337\ 8 & 0.229\ 7 & 0.216\ 2 \end{bmatrix}$$

$$R_4=\begin{bmatrix} 0.108\ 1 & 0.189\ 2 & 0.378\ 4 & 0.202\ 7 & 0.121\ 6 \\ 0.081\ 1 & 0.216\ 2 & 0.310\ 8 & 0.202\ 7 & 0.189\ 2 \\ 0.202\ 7 & 0.405\ 4 & 0.243\ 2 & 0.094\ 6 & 0.054\ 1 \\ 0.135\ 1 & 0.391\ 9 & 0.297\ 3 & 0.094\ 6 & 0.081\ 1 \\ 0.189\ 2 & 0.432\ 4 & 0.256\ 8 & 0.081\ 1 & 0.040\ 5 \end{bmatrix}$$

$$R_5=\begin{bmatrix} 0.081\ 1 & 0.459\ 5 & 0.378\ 4 & 0.067\ 6 & 0.013\ 5 \\ 0.054\ 1 & 0.391\ 9 & 0.445\ 9 & 0.094\ 6 & 0.013\ 5 \\ 0.040\ 5 & 0.337\ 8 & 0.486\ 5 & 0.108\ 1 & 0.027\ 0 \\ 0.081\ 1 & 0.189\ 2 & 0.500\ 0 & 0.175\ 7 & 0.054\ 1 \\ 0.067\ 6 & 0.175\ 7 & 0.540\ 5 & 0.121\ 6 & 0.094\ 6 \end{bmatrix}$$

$$R_6=\begin{bmatrix} 0.148\ 6 & 0.310\ 8 & 0.405\ 4 & 0.094\ 6 & 0.040\ 5 \\ 0.148\ 6 & 0.297\ 3 & 0.432\ 4 & 0.094\ 6 & 0.027\ 0 \\ 0.054\ 1 & 0.283\ 8 & 0.432\ 4 & 0.121\ 6 & 0.108\ 1 \\ 0.108\ 1 & 0.202\ 1 & 0.459\ 5 & 0.135\ 1 & 0.094\ 6 \\ 0.081\ 1 & 0.229\ 7 & 0.459\ 5 & 0.121\ 6 & 0.108\ 1 \\ 0.094\ 6 & 0.256\ 8 & 0.445\ 9 & 0.135\ 1 & 0.067\ 6 \\ 0.081\ 1 & 0.162\ 2 & 0.500\ 0 & 0.148\ 6 & 0.108\ 1 \end{bmatrix}$$

$$R_7=\begin{bmatrix} 0.040\ 5 & 0.189\ 2 & 0.500\ 0 & 0.135\ 1 & 0.135\ 1 \\ 0.081\ 1 & 0.216\ 2 & 0.513\ 5 & 0.121\ 6 & 0.067\ 6 \\ 0.108\ 1 & 0.256\ 8 & 0.513\ 5 & 0.067\ 6 & 0.054\ 1 \\ 0.135\ 1 & 0.270\ 3 & 0.473\ 0 & 0.094\ 6 & 0.027\ 0 \\ 0.148\ 6 & 0.256\ 8 & 0.445\ 9 & 0.108\ 1 & 0.040\ 5 \end{bmatrix}$$

$$R_8 = \begin{bmatrix} 0.135\ 1 & 0.310\ 8 & 0.378\ 4 & 0.094\ 6 & 0.081\ 1 \\ 0.081\ 1 & 0.202\ 7 & 0.567\ 6 & 0.094\ 6 & 0.054\ 1 \\ 0.081\ 1 & 0.270\ 3 & 0.540\ 5 & 0.054\ 1 & 0.054\ 1 \\ 0.040\ 5 & 0.256\ 8 & 0.500\ 0 & 0.135\ 1 & 0.067\ 6 \end{bmatrix}$$

选择加权平均型乘法—有界算子,计算综合评估值:

$Y_1 = W_1 * R_1$

$= (0.373\ 6, 0.248\ 6, 0.079\ 8, 0.175\ 5, 0.122\ 4) * \begin{bmatrix} 0.081\ 1 & 0.148\ 6 & 0.459\ 5 & 0.175\ 7 & 0.135\ 1 \\ 0.040\ 5 & 0.162\ 2 & 0.364\ 9 & 0.243\ 2 & 0.189\ 2 \\ 0.135\ 1 & 0.229\ 7 & 0.364\ 9 & 0.175\ 7 & 0.094\ 6 \\ 0.108\ 1 & 0.270\ 3 & 0.270\ 3 & 0.175\ 7 & 0.175\ 7 \\ 0.054\ 1 & 0.229\ 7 & 0.445\ 9 & 0.162\ 2 & 0.108\ 1 \end{bmatrix}$

$= (0.076\ 7\ \ 0.189\ 7\ \ 0.393\ 5\ \ 0.190\ 8\ \ 0.149\ 1)$

同理,可得:

$Y_2 = W_2 * R_2 = (0.185\ 2\ \ 0.235\ 8\ \ 0.205\ 7\ \ 0.211\ 0\ \ 0.162\ 2)$

$Y_3 = W_3 * R_3 = (0.095\ 9\ \ 0.214\ 6\ \ 0.297\ 1\ \ 0.222\ 9\ \ 0.169\ 4)$

$Y_4 = W_4 * R_4 = (0.129\ 6\ \ 0.286\ 5\ \ 0.318\ 3\ \ 0.156\ 2\ \ 0.109\ 5)$

$Y_5 = W_5 * R_5 = (0.065\ 6\ \ 0.348\ 1\ \ 0.452\ 5\ \ 0.099\ 6\ \ 0.034\ 1)$

$Y_6 = W_6 * R_6 = (0.103\ 0\ \ 0.261\ 2\ \ 0.441\ 0\ \ 0.115\ 6\ \ 0.079\ 3)$

$Y_7 = W_7 * R_7 = (0.119\ 9\ \ 0.250\ 1\ \ 0.478\ 6\ \ 0.100\ 1\ \ 0.051\ 4)$

$Y_8 = W_8 * R_8 = (0.093\ 1\ \ 0.259\ 5\ \ 0.490\ 3\ \ 0.092\ 2\ \ 0.064\ 9)$

综上可得,一级指标的评估矩阵为:

$$Y = \begin{bmatrix} 0.076\ 7 & 0.189\ 7 & 0.393\ 5 & 0.190\ 8 & 0.149\ 1 \\ 0.185\ 2 & 0.235\ 8 & 0.205\ 7 & 0.211\ 0 & 0.162\ 2 \\ 0.095\ 9 & 0.214\ 6 & 0.297\ 1 & 0.222\ 9 & 0.169\ 4 \\ 0.129\ 6 & 0.286\ 5 & 0.318\ 3 & 0.156\ 2 & 0.109\ 5 \\ 0.065\ 6 & 0.348\ 1 & 0.452\ 5 & 0.099\ 6 & 0.034\ 1 \\ 0.103\ 0 & 0.261\ 2 & 0.441\ 0 & 0.115\ 6 & 0.079\ 3 \\ 0.119\ 9 & 0.250\ 1 & 0.478\ 6 & 0.100\ 1 & 0.051\ 4 \\ 0.093\ 1 & 0.259\ 5 & 0.490\ 3 & 0.092\ 2 & 0.064\ 9 \end{bmatrix}$$

③计算评估结果

一级权重乘上一级评判矩阵即得综合模糊评估结果:

$A = W * Y = (0.117\ 9\ 0.244\ 4\ 0.360\ 0\ 0.160\ 2\ 0.117\ 3)$

将 $V = \{V_1, V_2, V_3, V_4, V_5\}$ 五个等级量化为 $V = \{100, 80, 60, 40, 20\}$，余量通过简单的加权平均得评估得分为 61.713 0；同理得到二级指标的评估得分，如表 6-27 所示。

表 6-27　A 大型煤炭企业可持续供应链风险评估得分

一级指标	一级指标得分	二级指标	二级指标得分
经济风险	57.077 1	经济周期风险	57.297 3
		融资风险	52.432 4
		财务约束	62.702 7
		偿债风险	59.189 2
		研发投入	59.189 2
安全作业风险	61.410 3	自然灾害	54.864 9
		安全生产培训意识	78.108 1
		采掘技术升级	72.432 4
		机械设备故障	49.189 2
		员工操作风险	50.810 8
生态环境风险	56.892 5	矿区生态保护	70.000 0
		降污减排风险	61.891 9
		能源消耗	45.135 1
		环境事故	51.621 6
管理政策风险	63.407 9	相关政策风险	59.189 2
		法律风险	55.945 9
		地方政府监管力度	72.162 2
		煤炭行业准入限制	68.108 1
		企业可持续发展战略	72.973 0
需求风险	66.229 1	国际能源市场价格波动性	70.540 5
		煤炭行业周期性	67.567 6
		清洁能源替代性	65.135 1
		牛鞭效应风险	61.351 4
		关键客户中断	60.000 0

表 6-27 （续表）

一级指标	一级指标得分	二级指标	二级指标得分
可持续供应风险	63.861 0	供应商合法合规性	68.648 6
		供应商质量管理	68.918 9
		核心供应商中断	61.081 1
		采购成本风险	61.891 9
		煤炭资源衰竭风险	61.081 1
		产能约束风险	63.513 5
		物流运输风险	59.189 2
技术风险	65.740 2	绿色创新风险	57.297 3
		数字化供应链系统稳定性	62.432 4
		物联网设备可靠性	65.945 9
		信息系统安全性	67.837 8
		信息获取及时性	67.297 3
社会风险	64.474 9	员工健康和安全	66.486 5
		员工薪酬待遇和福利	63.243 2
		社区关系维护	65.405 4
		公众舆论风险	61.351 4
A 煤炭企业可持续供应链风险评估得分			61.713 0

6.3.4.3 评估结果分析

(1)整体结果分析

上节中提到的风险评估标准是｛高,较高,一般,较低,低｝,分别赋值为｛100,80,60,40,20｝。从表 6-27 可以看到,A 煤炭企业整体风险水平评分为 61.713 0,风险等级处于一般水平。一级指标风险水平中,可以看到该煤炭企业的风险水平中:需求风险＞信息技术风险＞社会风险＞可持续供应风险＞管理政策风险＞安全作业风险＞经济风险＞生态环境风险。需求风险评分最高,是因为我国煤炭需求面临多方面的不确定性。随着社会对于环保和可再生能源的要求增加,对煤炭的需求可能减少,这对 A 煤炭企业供应链的可持续性造成了极大的风险。信息技术在供应链中扮演着重要角色,其故障和数据安全问题可能对供应链造成严重影响。企业面临的信息技术风险包括系统故障、数据泄露和网络攻击等。A 煤炭企业应加强信息化建设,提高供应链信息安全。社会压力、舆论关注和劳工权益是 A 煤炭企业需要面对的重要风险问题,A 煤炭企业员工达 2.6 万人,其劳工权益的保护、社区关系的维护会影响整个煤炭企业可持续供应链的稳定性。可持续供应风险也排位靠前,煤炭资源枯竭和产能约束直接限制 A 煤炭企业的煤炭供应,同时,随着国际和国内关系的复杂化,关键供应商的供应中断会直接造成供应链中断。管理政策风险相对较小,主要是我国政府在煤炭行业方面有较为严格的政策和监管措施,煤炭企业需要提前了解并遵守这些要求。虽然政策风险存在,但相对于前面几个风险而言,其影响较小。煤炭行业由于其特殊生产性质,要求遵守严格的安全生产标准和进行安全培训,A 煤炭企业一直严格落实安全生产准则,安全生产培训意识强,故而相对于其他风险而言,其对供应链的影响较小。A 煤炭企业隶属于某大型能源集团,为国有企业,相较于其他风险,其经济风险较小。尽管煤炭行业对生态环境有一定影响,但在我国现行环保政策和法规的约束下,A 煤炭企业的生态环境风险被认为较小,该企业一级指标评分图如图 6-3 所示。

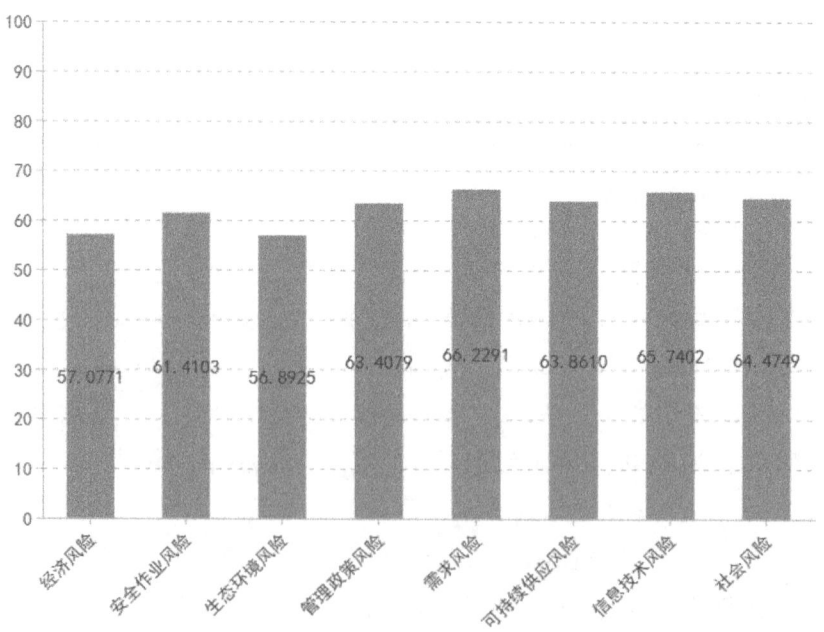

图 6-3 A 煤炭企业一级指标评分图

(2)二级指标结果分析

如图 6-4 所示,经济风险中,A 煤炭企业面临财务约束、研发投入和偿债风险相对而言较高,主要是由于 A 煤炭企业作为能源集团下属子公司,高度依赖集团为其提供资金支持和融资渠道,这对企业的财务自主性造成限制。同时资源配置会受到集团优先级安排的限制,企业在项目开展、技术创新、市场拓展等方面的灵活性和自主性受到抑制,限制了企业的发展机会和竞争力。此外,A 煤炭企业需要承担集团的债务,包括贷款和融资。这会导致企业在资本结构和债务压力方面面临较高的风险,如偿还压力、债务负担和利息成本。因此,企业可能需要寻求多元化的融资渠道,加强财务规划和预算管理,以及与集团进行积极的沟通和协调,以确保能够满足企业的资金需求并保持财务稳定。

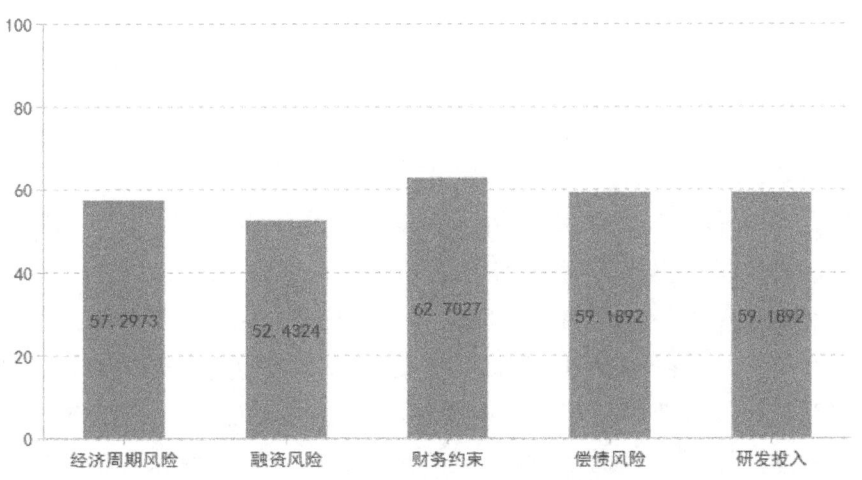

图 6-4 经济风险评分图

如图 6-5 所示,安全作业风险中,A 煤炭企业面临安全生产培训意识和采掘技术升级风险较高,煤炭企业供应链中生产是一个高风险环节,安全生产培训意识对于保障员工安全至关重要。A 煤炭企业可以加强员工培训和教育,确保员工了解和遵守相关安全规定,并提供必要的安全设备和工具。此外,建立完善的安全管理制度和培训计划也是关键,以确保员工在工作中能够做到预防事故和正确应对紧急情况。煤炭采掘技术的升级对于提高生产效率和降低安全风险至关重要。如果 A 煤炭企业的采掘技术滞后或不合理,可能引发各种问题,如矿井塌方、煤层气体爆炸等安全风险。为降低这个风险,A 煤炭企业可以积极推进采掘技术的研发和应用,并合理选择和使用先进的煤炭采掘设备。此外,定期进行技术评估和更新,加强设备维护和故障排除。

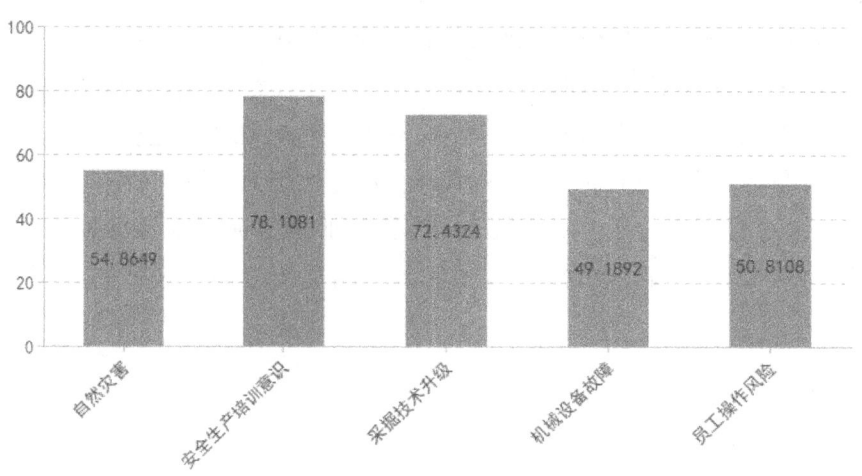

图 6-5　安全作业风险评分图

如图 6-6 所示,生态环境风险中,A 煤炭企业面临矿区生态保护和降污减排风险较高。根据提供的信息,煤炭采矿活动对土地、水资源和生态环境造成一定的影响。A 煤炭企业如未采取适当的措施进行生态恢复、植被保护和生物多样性保护,可能导致矿区生态系统受损,影响周边环境。因此,A 煤炭企业可以制订并执行严格的环境管理计划,包括进行环境影响评估,采取恢复措施以及建立监测和治理机制,以确保矿区生态环境的保护和可持续发展。煤炭生产和使用过程中可能产生大量废气、废水和固体废弃物,对大气、水体和土壤造成污染。如果 A 煤炭企业未采取有效的污染治理措施或技术,可能导致大气、水体和土壤的污染程度增加。这可能引发环境污染事件,对当地生态系统和人民健康造成负面影响,并可能面临法律处罚。因此,A 煤炭企业可以采取一系列的措施来降低污染排放,例如安装污染治理设施,如烟气脱硫装置和废水处理设备,以控制废气和废水的污染物含量。此外,改进煤炭生产工艺和技术,引入清洁能源替代煤炭,也可以减少对环境的污染。此外,A 煤炭企业还可以加强环境监测和数据报告,确保符合排放标准和法规要求。建立合规的环境管理系统,并与相关环境保护部门保持合作与沟通,以确保企业在生态环境保护方面取得可持续的进展。

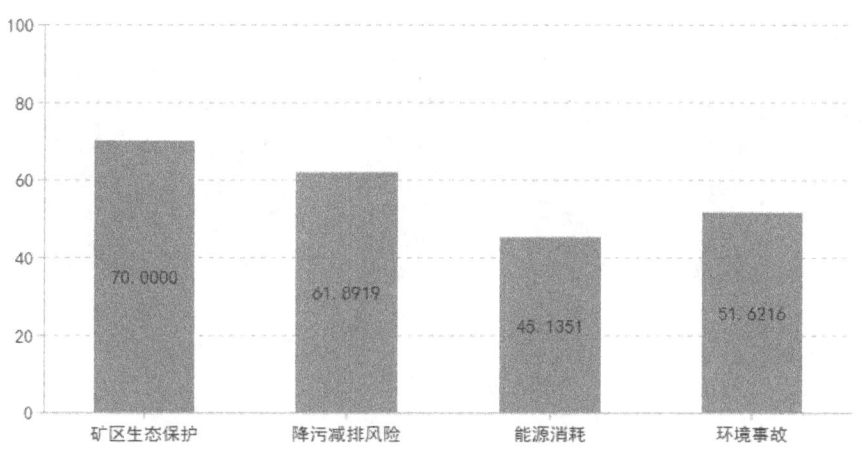

图 6-6 生态环境风险评分图

如图 6-7 所示，管理政策风险中，A 煤炭企业主要面临企业可持续发展战略和地方政府监管力度风险。根据提供的信息，A 煤炭企业在管理政策风险中主要面临两个方面的风险，即企业可持续发展战略和地方政府监管力度。A 煤炭企业可持续供应链的稳定发展很大程度上取决于企业战略的制定，A 煤炭企业在可持续发展战略方面缺乏规划和执行，未能积极采取环境友好的做法，推动绿色技术升级和社会责任实践，这将增加其面临的风险。企业可面临公众舆论压力、投资者回避、法规限制和声誉损害等问题。因此，A 煤炭企业可以制定和执行可持续发展战略，包括设定环境、社会和治理目标，与利益相关方进行合作，并建立透明的报告机制来展示可持续发展方面的成果。地方政府在监管煤炭企业的环境保护和安全生产方面扮演着重要角色。如果当地政府采取更加严格的环境保护措施、加强监管和执法力度，A 煤炭企业可能面临更高的法规风险和成本压力。这可能包括严格的污染排放标准、环评审批程序和用地保护措施。为应对这个风险，A 煤炭企业可以积极配合地方政府的监管要求，加强与政府的沟通和合作，确保企业的运营符合当地的法规和政策。此外，企业还可以加强内部管理和风险控制，制定和执行符合现行法规要求的环境保护和安全生产措施，以降低监管风险。

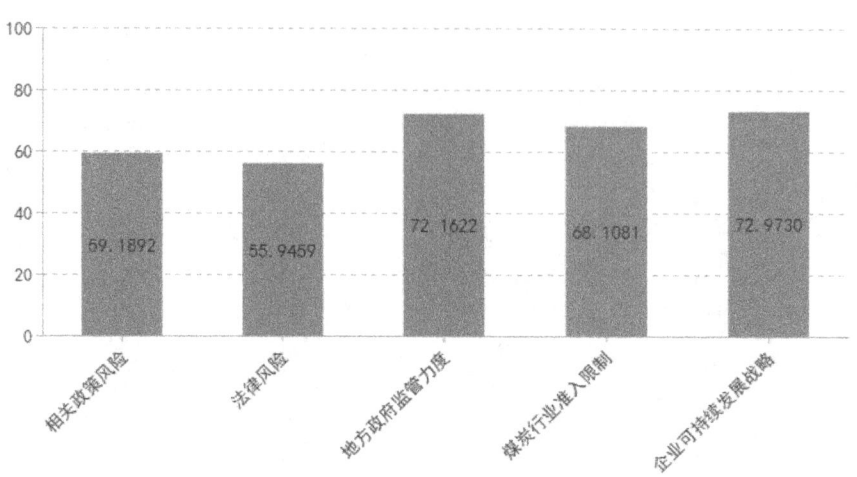

图 6-7 管理政策风险评分图

如图 6-8 所示，需求风险中，A 煤炭企业面临需求风险评分都比较高。A 煤炭企业煤炭价格受国际能源市场价格波动和煤炭行业周期性影响，价格波动则会导致需求不稳定。在我国政府推动清洁能源转型的政策支持下，清洁能源替代效果明显，电力企业转向新能源，导致煤炭需求下降。A 煤炭企业供应链主体之间需求与供应之间存在需求放大现象，容易导致市场供需失衡，影响企业供应链可持续性。因此，A 煤炭企业应开辟多元化市场，例如具有不同能源需求的国际市场，与客户签订灵活的销售合同以适应国际能源价格波动。推广高附加值产品和灵活供应链管理以应对煤炭行业周期性波动风险。积极探索清洁能源技术，使能源组合多元化以应对清洁能源替代性风险。加强供应链协调与合作，优化运营和生产以降低牛鞭效应风险。努力拓展多个客户市场，提供增值服务和质量保证以减轻关键客户中断风险。此外，密切关注市场趋势，进行市场调研和技术创新，并与政府部门和行业协会合作，推动煤炭供应链的可持续发展。

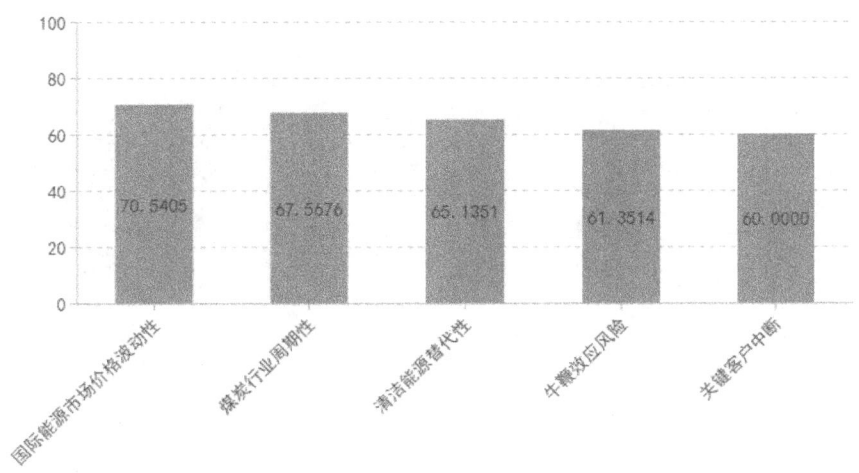

图 6-8 需求风险评分图

如图 6-9 所示,可持续供应风险中,A 煤炭企业主要面临供应商质量管理和产能约束风险,A 煤炭企业因供应商财务困境,供应链中的延迟或中断,不合规行为以及供应商所面临的可持续性问题导致企业的供应受到影响,进而影响企业的生产和运营。应加强对供应商进行风险评估,并定期监测供应商的财务状况、运营能力和持续性绩效。及时发现潜在风险,并采取相应的措施进行规避或应对。建立多个供应商的合作关系,以减少对单一供应商的依赖。寻找多个供应源,并确保供应链具备足够的弹性和替代性。A 煤炭企业在产品供应中由于企业自身生产能力的限制,可能由设备老化、技术落后、能源资源限制或环保法规压力等引起。这种风险可能限制企业的产量和供应能力,影响企业的市场竞争力和可持续发展。因此,A 煤炭企业可以进行设备更新和技术升级,提高生产效率和产能。投资研发新技术,提高资源利用效率,降低环境影响。通过优化生产流程和管理,提高资源利用效率,实现更高的产出。

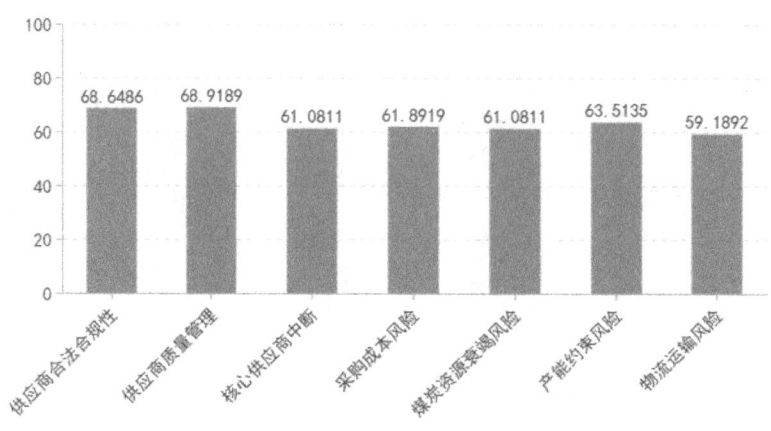

图 6-9　可持续供应风险评分图

如图 6-10 所示，信息技术风险中，A 煤炭企业供应链主要面临的是信息获取及时性和信息系统安全性风险。A 煤炭企业可能面临信息流通不畅、信息传递延迟以及供应链中信息不完整等方面的风险，这可能导致企业难以及时把握市场需求，做出准确决策和调整生产和供应计划。因此，应建立有效的信息共享机制，与供应链伙伴协作，共享市场、需求预测和生产计划等关键信息。确保信息传递得及时、准确和完整，以优化供应链的运作。利用信息技术工具和系统，例如供应链管理软件、物联网和大数据分析等，实时监控和管理供应链的信息流，加强信息的采集、整合和分析能力。同时，A 煤炭企业可能面临网络攻击、数据泄露、系统故障及恶意软件等方面的风险，这可能导致企业的数据泄露、生产中断、声誉受损及财务损失等问题。因此，应建立健全的信息系统安全措施和政策，包括网络防火墙、数据加密、访问控制、灾备计划等。定期进行安全风险评估和漏洞扫描，及时修复系统漏洞和强化网络安全措施。开展员工的信息安全培训，提高员工对信息安全的意识和责任，教育员工遵守信息安全政策和操作规程，减少内部信息系统的潜在风险。

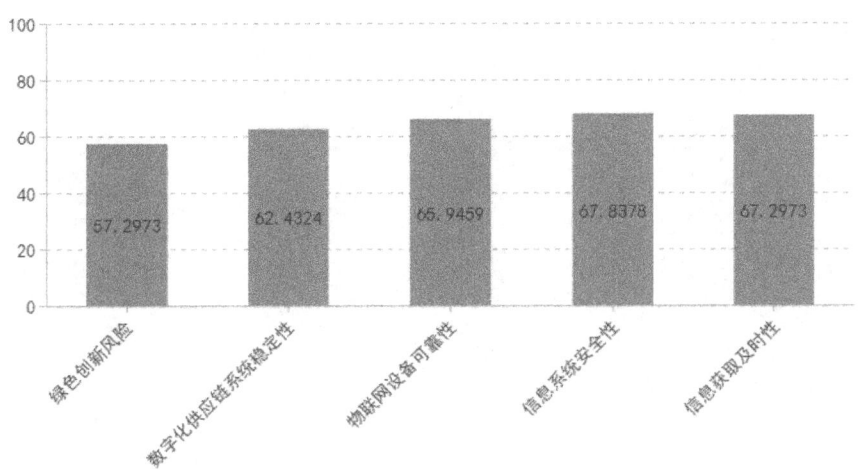

图 6-10　信息技术风险评分图

如图 6-11 所示,社会风险中,A 煤炭企业主要面临的是员工健康和安全以及社区关系维护风险。A 煤炭企业的员工健康和安全风险涉及安全管理措施不足、职业病防治不力以及事故风险等方面。在煤炭开采和生产过程中,员工可能面临矿井事故、煤尘暴露、化学物品暴露及体力劳动带来的健康风险。这可能对员工的生命安全和身体健康构成威胁。首先,企业要提供全面的安全培训和教育,确保员工了解和遵守安全规章制度、操作规程和应急预案。加强安全意识,培养员工的安全行为习惯。其次,应提供适当的安全设施和装备,例如个人防护装备、安全警示标识、紧急救援设备等,以最大限度地保护员工的安全和健康。建立完善的事故预防和监控机制,定期进行安全检查和隐患排查,及时改进生产过程和安全管理,降低事故风险。

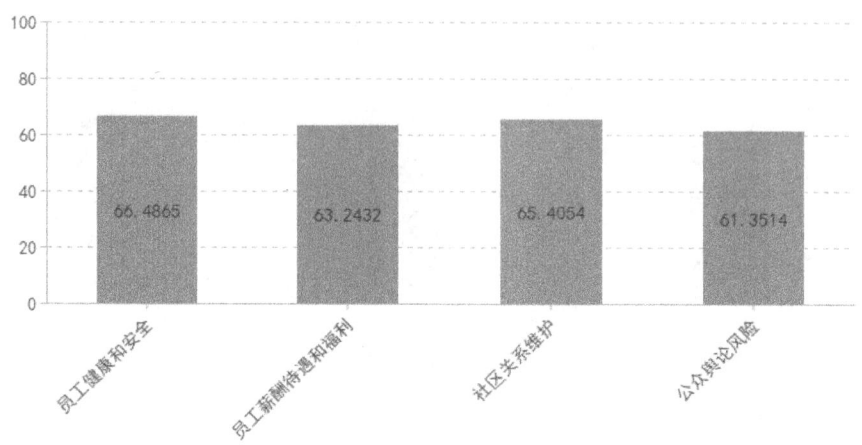

图 6-11 社会风险评分图

A 煤炭企业的社区关系维护风险包括资源开采对环境和社区的影响、社区利益损害以及社区对煤炭企业不满的问题。煤炭开采和生产可能导致环境污染、土地破坏和社区资源损耗,进而引发社区对企业的不满和抗议。因此,企业应制定和实施环境保护措施,减少矿业活动对环境的影响。重视生态恢复和资源再利用,推动企业的可持续发展,以减轻对社区的负面影响。与当地社区建立良好的合作关系,积极参与社区事务和发展项目。定期召开沟通会议,听取社区的意见和关切,解决问题并及时回应社区的需求。通过对社区投资和进行福利回馈,支持当地教育、医疗和基础设施建设,帮助提高社区居民的生活质量,增强企业与社区的和谐关系。

6.4 煤炭企业可持续供应链风险防范机制

通过上文中对煤炭企业可持续供应链的风险识别和评估,煤炭企业可以全面了解可持续供应链中的各种潜在风险,例如供应中断、价格波动、环境规范变化、社会压力增加等,这些风险可能对企业的运营、声誉和可持续性产生重大影响。通过对供应链中不同环节和关键合作伙伴的评估,企业可以识别出潜在的风险源,并对其进行定性和定量分析。在风险识别和评估的基础上,煤炭企业需要制定相应的风险防范机制来降低潜在风险的概率,制定应对策略和计划,以应对风险事件的发生,减轻其对企业的影响。

风险防范机制是一系列的措施和策略,旨在降低或控制潜在风险对组织和业务活动的不利影响,预防和减少可能导致风险发生的因素,并通过采取相应的防范措施来保护企业利益和可持续性。在供应链管理中,风险防范旨在保护供应链免受各种内部和外部风险的威胁,确保供应链的稳定性和可持续性。风险防范的目标是降低风险事件的发生概率以及对企业的影响程度。依据风险防范等级不同,可以分为风险规避、风险转移、风险减轻。风险规避是指采取措施避免或减少风险的发生。风险转移是指将部分风险转移给其他合作伙伴或保险机构,通过合同条款约定责任分配和索赔机制,购买适当的保险险种,来减轻损失和责任风险。风险减轻指采取措施减轻风险的影响。例如,制定应急计划和响应措施以迅速应对风险事件,加强供应链的弹性和灵活性,进行业务连续性管理等。

6.4.1 风险规避

风险规避是指通过采取预防性措施和策略来尽量降低或避免在煤炭企业的可持续供应链中可能出现的风险,风险规避是一项关键的管理实践,旨在保护企业的利益和可持续性。

(1) 多元化供应渠道

建立多个和多样化的供应渠道是降低风险的重要措施。通过与多个供应商合作,减少对单一供应商的依赖,这样当一个供应商面临问题时,还有其他备选选择,避免供应中断或损失。推动清洁能源转型,寻找其他可再生和低碳能源替代品,降低对煤炭资源的依赖。制订长期能源计划,充分评估煤炭资源的供需状况,并进行未来资源衰竭的预测和风险评估。

(2) 合作伙伴评估与管理

对供应链中的合作伙伴进行全面评估和管理是风险规避的关键步骤。该过程涵盖供应商、物流服务提供商等。评估合作伙伴的财务稳定性、供货能力和可靠性,确保他们符合企业的要求和标准。同时,要关注合作伙伴的环境和社会责任表现,以减少潜在的声誉和法律风险。

(3) 高效的供应链管理系统

建立高效的供应链管理系统,包括供应链规划、采购、生产调度、库存管理等环节。通过实施先进的信息技术和物流管理工具,实现供应链的可见性和协同合作,及时获取供应链信息并进行决策。这有助于减少供应链中的延迟、错误和不确定性风险。

(4)清晰的合同与法律保障

与供应链中的各方建立明确的合同和法律保障是风险规避的重要手段。合同中应明确双方的权益和责任,并制定应对潜在风险的条款。此外,要确保企业遵守法律和法规,积极采取法律措施来保护企业的权益。

(5)监控与反馈机制

建立有效的监控和反馈机制,实时跟踪供应链中的关键指标和风险指标。通过使用数据分析和监控系统,及时发现潜在问题和异常情况,以便采取适当的措施进行风险规避。此外,强调供应链中的信息共享和交流,促进风险信息的快速传递和处理。

(6)健全的环境与社会责任管理

注重环境和社会责任管理是风险规避的重要方面。煤炭企业应建立健全的环境管理体系,遵守相关的环境标准和法规。同时,要积极履行社会责任,关注劳工权益和社区利益,以减少相关的声誉和法律风险。

综合而言,煤炭企业实施风险规避需要综合考虑供应链的各个方面,并采取相应的预防性措施来降低风险的概率和影响。通过多元化供应渠道、合作伙伴评估与管理、高效的供应链管理系统、清晰的合同与法律保障、监控与反馈机制,以及健全的环境与社会责任管理,煤炭企业可以有效实施风险规避,并确保供应链的稳定性和可持续性。

6.4.2 风险转移

风险转移是指通过各种方式将风险责任从一方转移到另一方的过程。在煤炭企业的可持续供应链中,风险转移是通过合同、保险、选择合作伙伴、外包等方式将潜在风险责任转移给其他相关方,以减少企业自身承担的风险。

(1)合同约定

通过在与供应链各方签订合同时明确规定责任和风险分担的条款,将一部分风险转移给供应商或合作伙伴。在煤炭企业中,合同可以约定供应商承担运输风险、合规责任以及与环境和安全相关的责任,从而将一部分风险责任转移到供应商。

(2)保险购买

购买适当的保险是煤炭企业进行风险转移的常见方法。企业可以购买供应链风险保险,如供应链中断保险、货物运输保险等,以在风险事件发生时获得赔偿,减轻企业自身的损失。

(3) 合作伙伴选择

通过对供应链中的合作伙伴进行严格筛选和评估,选择具备高质量和风险承担能力较强的合作伙伴,实现风险的转移。特别是在煤炭企业当前面临能源转型的情况下,选择与可再生能源供应商合作,可以转移一部分的市场风险。通过投资和合作开发可再生能源项目,煤炭企业可以实现能源多元化,降低对煤炭供应链的依赖,并减少与煤炭行业相关的环境和可持续性风险。

(4) 外包和委托

将特定风险的管理和处理委托给专业的第三方服务提供商,实现风险的转移。煤炭企业可以委托专业的环境监测机构对矿区和生产过程进行监测和评估,以降低环境风险,并减少相应的法律责任。

(5) 风险分散

通过分散供应链和市场份额的方式来降低风险。这意味着与多个供应商和客户建立合作关系,不过度依赖某一家供应商或仅面向一个市场。通过多元化,煤炭企业可以将风险分散到不同的地区和市场,降低受单一市场或供应商变化的风险。

(6) 紧密的利益相关者合作

与供应链中的利益相关者建立紧密的合作关系,共同承担风险和责任。与当地政府、非政府组织和其他利益相关者开展沟通和合作,共同解决供应链面对的环境、社会和可持续性挑战,实现风险的共同转移和减轻。

总体而言,煤炭企业可持续供应链的风险转移需要综合运用合同约定、保险购买、合作伙伴选择、外包与委托、风险分散、与利益相关者的合作来实现。这些措施可以降低煤炭企业自身承担的风险,确保供应链的可持续性和企业的长期发展。

6.4.3 风险减轻

风险减轻是指通过采取措施和策略来降低潜在风险的程度和影响。在煤炭企业的可持续供应链中,风险减轻是通过预防性措施和管理实践来降低风险的概率和损失。

(1) 环境与可持续性管理

煤炭企业可通过加强环境保护措施,减少对环境的负面影响。使用清洁采煤技术和利用煤矸石,减少排放物和对土地资源的破坏。同时,推动可持续能源转型,积极开发和利用可再生能源,减少对煤炭的依赖,降低与煤炭开采和使用相关的环境风险。

(2) 技术创新和数字化转型

煤炭企业可以通过技术创新和数字化转型来减轻风险。引入先进的技术和数字化解决方案可以提高煤炭采矿和运输过程的安全性、效率和可视性,减少人为错误和风险发生的可能性。例如,采用物联网技术、传感器和数据分析来监测和管理矿山运营过程,以减少人为事故风险和环境污染。利用数据分析和人工智能技术,可以实现对供应链的实时监控和预测,帮助煤炭企业及时识别和应对潜在的风险。

(3) 安全管理与培训

煤炭企业应加强安全管理和员工培训,确保矿山操作和运输过程的安全性。建立健全的安全管理体系,包括设定标准和程序、进行风险评估和管理、开展安全培训和意识提升等。通过提供必要的培训和教育,使员工明确安全规范和操作流程,降低因人为原因导致的事故和损失。

(4) 合规合法经营

遵守相关法律法规,履行企业社会责任,减少法律、环境和社会责任风险及声誉损失。煤炭企业应确保符合开采、运输、环保、安全和劳工标准等方面的法规要求,积极参与并履行社会和环境责任,包括土地复垦、环境保护、社区发展等。与政府部门和利益相关者保持良好的沟通与合作,确保企业经营活动的合规性和可持续性。

(5) 创新金融与投资、融资模式

煤炭企业可以探索创新的金融与投资、融资模式,减轻财务风险。例如,寻求可持续融资渠道,包括绿色债券、可持续发展债券等,融资可再生能源项目或环境改善措施。此外,通过与金融机构合作开展风险共担、风险分担等方式,降低企业单独承担风险负担的压力。

总体而言,煤炭企业可持续供应链的风险减轻需要综合运用环境与可持续性管理、技术创新和数字化转型、安全管理与培训、合规合法经营以及创新金融与投资、融资模式等策略。这些措施可以降低煤炭企业面临的各类风险,并提升其长期可持续发展的能力。

6.5 煤炭企业可持续供应链风险监控机制

风险监控机制是指用于跟踪、评估和管理风险的系统和方法。主要包括通过数据收集，及时发现新的风险因素，监测已识别风险的状态和趋势并建立预警机制，对供应链系统进行统筹规划，以及实施供应链全程的监督管理。

风险防范和风险监控是相互依存且并行的过程，它们在风险管理中都扮演着重要的角色。虽然它们可以同时进行，但在时间顺序上可以将风险防范置于风险监控之前。风险防范是在事前采取措施来预防和减少潜在风险的发生。这包括识别和评估潜在风险，采取适当的措施来降低风险的概率和影响。风险监控是在事中和事后的过程中，持续跟踪和评估风险的状态和动态。它涉及对已经识别的风险进行监测、收集和分析相关数据、观察风险事件的发展，并及时采取措施来应对风险的变化。

风险防范通常是在风险被识别之后，根据识别的风险因素和评估结果来采取预防和减轻风险的措施，通过控制和管理潜在风险因素来减轻风险的可能性。风险监控则是在风险防范措施实施后，持续进行对风险的监测和评估。通过风险监控，可以发现和识别新的风险因素，并采取相应的措施来应对风险的发展。将风险防范和风险监控两个机制过程相互结合，企业可以及时了解风险的状态和动态，以便做出明智的决策，并采取适当的措施来应对潜在风险。这有助于保护企业的利益，减少潜在损失，并提高企业的整体业绩和可持续发展能力。

6.5.1 识别预警

识别预警是指在煤炭企业的可持续供应链风险监控机制中，通过持续的监测和分析过程，及时发现和识别潜在的风险信号和预警指标。它涉及对供应链环节、市场变化、政策法规、社会舆情等方面进行全面的监测和分析，以便预测可能对煤炭企业可持续供应链造成影响的风险事件，并及时采取措施来应对风险。

(1) 供应链可靠性预警

煤炭企业的供应链依赖于矿山开采、物流运输、销售等环节的协调。供应链可靠性预警涉及对关键供应商的评估,监测矿山生产情况、运力状况、交通运输状况等,并预测供应链中的潜在的中断风险,以确保稳定的原煤供应。

(2)政策法规变化预警

煤炭行业受政府政策和环保法规的影响较大。政策法规变化预警需要持续监测相关政府部门颁布的政策法规,特别是与环境保护、碳排放、煤炭开采限制等相关的政策。及时了解政策变化可以帮助企业及时调整经营策略,合规经营,避免因政策调整而面临的风险。

(3)市场需求变化预警

煤炭市场需求受国内和国际经济环境的影响,而且在能源转型的背景下,替代能源的竞争也不断增强。市场需求变化预警需要密切关注国内外宏观经济形势、能源政策、环保压力等因素,以及新型能源技术和替代能源的发展状况。通过这些信息,企业可以及时调整生产计划和市场营销策略,应对市场需求变化的风险。

(4)环境风险预警

煤炭采矿和燃烧会产生环境风险,如土地破坏、水污染、大气污染等。环境风险预警需要根据煤炭企业的运营地点和环境敏感性,进行环境监测和评估。此外,还需要关注相关的环保法规和监管要求,以及公众对环境保护的关注和反馈。及时发现和应对环境风险有助于避免环境问题对企业形象和可持续运营的不利影响。

总之,煤炭企业的可持续供应链风险监控机制中,识别预警需要关注供应链可靠性、政策法规变化、市场需求和环境风险等方面的内容。通过定期、系统地监测和分析,煤炭企业可以及时识别风险信号,在风险发生之前采取相应措施,确保供应链的稳定性和可持续发展。

6.5.2　统筹规划

统筹规划是指在煤炭企业的可持续供应链风险监控机制中,对各种风险进行综合考虑和协调安排,制订全面、系统的规划方案。它涉及整体策略、资源配置、应对措施等方面的综合规划,旨在有效应对潜在的风险,确保煤炭企业可持续供应链的稳定运行。

(1)风险管理策略

制定明确的风险管理策略,包括风险防范和风险应对的原则和方法。这涉及对不同类型的风险进行分类和评估,明确风险管理的目标和策略,并制定相应的措施和计划。例如,对于供应链可靠性风险,可以采取合作供应商多元化、备货策略等措施来降低风险。

(2) 资源配置与调整

合理配置和调整企业的资源,以适应风险管理的需要。这包括人力资源、财务资源、技术资源等。例如,在煤炭企业中,可以投入更多的人力和财务资源加强安全监管和环保控制措施,以降低与煤炭开采和运输相关的环境和安全风险。

(3) 应急响应系统

建立健全的应急响应系统,以处理突发的风险事件和紧急情况。这包括组织架构、责任分工、沟通和协调机制等。煤炭企业面临的风险包括突发矿难、环境事故等,必须有一套有效的应急响应系统,以保障员工安全、应对社会关注和减少负面影响。

(4) 合作伙伴管理

与关键合作伙伴建立紧密的合作伙伴关系,在风险管理过程中进行充分的沟通和协作。煤炭企业的供应链中涉及采矿公司、物流公司、能源企业等多个合作伙伴,有效管理和与其沟通合作是确保供应链稳定的重要方面。

(5) 性能评估与改进

建立供应链绩效评估和改进机制,识别潜在的改进点和风险热点,以进一步优化风险管理策略和控制措施。还可以通过内部审计、供应商评估、客户反馈等方式获取有关供应链的关键信息。这些信息可以用于发现问题、识别改进机会,并及时采取措施进行改进。煤炭企业可以对供应链中的关键环节、潜在风险点和合规性进行定期评估,以改进供应链的可持续性和效率。

(6) 学习与知识共享

建立学习型组织和知识共享机制,以促进风险管理经验和知识的积累与共享。煤炭企业可以通过内部培训、经验交流会议、合作伙伴协作等形式,将风险管理的最佳实践传递给供应链相关成员,提高对风险管理的意识和能力。

(7) 持续监测与反馈

建立持续监测和反馈机制,对风险管理措施的实施效果进行评估和调整。通过使用风险指标、预警系统、关键绩效指标等工具进行监测,及时了解风险状况和潜在问题,以便采取相应的应对措施。同时,建立反馈渠道,收集来自供应链各方的反馈和建议,以不断优化风险管理机制和流程。

综上所述,煤炭企业的可持续供应链风险监控机制中的统筹规划涉及风险管理策略、资源配置、应急响应系统、合作伙伴管理、性能评估与改进、学习与知识共享以及持续监测与反馈等方面的内容。通过系统地进行统筹规划,企业可以更好地应对供应链风险,确保煤炭企业的可持续发展,同时提升整体供应链的效率和竞争力。

6.5.3 监督管理

监督管理是指在煤炭企业的可持续供应链风险监控机制中,对风险管理措施的执行和运行进行持续监督和管理的过程。它涉及对供应链各环节、合作伙伴以及内部管理的监督、评估和协调,以确保风险管理措施有效实施,风险得到控制和减轻,从而确保供应链的可持续运营。

(1)合规性监督

监督煤炭企业供应链各环节的合规性,包括对采矿、生产、运输、销售等过程中的合规要求的监测和管理。例如,监督矿山开采是否符合相关环境保护和安全规定、运输是否依法合规、销售是否符合市场准入要求等。通过对合规性的监督和管理,可以减少法律风险,确保企业在合规范围内运营。

(2)供应商管理

监督和评估煤炭企业供应链中的供应商和合作伙伴的履约情况和绩效表现。包括对供应商的选择、合同管理、履约评价等方面进行监控和管理。特别是在煤炭企业的供应链中,供应商和合作伙伴的质量、可靠性和合规性对保障供应链的稳定和可持续至关重要。通过监督供应商的履约能力和绩效,可以及时发现潜在风险,并采取相应措施进行补救或调整。

(3)风险事件管理

监督和管理煤炭企业供应链中出现的突发风险事件,如事故、矿难、环境污染等。包括对风险事件的报告、调查和危机应对措施的执行情况进行跟踪和监督。这有助于及时响应和处理风险事件,减少损失和负面影响,并从中吸取教训,不断改进风险管理措施。

(4)绩效评估与改进

监督和评估煤炭企业供应链风险管理措施的绩效表现,识别潜在的改进点和风险热点。通过定期的绩效评估和绩效指标的监测,可以衡量风险管理措施的有效性,并及时发现问题和改进机会。在煤炭企业供应链中,可以关注绩效指标如安全事故率、环境污染指标、供应链可靠性指标等,以监督和评估风险管理的表现和改进方向。

(5)沟通与协调

监督管理需要在煤炭企业供应链各方之间进行沟通和协调。这包括内部部门间的协调,与供应商和合作伙伴的合作沟通等。通过及时的沟通和协调,可以提高风险管理措施的执行效率,有效地应对风险。在煤炭企业供应链中,沟通和协调的重点可以放在环境保护、安全生产和合规性方面,以确保供应链的可持续性和符合社会责任要求。

综上所述,煤炭企业的可持续供应链风险监控机制中的监督管理涉及合规性监督、供应商管理、风险事件管理、绩效评估与改进、沟通与协调等内容。通过有效监督和管理,可以确保风险管理措施有效落实,减少潜在风险的影响,并为煤炭企业供应链的可持续运营提供保障。

6.6 本章小结

本章节内容针对煤炭企业可持续供应链稳定阶段所面临的多方风险问题进行了分析探讨。基于文献阅读和专家调查、实地调研,对煤炭企业可持续供应链优化阶段所面临的风险进行识别,并依据评估指标体系构建原则,初步建立评估指标体系。在此基础上,通过德尔菲法和变异系数法对初选指标进行定性和定量相结合的筛选,最终建立了包含8个一级指标和40个二级指标的煤炭企业可持续供应链风险评估指标体系。采用层次分析法,对煤炭企业可持续供应链的风险进行量化评估和排名,识别出影响稳定性的主要风险,以期为煤炭企业可持续供应链决策提供风险防控重点。结合模糊综合评价模型,选取A煤炭企业进行可持续供应链风险评估。针对主要风险,提出了相应的风险防控措施。通过本章研究,主要可以得出:

1)安全作业风险、社会风险、生态环境风险、经济风险是影响煤炭企业可持续供应链优化升级阶段稳定性的最主要风险因素。而可持续供应风险、管理政策风险、需求风险和信息技术风险的重要性相对较低。这意味着煤炭企业在提升可持续供应链的稳定性时,需要优先关注和有效管理这些风险。在优化供应链时需要充分考虑和应对与安全作业、社会、生态环境和经济相关的风险。采取措施确保能够遵守安全规范和标准,关注社会需求和责任,保护生态环境,以及应对经济波动和变化。这将有助于企业更好地实现可持续发展目标,确保供应链的稳定性和可靠性。

2)采用层次分析法和模糊综合评价法相结合的风险决策模型,结合定量和定性的信息,综合考虑多种因素的权重和评估结果,为案例企业提供有针对性的风险管理和决策支持。案例企业可持续发展战略中强调生态环境可持续性,然而,可持续供应链的发展需要关注的风险方面更为广泛。从风险评估结果中可以看出,当前案例企业风险水平一般,整体风险处于可控水平。但企业在可持续供应链战略制定时还要关注需求风险、信息技术风险、社会风险和可持续供应风险,这些风险因素对实现企业的可持续发展目标和构建稳定的供应链至关重要。

3)结合煤炭企业和可持续供应链的特点,在对煤炭企业可持续供应链的风险进行识别的基础上,创新性地提出了煤炭企业可持续供应链风险评估体系。该评估体系较为全面地识别煤炭企业可持续供应链的风险,可以帮助其他企业(不仅限于煤炭行业)更全面地识别和理解其供应链中存在的风险,从而采取相应的风险管理措施。该评估体系着重于可持续发展目标,并将其纳入风险评估中。鉴于全球对环境、社会和治理问题的日益关注,其他企业可以借鉴这种将可持续性因素纳入供应链风险评估的方法,以确保其供应链的长期可持续性和商业竞争力。

4)通过对煤炭企业可持续供应链稳定阶段风险进行识别、评估,从风险防范机制、风险监控机制提出企业在应对内外部风险时应采取的系统策略。风险防范机制主要从风险规避、风险转移、风险减轻三个方面进行风险预期防范,从最大限度上降低供应链风险对企业稳定性的影响。风险监控机制则从识别预警、统筹规划、监督管理三个维度对风险进行反复识别、评估,通过建立预警体系、监督机制多维度有效监控供应链的潜在风险,提升供应链风险动态监控能力及供应链透明性。

7 煤炭企业可持续供应链保障机制研究

本章立足于可持续供应链发展的创新阶段,探索煤炭企业可持续供应链的保障机制整体设计与具体设计。在对煤炭企业可持续供应链初始阶段驱动机制、探索阶段收益分配机制、优化阶段协同合作机制、稳定阶段风险防控机制先后进行分析后,为了确保煤炭企业可持续供应链的创新转型阶段愿景落地,有必要科学地、系统地、精准地研究煤炭企业可持续供应链运行的保障机制。对此,本章基于3~6章的理论结果,明确煤炭企业可持续供应链运行的保障目标。在此基础上,我们将研究和厘清煤炭企业可持续供应链运行保障机制的设计依据,并在该设计依据的前提下,对保障机制进行整体设计,从而构建出具体的保障机制。

7.1 煤炭企业可持续供应链保障机制设计

7.1.1 煤炭企业可持续供应链保障机制设计目标

在进行保障机制设计之前,首先要对煤炭企业可持续供应链保障机制的设计目标有清晰的认知。结合可持续发展理论,保障机制的设计应当充分考虑环境、经济、社会三重效应,以确保煤炭企业供应链的可持续性,平衡经济、环境和社会的需求。可持续发展理论强调长期性和综合性,满足当前和当地需求的同时不损害后代和其他地区的利益。保障机制通过考虑资源的可持续供应、环境保护、社会责任和合规运营等方面,有助于实现煤炭供应链可持续的目标,并在经济、社会和环境方面协调发展。可持续发展理论强调资源的高效利用和经济效益的实现。保障机制旨在通过合理的采矿规划、技术创新、资源管理等手段提高煤炭供应链的效率,减少资源的损耗和浪费。通过实施保障机制,煤炭企业可以提高生产效率、降低成本,并积极应对环境和社会风险,实现可持续发展的经济效益。保障机制有助于管理和应对可持续发展风险。通过建立合规和规范的监管框架,对供应链进行审计和评估,监测和控制煤炭企业的环境、社会和治理风险,从而降低不可持续因素对煤炭供应链的影响,并保护企业的声誉和利益。可持续发展理论强调持续改进和创新的重要性。保障机制鼓励煤炭企业不断改进业务过程和管理实践,推动技术创新和绿色转型。通过引入新技术、优化供应链流程、提高资源利用效率,保障机制促进煤炭企业实现创新与卓越,不断提升可持续发展的绩效。

煤炭企业可持续供应链保障机制设计的整体目标是通过综合、协调的保障措施,确保煤炭供应链的经济、环境和社会可持续性,在满足能源需求的同时,最大限度地减少负面影响,并创造共享价值。

1) 确保资源可持续供应。保障机制的首要目标是确保煤炭资源的可持续供应。通过合理的采矿规划和管理,保障机制可最大限度地减少资源的浪费和损耗,确保煤炭供应链能够满足能源需求,并为未来发展提供稳定的煤炭资源。

2) 保护环境可持续性。保障机制旨在减少煤炭供应链对环境的负面影响,以保护环境的可持续性。通过推广清洁能源技术、控制碳排放、减少大气和水污染等措施,保障机制致力于降低煤炭供应链对生态系统的破坏,确保生态环境的健康和可持续发展。

3) 实施社会责任。保障机制旨在确保煤炭供应链履行社会责任,包括保障劳工权益和安全、支持当地社区发展、促进人权保护等。通过提供安全的工作环境、培训和教育员工,保障机制能够确保劳工权益和安全。同时,通过支持当地社区发展和推进人权保护,保障机制可促进煤炭供应链的可持续性与社会正义的结合。

4) 遵守合规和规范。保障机制的目标之一是确保煤炭供应链在合规和规范框架下运营。通过建立供应链审计和认证机制、推动供应商合规性和道德标准,保障机制可确保供应链的合法性、规范性和道德性。这有助于防止不合法和不道德行为的发生,以保护煤炭供应链的可持续性和商业声誉。

5) 推动创新与卓越。保障机制还旨在推动煤炭企业实现创新与卓越,提升供应链的竞争力和可持续性表现。通过引入新技术、优化供应链流程、提高管理效率等方式,保障机制可促进煤炭供应链的转型与升级。同时,保障机制鼓励企业与利益相关方合作,共同推动可持续发展和共享最佳实践,以实现煤炭供应链的持续改进和创新发展。

7.1.2 煤炭企业可持续供应链保障机制设计流程

本部分旨在厘清煤炭企业可持续供应链运行保障机制具体的设计流程,流程设计的主要理论基础与核心是可持续发展理论,保障机制旨在实现可持续发展目标,通过对各利益相关主体以及内外部资源进行协调,保障煤炭企业可持续供应链高效稳定运行,也是解决煤炭企业可持续发展的瓶颈问题。

保障机制具体设计流程如下:首先,要建立以可持续发展理论为基础核心的机制设计根源,明确可持续供应链实现目标,以此为整个设计的目标和指引。其次,要深入挖掘可持续发展理论的相关理念,在此要重点关注可持续发展的本质,即可持续发展理论发展延伸出的三重底线理论和利益相关者理论,要保障各利益主体共同参与的情况,并对可持续发展模式创新进行探讨。最后,在保障机制设计的目标和可持续发展理论的指导下,明确设计出的保障机制要达成什么样的实践情景,即保障机制是否能结合3～6章节所得出的研究结果,实现煤炭企业供应链主体内部资源和外部资源的统一。

保障机制与可持续发展目标的关系具体而言,一方面,煤炭企业可持续供应链运行保障机制整体上是依托可持续供应链发展目标而建立的,如政治保障机制与合法合规、环境保护、社会责任等目标相关,经济保障机制与资源供应、环境保护等目标相关,技术保障机制与实现环境保护、创新与卓越等目标相关,人才保障机制则是其他保障机制的原动力和核心。另一方面,煤炭企业可持续供应链保障机制与可持续供应链实践之间具有相辅相成、相互促进的良性互动关系。可持续供应链保障机制的设计和实施将为煤炭企业的发展提供重要的保障和支持,确保其可持续供应链实践能够有效实施和落地。反过来,可持续供应链实践的不断推进和优化也将促使煤炭企业进一步完善和优化其供应链保障机制,以更好地应对环境和社会的需求,并推动可持续发展的实现。而在我国的煤炭行业的可持续性实践中,政府主体监管作用十分突出,经济保障机制、技术保障机制、人才保障机制则是起到推动的作用[209]。总之,保障机制具体设计思路如图7-1所示。

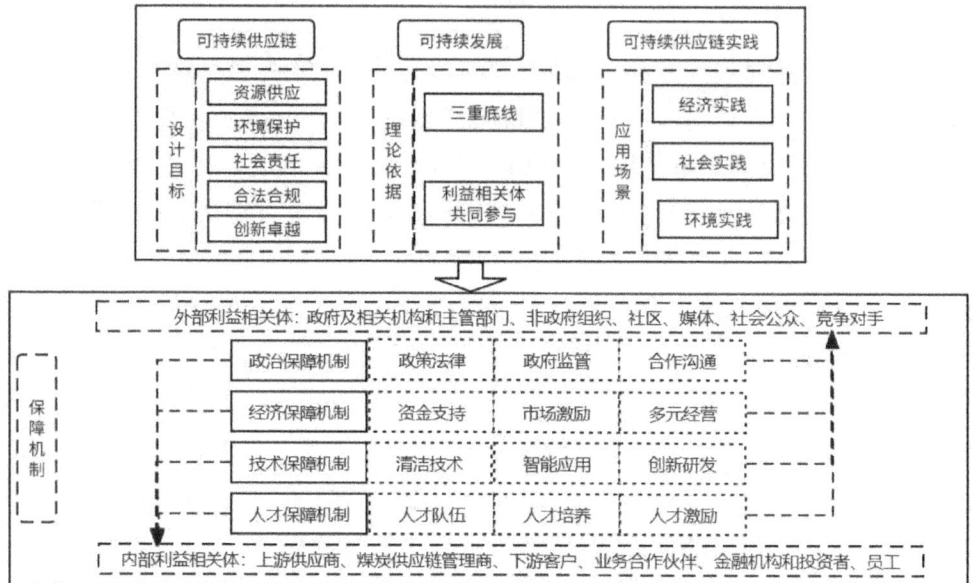

图 7-1 煤炭企业可持续供应链保障机制设计思路

7.2 政治保障机制

7.2.1 政策法律

政治保障机制通过建立相应的政策和法律框架,为煤炭企业可持续供应链提供法律依据和指导。政府在这一环节发挥了引领和推动的角色,通过制定和修订相关政策和法律,规范煤炭企业的行为,鼓励可持续实践并惩罚违规行为。政策框架涉及的关键内容包括环境保护法规、矿产资源管理政策、煤炭产业发展规划及社会责任要求等方面。政府制定明确的政策和法规,有助于引导煤炭企业朝着可持续的方向发展,并为企业提供遵循可持续发展原则的指导。

政府的政策框架还包括财政和税收政策方面的考虑。政府可以通过提供激励措施和补贴,鼓励煤炭企业采取可持续技术和企业管理实践。政府还可以采取经济手段,如资源税、碳排放交易等方式,以促进煤炭产业的可持续发展。此外,政府还可以通过制定和实施土地使用和采矿权许可制度,对煤炭企业的土地使用和矿产开采进行规范和管理。通过许可制度,政府可以对煤炭企业实施许可审批程序并设定相关限制和条件,以确保资源合理利用和环境保护。这种制度还可以促进企业合规运营,提高企业对环境和社会的责任感。政府还可以通过监测、评估和报告来确保政策和法律框架的有效执行。

此外,政府还可以要求煤炭企业定期提交报告,披露其可持续发展绩效和进展。这些报告可以包括企业的环境、社会和治理(ESG)指标,如碳排放量、能耗情况、环境保护投入、劳工条件、社区影响等。通过透明度的提高,政府和社会可以更好地了解煤炭企业的可持续表现,并对其进行评估和监督。

7.2.2 政府监管

政治保障机制中的监管和监督措施是确保煤炭企业可持续供应链的关键方面。这些措施的目的是确保企业遵守可持续发展政策和法律要求,促使其采取积极的环境、社会和治理措施,同时惩罚违规行为。政府会制定一系列的环境、社会和用工法规,要求煤炭企业在其业务活动中遵守这些法规。监管机构会定期对企业的合规情况进行审查和监督。包括检查企业是否符合环境保护要求、遵循劳工法规、保障社会责任等。如果发现违规行为,监管机构可以采取惩罚措施,如罚款、暂停许可证、吊销许可证等,以确保企业遵守法规。

政府通过建立监测和数据收集系统来监督煤炭企业的运营情况。这些系统可以监测煤炭开采过程中的环境影响、水资源利用、空气质量、废弃物管理等关键指标。政府通过收集和分析监测数据,可以了解企业的环境绩效,并对其进行评估和监督。

政府可以对煤炭企业进行定期或不定期的审查和审核。这包括对企业的许可证情况、环境影响评估报告、社会责任报告等文件的审查。审查过程中,政府可以要求企业提供相关的文件和数据,以确保企业合规。此外,政府还可以进行现场检查和调查,以验证企业的真实情况。

政府可以要求煤炭企业定期提交环境、社会和治理方面的报告。这些报告可以包括企业的环境影响、社会责任行动、劳工权益保护等方面的信息。要求企业进行全面披露,有助于提高透明度,让政府和公众了解企业可持续发展的绩效和实践。

如果煤炭企业被发现违法或违规行为,政府有权采取相应的处罚措施,并要求企业及时纠正。处罚措施可以包括罚款、责令停产整顿、吊销许可证等。政府通过惩罚措施,使企业明确执法力度,确保企业遵守可持续发展要求。

7.2.3 合作沟通

除了政府制定政策和法律框架、监管和监督之外,政治保障机制还可以通过促进利益相关方合作来确保煤炭供应链的可持续性。这涉及煤炭企业与政府、非政府组织(NGO)、社区以及其他利益相关方之间的合作和共同努力。

煤炭企业供应链往往与多个利益相关方密切关联,包括政府、社区、劳工组织、环境保护组织等。这些利益相关方在可持续发展方面拥有不同的利益和期望,因此,建立合作和合意机制有助于促进共同行动、解决冲突、实现可持续目标。

政府在这一过程中可以发挥引导和协调作用。政府可以设立多方参与的平台,如可持续发展委员会、煤炭产业论坛等,促进煤炭企业、政府部门、非政府组织和社区的对话和协商。这些平台可以用于讨论政策制定、共享信息、解决争议、加强各利益相关方之间的合作与共识。

例如,政府可以与社区和 NGO 合作,开展社区参与和环境影响评价等方面的工作。通过社区参与,政府和企业可以更好地了解社区的需求和关切,并在决策和实施过程中主动加入社区的声音。这有助于建立更加包容的可持续供应链模式,减少对社区的负面影响,并提高社区的福利。

此外,政府还可以鼓励煤炭企业与劳工组织合作,推动劳工权益的保护和改善。政府可以促进双方对话,建立互信和长期稳定的合作关系,确保劳工权益得到充分的尊重和维护。

7.3 经济保障机制

7.3.1 资金支持

经济保障机制旨在为煤炭企业提供资金支持和投资,以推动可持续供应链的发展。这可能涉及政府、金融机构、投资者等多个利益相关方的参与。政府或金融机构可以提供具有优惠条件的贷款和融资机制,以支持煤炭企业在可持续方面的改进和投资,这可以包括降低利率、延长还款期限或提供灵活的融资方式,鼓励企业采取可持续发展措施。绿色贷款是银行或金融机构向符合环境可持续标准的企业提供的贷款。对于煤炭企业来说,这些贷款可以用于支持可持续发展项目,如矿区复垦、环境保护设施建设、能源效率改进和清洁技术采用等。这些贷款通常与特定的环境指标和可持续标准挂钩,企业需要满足相应标准才能获得贷款。绿色债券是面向投资者发行的债务工具,所募集的资金用于支持可持续和环境友好项目。煤炭企业可以发行绿色债券来筹集资金,用于推动可持续发展目标的实现。这些债券通常遵循绿色债券原则和标准,并受到投资者和监管机构的审查和认可。国际金融机构和政府经常设立可持续发展基金,用于支持可持续发展项目和倡议。这些基金通常专注于环境保护、社会发展和经济可持续性,企业可以按照一定的标准和规定来申请资金支持。煤炭企业也可以吸引私人资本和风险投资,用于推动可持续发展的项目和创新。私募股权、风险投资基金和天使投资者等投资者可以投资具有可持续性潜力的煤炭企业,为其提供资金支持和战略指导。这些投资通常与企业的可持续性策略和商业计划相一致。

对于以上贷款和融资机制,煤炭企业需要满足一定的条件和标准,以证明其对可持续发展的承诺和实践。这可能涉及环境、社会和治理方面的要求,如环境影响评估、社会责任报告和可持续发展战略等。有效的贷款和融资机制可以帮助煤炭企业转型为更可持续的模式,提高其环境绩效、社会责任和商业竞争力。

政府可以实施激励措施和补贴政策,鼓励煤炭企业采用清洁能源技术,降低能耗和排放。政府可以通过减税优惠政策来激励煤炭企业采取可持续发展措施。这包括减少企业所得税、资源税或环境税等税收负担。将税收优惠与可持续性绩效和实施措施挂钩。政府可以鼓励企业采取环境友好、低碳和高效能源等可持续做法。政府可以提供费用补贴,帮助煤炭企业承担可持续发展措施所涉及的额外成本。这可以包括补贴矿区复垦和环境恢复项目、清洁技术和设备的采购、能效改进的投资以及员工培训和转型所需的费用。通过减轻企业的财务负担,补贴政策可以提供经济奖励,鼓励企业朝可持续性方向发展。政府可以设立专门的补贴计划和资金创新机制,以激励煤炭企业采取可持续发展行动。这些计划和机制可以提供经济奖励、资金支持或项目补助,用于推动可持续性项目的实施。政府可以通过设立补贴指标、申请审批程序和绩效监测等方式,确保补贴资金的有效使用和行业转型效果。政府或相关机构可以建立绿色证书和交易机制,为采取可持续行动的煤炭企业提供经济激励。绿色证书可以作为可持续性认证的标志,企业获得认证后可以享受额外的市场溢价或优先交易权益。通过市场机制,政府可以促进可持续性供应链的发展,激励企业采取可持续行动并塑造市场竞争环境。

投资者和股权机构可以与煤炭企业合作,共同推动可持续发展。这可以包括直接投资可持续能源项目或与企业建立合资企业,以扩大可再生能源的使用,降低对煤炭的依赖性。投资者可以直接投资煤炭企业,获得相应的股权或利润分享。这种形式的投资可以帮助企业筹集资金,用于支持可持续发展项目和实施措施。投资者通常会对企业的可持续性表现和发展策略进行评估,以确保投资与可持续发展目标相一致。合资企业是一种合作形式,其中煤炭企业可以与其他企业或投资者共同组建一家新的实体,共同投资和分享利润。通过与具有可持续战略和资源的合作伙伴建立合资企业,煤炭企业可以获得资金支持、技术转让和市场准入等方面的优势,推动可持续供应链的发展。

7.3.2 市场激励

经济保障机制还可以引入市场激励和认证机制,鼓励煤炭企业采取可持续发展措施。市场溢价是指市场对具有可持续性认证或良好运营环境和社会绩效的煤炭产品支付的额外价格。消费者越来越倾向于购买可持续产品,这为拥有可持续供应链的煤炭企业提供了经济激励。此外,一些认证机构的评级体系和认可标准也提供了对企业可持续性表现的认证和评估,可为企业带来更广泛的市场认可和声誉。可持续贸易认证标志,如"Fairtrade(公平贸易)"和"Rainforest Alliance(雨林联盟)"等,可以帮助煤炭企业证明其产品的可持续性和社会责任。通过获得这些认证,在市场上获得更好的定位和可持续发展的声誉,企业可以吸引消费者、合作伙伴和投资者,并开拓可持续发展市场。这些市场激励和认证机制可以为煤炭企业提供重要的经济激励,促使其采取可持续发展实践。许多政府、机构和企业采用可持续采购政策来鼓励采购可持续产品和服务。这些政策要求供应商符合一定的环境、社会和可持续性标准,以参与采购竞标或成为优先供应商。对于煤炭企业来说,通过履行可持续采购标准,它们可以获得更多采购机会和合同,从而获得更稳定的市场需求和收入。通过教育和提高消费者对煤炭产品的可持续性问题的认知,可以激励消费者更倾向于购买符合可持续标准的产品,这可以通过广告宣传、信息披露和消费者教育活动等渠道实现。当消费者对可持续性的重要性有更高的认识时,他们将更有可能选择支持可持续发展的煤炭企业,从而为企业带来市场激励。通过满足消费者需求、遵循认可标准和参与可持续采购,企业可以获得市场竞争优势,并使可持续供应链取得商业成功。

7.3.3 多元经营

能源转型是指将传统的高碳能源(例如煤炭)替代为低碳或零碳能源的过程。在煤炭企业的可持续供应链经济保障机制中,能源转型是至关重要的,以减少对传统煤炭能源的依赖并推动可持续能源的发展。企业可以投资太阳能、风能、水力能等可再生能源项目,以增加可持续能源在其供应链中的比例。这些投资可以涵盖电力生产、电池储能技术、智能电网等领域,以促进可再生能源的集成和利用。研发和采用清洁燃料技术(如氢能、生物能源)可以减少煤炭企业的环境影响并推动能源转型。这些清洁燃料可以减少二氧化碳和污染物的排放,具有更低的碳足迹。多元化经营旨在降低煤炭企业对单一能源或市场的依赖,通过转向多种能源和多个市场,实现风险分散和商业弹性。煤炭企业可以探索新兴能源市场,如太阳能、风能、电动汽车等,以寻找新的商机和经济增长点。这可以通过投资、合作或收购新兴能源公司来实现。可以与其他行业的企业展开合作,通过共享资源和技术,实现能源多元化,例如,与电动车制造商合作,提供电动汽车充电设施的建设和服务。通过区域间的合作与能源互联,企业可以利用不同地区的能源优势,实现能源多元化。这可以包括资源共享、能源互联互通、跨境能源交易等。

7.4 技术保障机制

7.4.1 清洁技术

煤炭供应链中的第一道工序通常是煤炭的洗选。传统的洗选过程可能会导致煤炭中的杂质含量较高,增加了尾矸的处理量和对环境的负荷。可采用高效洗选技术来降低杂质含量,提高煤质,减少对环境的影响。例如,使用密度分选、重介质分选等高效洗选方法可以提高煤炭产量且减少废弃物的生成。

在煤炭的燃烧过程中,燃烧产生的烟气中含有大量的污染物,如二氧化硫、氮氧化物和颗粒物等。为减少燃煤电厂和工业锅炉的环境影响,可以采用烟气治理方法,如脱硫、脱硝和除尘技术。这些技术可有效地去除污染物,以减少大气污染,并确保排放量达到国家和地区的环境排放标准。碳捕集和封存(CCS)技术是一种用于捕捉燃烧过程中产生的二氧化碳,并将其压缩和储存的技术。在煤炭供应链中,应用碳捕集和封存技术可以有效减少燃烧过程中释放到大气中的温室气体,从而降低碳排放。此外,这种技术还可用于将二氧化碳注入地下储层或被利用于工业过程,以实现碳的长期储存和利用。为减少煤炭供应链中的碳排放,可以采用低碳燃料替代传统的煤炭。例如,将生物质能源(如生物质颗粒、生物质废弃物)与煤炭混合使用,可以减少碳排放并提高能源的可持续性。还可以采用天然气作为燃料,由于其较低的碳含量,燃烧时产生的二氧化碳量要比煤炭低很多。

煤炭生产过程中产生的污水和废弃物需要得到妥善管理和处理,以防止对水体和土壤的污染。通过应用先进的水处理技术和废弃物管理措施,可以有效地处理和回收污水,并最大限度地减少废弃物的环境影响。在煤炭供应链中,资源的回收与再利用是关键的环境治理策略。通过有效的回收再利用机制,可以减少废弃物的数量和对自然资源的需求。在煤炭生产过程中,废弃物中可能存在可回收的材料,如废弃矸石的利用、利用尾矿开展环境修复等,有助于减少废弃物的排放,提高资源利用效率。

7.4.2 智能应用

利用数字化和物联网技术提高效率、透明度和可持续性,包括数据采集和监测系统、物联网连接和智能控制等。部署传感器网络是物联网技术的核心,用于监测、收集和传输各种数据。在煤炭供应链中,可以使用传感器监测煤矿、运输车辆、设备和货物等方面的数据。这些传感器可以测量温度、湿度、压力、位置等关键指标,并将数据传输到中央服务器或云平台进行分析和处理,数字化和物联网技术依赖于稳定的数据通信和连接。在煤炭供应链中,可以使用各种通信技术,如无线通信、卫星通信和互联网连接,以确保传感器和设备之间的实时数据传输。获取的数据需要进行存储和处理,这可以通过云存储和大数据分析平台来实现。煤炭企业可以选择将数据存储在云端,以确保数据的可靠性和可访问性,并利用大数据分析技术来提取和处理有价值的信息。通过数据分析,可以从大量的数据中发现模式、趋势和关联性。这有助于煤炭企业做出智能决策,优化供应链策略、改善运营效率和降低成本。数据分析方法包括统计分析、机器学习和人工智能等。数字化和物联网技术的应用可以实现供应链的自动化。通过将传感器和设备连接到自动化系统,可以进行自动化的控制和操作,提高生产效率和准确性。同时,利用数据分析和预测模型,可以优化供应链规划、库存管理和运输调度等环节,实现最佳资源利用和成本效益。

数字化技术可应用于各个环节,从煤炭的开采到运输和交付,以优化供应链管理流程并提高效率。利用大数据和分析技术,企业可以分析历史和实时数据,预测市场需求趋势、煤炭需求量和交付时间。这有助于优化采购计划、库存管理和生产计划,确保供应链的准时性和灵活性。通过数字化平台和物联网技术,企业可以实时监控和跟踪整个供应链的运动,这包括监测煤炭的采购、装运、运输和交货过程。通过可视化和实时数据,企业可以及时发现问题并采取相应的措施,例如调整物流路线、解决运输延误等,提高供应链的可见性和响应水平。数字化技术和物联网可以实现供应链中的自动化和智能化。例如,利用无人机和自动化设备进行开采和库存管理,可以提高工作效率和安全性。智能传感器和设备可监测煤炭质量和运输情况,确保煤炭在供应链中的质量和可追溯性。通过物联网传感器,可以实时监测和管理煤炭企业的能源消耗和使用效率。智能计量设备可记录能源数据,并与供应链管理系统集成,以进行能源成本分析和节能优化。物联网传感器可用于监测煤炭企业周边环境的空气质量、水质和噪声等指标,这有助于及时发现环境污染问题,并采取措施进行治理和改善。物联网技术可用于监测和管理煤炭企业的安全和健康风险,例如,可穿戴设备和传感器可以检测员工的身体健康状况和工作环境风险,帮助预防事故和提高工作安全性。物联网技术可以应用于煤炭企业的资源管理,以优化资源利用并减少浪费。通过物联网传感器和连接设备,可实时监测和控制设备和流程的效率,这有助于减少能源和水资源的浪费,并最大限度地提高资源的利用效率。物联网技术可以提供供应链的追溯和进行合规性管理。通过物联网传感器和区块链技术,有助于确保煤炭的可追溯性和合规性,可以追踪煤炭的属性、来源和转运过程。也能够帮助开展合规的环境保护、劳工权益和可持续开采等活动。

综上所述,数字化和物联网技术的应用可以在煤炭企业可持续供应链保障机制中发挥重要作用。通过数字化供应链管理、物联网传感器和智能设备的应用,煤炭企业可以优化供应链流程、提高资源利用效率,并实现对环境和安全的监测和管理。这有助于提升供应链的可持续性,并减少对环境、安全作业的负面影响。

7.4.3 创新研发

煤炭企业需要不断进行技术创新,以提升供应链的效率,减少环境影响和提高资源利用率。这包括开发和应用新的数字化技术、物联网技术和智能化设备,升级智能开采技术、创新绿色开采技术、提高安全保障技术和职业健康技术等,实现更加智能、绿色、安全、可持续的供应链管理。通过创新研发,煤炭企业可以开发新的产品和解决方案,以保障可持续供应链的正常运行。例如,开发更清洁和高效的煤炭开采技术,开发绿色运输方案,以及提供基于区块链的煤炭追溯和合规性解决方案。创新研发也需要与其他行业进行跨界合作。煤炭企业可以与科技公司、研究机构和大学合作,共同开展研究项目,推动可持续供应链保障的创新和发展。煤炭企业的供应链涉及多个部门和环节,包括采购、生产、物流和销售等。技术合作可以促进不同部门之间的合作和信息共享,实现供应链各环节的协同和整合。煤炭企业可以与供应链上的其他企业进行技术合作,以共同应对可持续供应链面临的风险挑战。这种合作可以包括共享技术平台、共同开发数字化解决方案、共享数据和资源等,从而实现各参与方的互利共赢。

7.5 人才保障机制

7.5.1 人才队伍

人才是第一资源,煤炭企业供应链的可持续发展源于创新,创新离不开人才,人才是实现行业高质量发展、赢得国际竞争主动权的战略性资源,创新能力强、结构合理的高水平人才队伍对煤炭企业可持续供应链的发展具有重要意义。依据我国煤炭行业发展方向和技术发展趋势,本书借鉴康红普提出的煤炭行业关键人才需求分类。为促进可持续供应链的稳定发展,煤炭企业应建立一支以经营管理人才、创新技术人才、专业技能人才为主体的人才队伍。

结合可持续供应链特点，经营管理人才是指具备国际视野的战略企业家、基于大数据和多维度决策的决策家、具备高级供应链管理专业知识的经理人和掌握技术转化和风险管控的管理型人才。煤炭企业要大力培养具有国际化思维和战略眼光、懂得国际通行规则、熟悉国际化经营管理理念的国际人才；未来煤炭供应链基于大数据和多维度的决策人才是企业可持续发展的管理决策层，决策人员应掌握大数据运作原理，并具备相应的分析决策体系，才能促进供应链的可持续稳定发展。新形势下供应链风险更加多样化、复杂化、突发性，要求管理人员还要具备较强的转化协同运营与风险管控能力。

创新技术人才包括智能、安全生产、绿色开采、清洁技术利用的各类专业型人才。随着我国煤炭企业智能化水平的提升，需要大批拥有立体数据分析能力、智能规划设计、智能化综合管控能力，掌握煤炭智能化供应链运作的专业技术人才。煤矿安全生产风险管理在风险管控体系中居于第一位，煤矿安全风险涉及瓦斯、顶板、水火及其耦合致灾风险因素。安全生产技术专业人才掌握各类致害机理、安全监测预警技术、灾害防控技术等，从而确保煤炭企业安全生产。绿色开采技术人员综合生态、环境、地质等相关技术，因地制宜地发展绿色开采和循环经济，以实现煤炭企业供应链绿色协调发展。节能减排、低碳清洁技术是未来煤炭企业供应链可持续发展的重要支撑，需要低碳清洁技术人才来实现高碳能源的清洁、低碳、高效利用，并实现零污染物排放。

专业技能人才包括煤矿装备操控人员、设备维护人员、安全技能人员等。智能化生产技术的应用实现无人化作业，智能化设备操控人员需要熟练掌握控制技术，具备智能系统操控能力。数字化、物联网设备增多，需要技能人员转向对设备的管理和维护，应具备相应维护理念和知识结构。煤炭生产安全与应急预警人员需要结合智慧预警系统，准确识别安全生产隐患，防范化解重大安全风险。

7.5.2 人才培养

煤炭企业应该制订内部培训计划，通过培训课程、研讨会、工作坊等形式，提供员工在可持续供应链管理领域所需的知识和技能。培训内容可以包括供应链管理的原理、环境保护要求、社会责任等方面。鼓励员工参与外部培训课程和研讨会，以扩展他们的专业知识和行业见解。可以与专业机构、学术界和行业组织合作，提供给员工相关培训机会，并资助员工参与相关研讨会和会议。支持员工进行在职学习和追求相关学位课程,例如供应链管理、环境科学等。企业可以提供学费资助和灵活的学习安排,以便员工能够平衡工作和学习的需求。

煤炭企业应该要求员工制订个人发展计划,帮助他们树立职业目标,并规划在可持续供应链管理领域的成长路径。根据员工的兴趣和能力,企业可以为他们提供相应的培训、挑战性的项目和跨部门轮岗机会。建立导师制度,让有经验和专业知识的高级员工指导和支持新进员工。导师可以分享实践经验、提供指导和反馈,帮助员工在可持续供应链管理领域快速成长并充分发挥潜力。设立明确的晋升和晋级机制,为有潜力和成果的员工提供职业发展的机会。基于员工的绩效和能力,企业可以提供晋升到高级职位或领导岗位的机会,以激励员工不断进步和实现其职业目标。

建立内部知识库或在线平台,供员工分享和获取最新的可持续供应链管理知识。这个平台可以用于分享最佳实践、成功案例和行业动态,并促进员工间的学习和合作。鼓励不同部门之间的合作与交流,以推动知识共享和提高团队间的协作能力。定期组织跨部门会议、工作坊或项目组,在供应链管理领域进行经验分享和解决问题的合作。与行业组织、专业机构、领先的供应链公司以及专家进行合作,进行知识共享和学习交流。企业可以邀请外部专家进行专业演讲、研讨会或工作坊,与他们分享最新趋势、创新实践和可持续供应链管理方面的经验和见解。

进行定期的绩效评估,以评估员工在可持续供应链管理方面的表现和贡献。评估可以基于设定的绩效指标和目标,包括环境影响降低、能源效率改进、相关方合作等方面。为每位员工提供详细的绩效反馈和发展计划。反馈应该强调员工的优点、能力和成就,并提供改进措施和发展建议。与员工一起制订个人发展计划,帮助他们进一步提高在可持续供应链管理方面的能力和水平。

积极参与行业合作伙伴组织、研究机构或行业协会的活动和项目,这将提供交流、合作和学习的机会,帮助员工与其他企业和专业人士分享经验和最佳实践。鼓励员工参与外部的交流和学习计划,例如行业研讨会、会议、研访等,增加员工对可持续供应链管理领域的了解,并与行业内的领先者进行互动和交流。

7.5.3 人才激励

确保为经营管理人才、创新技术人才和专业技能人才提供具有竞争力的薪酬待遇，通过基本工资、绩效奖金和年度调薪等方式，以吸引优秀人才留在企业。提供额外的福利奖励，如健康保险、养老金计划、员工股票期权、灵活工作安排等，这些福利奖励可以增加员工对工作的满意度，提高他们的忠诚度和投入度。建立绩效激励计划，将个人和团队的绩效与激励措施相挂钩。根据绩效评估结果给予奖金、提升机会、特别项目和专业培训机会等，以激发员工的积极性和动力。对于取得显著成果和表现突出的人才，进行内部的认可和表彰，通过员工表彰活动、颁发奖项、员工特别报道及内部通知等方式来展示和表扬他们的贡献和成就。建立明确的晋升和晋级机制，为有成果和潜力的人才提供职业发展的机会，如升迁到更高级的岗位、管理职位或担任重要项目或团队的领导角色。为员工提供学习和发展支持，包括培训课程、研讨会、工作坊、导师指导等，这将帮助员工不断提升技能和知识，拓宽专业视野，为职业发展提供支持。创造积极、支持和合作的工作环境，使员工受到尊重和关注。提供良好的办公设施、工作条件和团队合作氛围，以提高员工的工作幸福感。确保企业的价值观与人才激励相一致，强调可持续发展、创新、团队合作和社会责任，以此激发员工对企业使命和目标的认同感，进而增强他们在可持续供应链保障中的工作动力和责任感。重视人才的工作与生活平衡，提供灵活的工作安排、弹性工作时间和远程工作等政策。帮助员工更好地平衡工作和个人生活，提高其在工作中的满意度和工作动力。关注员工的健康和福利，提供健康促进计划、心理健康支持、假期福利等，增强员工的生活品质和幸福感，进一步激励他们为企业做出贡献。

8 结论与展望

8.1 研究结论

本书以大型煤炭企业供应链为研究对象,通过对以往国内外文献梳理、煤炭企业实地调研,结合可持续发展理论、企业三重底线理论、利益相关者理论、计划行为理论、供应链协同理论和风险管理等理论和方法,探究了煤炭企业可持续供应链的内涵,并基于可持续供应链在煤炭企业实际运行实践过程中不同发展阶段的主要矛盾,提出了煤炭企业可持续供应链运行机制框架。基于该运行机制系统框架,依次研究了基于结构方程的煤炭企业可持续供应链驱动机制模型,完全信息情形下供应链收益协调的斯塔克尔伯格博弈模型,供应链主体协同合作的双方及三方主体演化博弈模型,基于层次分析法和模糊综合评价法的风险防控模型,基于政治保障、经济保障、技术保障、人才保障的保障机制模型。通过上述研究内容,解决煤炭企业可持续供应链运行的初始阶段中可持续供应链构建驱动力不足,探索阶段和优化阶段中供应链各主体间利益协调与协同优化,稳定阶段风险识别与管控,创新阶段保障机制缺乏的实际问题,以期为煤炭企业各利益相关主体制定和调整决策提供量化依据,从而提高煤炭企业可持续供应链的运行效率和稳健性、可持续性。通过以上研究,主要得出以下结论:

1)通过内外部驱动因素可有效实现可持续供应链驱动机制的强化。

在可持续供应链初始阶段驱动机制研究中,结合制度理论、资源基础理论和煤炭企业实际,从内外部两个角度提出煤炭企业可持续供应链实施的五个关键驱动因素,并基于计划行为理论构建了驱动机制的结构方程模型。

研究发现:第一,企业可持续意愿是推动煤炭企业经济、社会、环境可持续实践的关键因素,监管压力、市场压力、社会压力、企业内部管理和资源禀赋五个内外部驱动因素对企业可持续意愿均有显著的正向影响。在煤炭企业可持续供应链初始发展阶段,可持续意识的培育和提升至关重要,企业需要认识到可持续供应链对其经济、社会和环境的重要性,并愿意将可持续性纳入其业务战略和决策中。

第二,通过监管压力和市场压力,煤炭企业被激励或约束,从而推动经济、社会和环境可持续实践的改进。煤炭企业不仅需要履行其社会责任和可持续发展的承诺,还要寻求创新和提高绩效,以实现长期可持续的竞争优势。

第三,在可持续供应链初始阶段,社会群体对煤炭企业的可持续发展问题了解有限,仅关注其环境实践,对其经济实践和社会实践的具体要求和影响尚未形成一致的共识,因此,社会压力对煤炭企业经济、社会可持续实践影响不显著。煤炭企业传统供应链管理更加关注经济效益和短期利润,没有将可持续供应链经济实践置于重要位置,因此,企业内部管理对经济实践正向影响不显著。由于煤炭产业的社会和环境影响较大,企业在社会实践方面面临较大挑战,资源禀赋对这些挑战的解决往往没有直接影响。

第四,企业内部管理、资源禀赋均通过企业可持续意愿对经济可持续实践、社会可持续实践产生显著影响。企业可持续意愿源于内部的价值观和战略决策,企业高层的可持续管理承诺、资源分配方式和行动计划影响企业可持续供应链意识,驱动企业在经济和社会中进行可持续实践。然而,企业可持续意愿并未在社会压力与社会可持续实践之间形成中介效应,社会群体在初始阶段对煤炭企业的关注较少,可持续意愿在早期多来自经济和环境方面,社会压力与社会可持续实践之间的关系更为复杂,需要煤炭企业在供应链发展过程中重点关注。

2)成本共担契约可以实现可持续供应链主体的收益协调。

在可持续供应链探索阶段收益协调机制的研究中,构建了煤炭生产商和供应链管理商两级供应链主体的完全信息下斯塔克尔伯格动态博弈模型,并结合成本共担契约,探究了共生和非共生决策下以及联合减排情形下煤炭企业可持续供应链总体收益协调问题。

研究发现:第一,通过成本共担契约实现煤炭企业可持续供应链的收益协调,煤炭生产商和供应链管理商之间存在最优的成本共担比例可以实现非共生情形下供应链整体利润高于共生情形下供应链整体利润。在联合减排情形下,双方共同承担碳减排成本,煤炭生产商和供应链管理商之间也存在最优成本共担比例实现整体利润高于共生供应链整体利润。此比例会受到消费者需求弹性、供应链各主体运营成本等多因素的影响,生产商和供应链管理商可以不断调节主体决策变量实现煤炭企业供应链整体收益分配的优化和协调。

第二,对于煤炭供应链管理商而言,煤炭供应链管理商的销售价格与成本共担比例同向变动。在与煤炭生产商协同碳减排后,供应链管理商的销售价格与碳减排水平随着成本分担比例的增加先呈现上升趋势,在比例过高后出现下降趋势。为了平衡经济利益和碳减排目标,供应链管理商需要谨慎评估成本分担比例,确保能够保持合理的碳减排水平。

第三,对于生产商而言,其煤炭批发价格和碳减排水平也会影响成本共担比例。煤炭生产商的批发价格与成本共担比例反向变动而碳减排水平与成本共担比例同向变动,但在成本共担比例过高时,碳减排水平则又呈现反向变动。在联合碳减排情形下,生产商的煤炭批发价格和碳减排与成本分担比例反向变动。

第四,需求的价格敏感系数对成本分担比例的影响也较为显著,煤炭价格和市场需求量的变动会很大程度上影响成本共担契约实施的有效性。在实施成本共担契约时,煤炭生产商和供应链管理商都应密切关注需求价格敏感系数的变动、煤炭价格的波动以及市场需求量的变化。通过合作和协调,双方可以灵活地调整成本分担比例和契约条款,以确保契约的有效性和可持续性,并共同应对市场变化的挑战。

3)加大惩罚力度,完善补贴机制有利于实现可持续供应链的协同合作。

在可持续供应链优化阶段协同合作机制研究中,构建了煤炭生产商与供应链管理商双方和煤炭生产商、供应链管理商、政府三方的不完全信息下动态演化博弈模型,通过模型求解,得出供应链各主体的演化稳定策略,以及不同主体的演化路径,进而分析各主体不同策略和因素对煤炭企业可持续供应链协同合作的内在影响机制。

研究发现:协同效应带来的超额收益、政府提供的补贴以及对"搭便车"行为的惩罚增加,系统演化到帕累托最优策略,即三方共同合作的概率最大,从而可以有效促进供应链各主体全面协同合作的实现。通过降低可持续供应链的生产成本、运营成本和扩大协同效应也可以使供应链中各主体的协同合作可能性达到最大。"搭便车"行为获得的收益和前期的投入成本过高则会抑制可持续供应链的发展,导致协同合作的可能性减小,应通过政府的第三方监管来干预各主体的合作意愿,提高合作的可能性,促使系统向帕累托最优策略发展。初始合作意愿本身可能不会直接影响煤炭生产商的策略选择,但它可以在一定程度上影响合作伙伴之间的沟通、协商和共同目标的制定。有较高的初始意愿意味着双方倾向于积极合作，共同推动可持续生产策略的实施。

4) 风险评估与防控机制可提高供应链可持续性和稳定性。

在可持续供应链稳定阶段风险防控机制研究中，采用层次分析法，对煤炭企业可持续供应链的风险进行量化评估和排名。结合模糊综合评价模型，选取 A 煤炭企业进行可持续供应链风险评估，并提出了风险防控措施。

研究发现：第一，安全作业风险、社会风险、生态环境风险、经济风险是影响煤炭企业可持续供应链稳定阶段的最主要风险因素。而可持续供应风险、管理政策风险、需求风险和信息技术风险的重要性相对较低。

第二，采用层次分析法和模糊综合评价法相结合的风险决策模型，为案例企业进行风险评估。结果显示，A 企业风险水平一般，整体风险处于可控水平。但企业在可持续供应链战略制定时还要关注需求风险、信息技术风险、社会风险和可持续供应风险，这些风险因素对于实现企业的可持续发展目标和构建稳定的供应链至关重要。

第三，提出了基于风险规避、风险转移、风险减轻的风险防范机制和识别预警、统筹规划、监督管理为核心的风险监控机制，以期为煤炭企业供应链风险管理提供参考。

5) 多重保障机制的建立为可持续供应链创新升级提供坚实基础。

针对可持续供应链创新升级阶段中保障机制研究，基于可持续发展理论，从政治、经济、人才、技术四个方面构建全面保障体系，为实现企业的创新转型提供有力支撑。

构建积极的政策环境和法律法规，为可持续供应链创新提供支持和保护。政府可以出台激励性政策、制定相关法规、提供减税或补贴政策等，以鼓励企业投资可持续发展和创新。为企业提供资金和资源支持，促进可持续供应链创新。建立风险投资基金、提供创新贷款、设立专项基金等经济保障机制，以支持企业进行关键技术研发、设备升级和可持续供应链建设。培养和吸引具备创新能力的人才。通过制订人才培养计划，建立合作机制与企业、高校和研究机构合作，提供专业培训和学术交流，以确保企业有足够的人力资源支持和创新能力。推动科技创新和技术转型，为可持续供应链提供创新技术支持。支持研发先进的环保和节能技术、数字化和物联网技术，鼓励企业采纳绿色和可持续的生产工艺和管理方法。企业需要在可持续供应链创新升级阶段提供全面的支持,从政治、经济、人才和技术方面构建坚实的基础,推动企业实现创新转型并朝着可持续发展目标迈进。

8.2 研究展望

1)考虑多利益主体参与煤炭企业可持续供应链协同合作问题。

本书主要选取煤炭生产商、供应链管理商、政府来进行协同合作研究。可持续供应链需要多个利益主体的协同合作,包括煤炭企业、供应商、消费者、政府和环保组织等。下一步研究可以从不同利益主体的角度出发,探索如何激励和促进他们的参与和合作。

2)考虑更为全面的煤炭企业可持续供应链运行机制研究。

本书主要是针对可持续供应链发展阶段的特点来提出运行机制的分析。然而,煤炭企业可持续供应链运行机制可以因企业性质、地域和产业特点而异。下一步研究可以关注不同类型的煤炭企业,如大型矿业企业、小型矿井和煤炭加工企业等,分析它们的运行机制和特点。此外,不同地域和产业的煤炭企业可持续供应链也可能存在差异,探索不同地域和产业背景下的可持续供应链运行模式更具有现实意义。

参考文献

[1] 国家统计局编.中国统计年鉴2021(总第40期)[M].北京:中国统计出版社,2021.

[2] 窦园园.煤炭服务供应链系统动力学仿真及运作效率评价研究[D].北京:中国矿业大学,2018.

[3] 康红普,谢和平,任世华,等.全球产业链与能源供应链重构背景下我国煤炭行业发展策略研究[J].中国工程科学,2022,24(6):26-37.

[4] 侯琳娜,孙静春.自适应报价因子均匀分布时的煤电供应链牛鞭效应及库存偏差[J].系统管理学报,2019,28(6):1116-1125.

[5] 谭忠富,刘平阔.中国煤电能源供应链风险关系及风险评价测度研究[J].工业技术经济,2015,34(1):132-144.

[6] GUO Z, ZHOU M, PENG H. Financing strategies for coal-electricity supply chain under yield uncertainty[J]. International Journal of Mining Science and Technology, 2018, 28(2):353-358.

[7] 杨洋,刘旭,刘艺林,等.基于贝叶斯定理的能源供应网络脆弱性研究[J].统计与决策,2018,34(16):35-39.

[8] 彭红军,周梅华,刘满芝.两级生产不确定的煤炭供应链均衡供应策略研究[J].管理工程学报,2016,30(2):175-180.

[9] LIU J, LI J Z, WANG J R, et al. Research on the application of blockchain technology in coal supply chain finance[J]. Sustainability, 2022, 14(16):10099.

[10] 高振祥,朱海民,史燕翔.基于Shapley值法的煤炭产运销供应链利润分配机制研究[J].煤炭工程,2020,52(9):177-182.

[11] 韩丽萍,张勃阳,长青.基于煤电企业博弈的煤炭资源税改革效应分析[J].财会月刊,2018(19):44-51.

[12] 金松,伏跃红,江河.未来能源互联网中的能源金融创新模式探析[J].环境保护,2019,47(19):40-43.

[13] 刘佳,李泉林,宓翠,等.港口主导下煤炭供应链上游供应商的融资决策[J].技术经济,2018,37(1):112-121.

[14] 李跃,任一鑫.基于价值树模型的煤炭企业成本控制与产品增值策略研究[J].矿冶工程,2016,36(2):116-120.

[15] 李泉林,苏瑞莹,刘佳.港口主导下煤炭供应链的下游经销商融资决策研究[J].中国管理科学,2016,24(4):121-128.

[16] 贺勇,卫岂伦,廖诺.基于系统动力学的电煤供应链节能减排路径仿真分析[J].工业工程,2022,25(3):39-46,94.

[17] 袁旭梅,时国强,张旭.考虑碳排放的煤炭供需匹配研究[J].工业技术经济,2019,38(9):123-130.

[18] 廖诺,赵亚莉,贺勇,等.碳交易政策对电煤供应链利润及碳排放量影响的仿真分析[J].中国管理科学,2018,26(8):154-163.

[19] LI J, WANG L, TAN X. Sustainable design and optimization of coal supply chain network under different carbon emission policies[J]. Journal of Cleaner Production,2020,250:119548.

[20] CAO Y, ZHAO Y, WEN L, et al. System dynamics simulation for CO_2 emission mitigation in green electric-coal supply chain[J]. Journal of Cleaner Production,2019,232:759-773.

[21] GHADIMI P, WANG C, AZADNIA A H, et al. Life cycle-based environmental performance indicator for the coal-to-energy supply chain: A Chinese case application[J]. Resources Conservation and Recycling,2019,147:28-38.

[22] DA B, LIU C, LIU N, et al. Coal-electric power supply chain reduction and operation strategy under the cap-and-trade model and green financial background[J]. Sustainability,2019,11(11):3021.

[23] WANG B J, ZHAO J L, WEI Y X. Carbon emission quota allocating on coal and electric power enterprises under carbon trading pilot in China: Mathematical formulation and solution technique[J]. Journal of Cleaner Production,2019,239:118104.

[24] CARDOSO A. Valuation languages along the coal chain from Colombia to the Netherlands and to Turkey[J]. Ecological Economics,2018,

146:44-59.

[25] LUO G, ZHANG J, RAO Y, et al. Coal supply chains: a whole-process-based measurement of carbon emissions in a mining city of China[J]. Energies, 2017,10(11):1855.

[26] 吉峰,姚稳,张婷,等.基于改进MOPSO的煤炭企业内部供应链优化研究[J].中国矿业大学学报,2016,45(6):1300-1306.

[27] BELOV G, BOLAND N L, SAVELSBERGH M W P, et al. Logistics optimization for a coal supply chain[J]. Journal of Heuristics, 2020,26(2):269-300.

[28] ZHOU X, ZHANG H, QIU R, et al. A two-stage stochastic programming model for the optimal planning of a coal-to-liquids supply chain under demand uncertainty[J]. Journal of Cleaner Production, 2019,228:10-28.

[29] LI Y, ZHANG B, Wang B, et al. Evolutionary trend of the coal industry chain in China: Evidence from the analysis of I-O and APL model[J]. Resources Conservation and Recycling, 2019,145:399-410.

[30] OSBORNE D, EYRE D. Creating value in the coal delivery chain to a captive power plant[J]. Journal Of Energy Resources Technology-Transactions of the ASME, 2018,140(12):122201.

[31] ZHOU R, LI L. Joint capacity planning and distribution network optimization of coal supply chains under uncertainty[J]. Aiche JournaL, 2018,64(4):1246-1261.

[32] BENALCAZAR P, KAMINSKI J, SALUGA P W. The storage location problem in a coal supply chain: background and methodological approach[J]. Gospodarka Surowcami Mineralnymi-Mineral Resources Management, 2017,33(1):5-14.

[33] SU Z, ZHANG M, WU W. Visualizing Sustainable Supply Chain Management: A Systematic Scientometric Review[J]. Sustainability, 2021, 13(8):4409.

[34] WANG M, ZHANG Y, TIAN Y, et al. An integrated rough-fuzzy WINGS-ISM method with an application in ASSCM[J]. Expert Systems with Applications, 2023,212:118843.

[35] KARMAKER C L, AHMED T, AHMED S, et al. Improving supply chain sustainability in the context of COVID-19 pandemic in an emerging economy: Exploring drivers using an integrated model[J]. Sustainable Production and Consumption, 2021,26:411-427.

[36] JIA F, ZULUAGA-CARDONA L, BAILEY A, et al. Sustainable supply chain management in developing countries: An analysis of the literature[J]. Journal of Cleaner Production, 2018,189:263-278.

[37] UTTAM N, DUTTA P, SINGH A. Micro, small, and medium suppliers' perspectives on supply chain social sustainability: New evidence from India[J]. Journal of Cleaner Production, 2022,379:134473.

[38] 周鲜成,贺彩虹.可持续供应链企业社会责任协同推进机制研究[J].财经理论与实践,2014,35(2):128-131.

[39] FERNANDO Y, HALILI M, TSENG M, et al. Sustainable social supply chain practices and firm social performance: Framework and empirical evidence[J]. Sustainable Production and Consumption, 2022,32:160-172.

[40] RAUT R D, NARKHEDE B, GARDAS B B. To identify the critical success factors of sustainable supply chain management practices in the context of oil and gas industries: ISM approach[J]. Renewable and Sustainable Energy Reviews, 2017,68:33-47.

[41] MOHSENI S, BAGHIZADEH K, PAHL J. Evaluating barriers and drivers to sustainable food supply chains[J]. Mathematical Problems in Engineering, 2022,2022:1-24.

[42] 李战国,杨立伟,卢亚丽,等.调水工程可持续供应链实施影响因素分析[J].人民黄河,2021,43(6):75-79.

[43] GOVINDAN K, SHAW M, MAJUMDAR A. Social sustainability tensions in multi-tier supply chain: A systematic literature review towards conceptual framework development[J]. Journal of Cleaner Production, 2021, 279:123075.

[44] DAI J, XIE L, CHU Z. Developing sustainable supply chain management: The interplay of institutional pressures and sustainability capabilities[J]. Sustainable Production and Consumption, 2021,28:254-268.

[45] 邵争艳,张佳月.一个可持续供应链治理案例及对中国品牌服装企业的启示[J].毛纺科技,2017,45(8):69-74.

[46] 魏洁云,江可申,牛鸿蕾,等.可持续供应链协同绿色产品创新研究[J].技术经济与管理研究,2020(8):38-42.

[47] 海伦沃克,尼尔琼斯,李玉荣.英国私营企业的可持续供应链管理[J].世界农业,2015(1):159-165.

[48] 贺彩虹,周鲜成.可持续供应链管理的驱动和制约因素[J].湖南社会科学,2013(1):131-135.

[49] BHANDARI N, GARZA-REYES J A, ROCHA-LONA L, et al. Barriers to sustainable sourcing in the apparel and fashion luxury industry[J]. Sustainable Production and Consumption,2022,31:220-235.

[50] GHUFRAN M, KHAN K I A, ULLAH F, et al. Key enablers of resilient and sustainable construction supply chains: a systems thinking approach[J]. Sustainability,2022,14(19):11815.

[51] 荆浩,杜微.可持续供应链的驱动因素及对环境绩效的影响研究[J].中国人口·资源与环境,2015,25(S2):129-131.

[52] GUIMARāES Y M, EUSTACHIO J H P P, LEAL FILHO W, et al. Drivers and barriers in sustainable supply chains: The case of the Brazilian coffee industry[J]. Sustainable Production and Consumption,2022,34:42-54.

[53] KHAN S, ZHANG Y, COLPIRA H, et al. A state-of-the-art review and meta-analysis on sustainable supply chain management: future research directions[J]. Journal of Cleaner Production,2021,278:123357.

[54] DANESE P, LION A, VINELLI A. Drivers and enablers of supplier sustainability practices: a survey-based analysis[J]. International Journal of Production Research,2019,57(7):2034-2056.

[55] BURKI U, ERSOY P, DAHLSTROM R. Achieving triple bottom line performance in manufacturer-customer supply chains: Evidence from an emerging economy[J]. Journal of Cleaner Production,2018,197:1307-1316.

[56] 杨秋玲,李剑南,王绍洪,等.企业实施可持续供应链管理影响因素研究[J].软科学,2017,31(9):120-123.

[57] TSENG M, BUI T, LIM M K, et al. Assessing data-driven sus-

tainable supply chain management indicators for the textile industry under industrial disruption and ambidexterity[J]. International Journal of Production Economics, 2022, 245:108401.

[58] FU H, TEO K L, LI Y, et al. Weather risk-reward contract for sustainable agri-food supply chain with loss-averse farmer[J]. Sustainability, 2018,10(12):4540.

[59] ARABSHEYBANI A, PAYDAR M M, SAFAEI A S. An integrated fuzzy MOORA method and FMEA technique for sustainable supplier selection considering quantity discounts and supplier's risk[J]. Journal of Cleaner Production, 2018, 190:577-591.

[60] SYED M W, LI J Z, JUNAID M, et al. An empirical examination of sustainable supply chain risk and integration practices: a performance-based evidence from Pakistan[J]. Sustainability, 2019, 11(19):5334.

[61] YANG Y, CHU X, PANG R, et al. Identifying and predicting the credit risk of small and medium-sized enterprises in sustainable supply chain Finance: evidence from China[J]. Sustainability, 2021,13(10):5714.

[62] ZIMMER K, FRöHLING M, BREUN P, et al. Assessing social risks of global supply chains: a quantitative analytical approach and its application to supplier selection in the German automotive industry[J]. Journal of Cleaner Production, 2017, 149:96-109.

[63] DA SILVA E M, RAMOS M O, ALEXANDER A, et al. A systematic review of empirical and normative decision analysis of sustainability-related supplier risk management[J]. Journal of Cleaner Production, 2020, 244:118808.

[64] CHEN W, NALLURI V, MA S, et al. An exploration of the critical risk factors in sustainable telecom services: an analysis of Indian telecom industries[J]. Sustainability, 2021, 13(2):445.

[65] 许建,田宇.基于企业社会责任的可持续供应链风险评价:以汽车行业为例[J].湖南大学学报(社会科学版),2015,29(3):71-78.

[66] MARI S, LEE Y, MEMON M. Sustainable and resilient supply chain network design under disruption risks[J]. Sustainability, 2014,6(10):

6666-6686.

[67] AZADNIA A H, GERANSAYEH M, ONOFREI G, et al. A weighted fuzzy approach for green marketing risk assessment: empirical evidence from dairy industry[J]. Journal of Cleaner Production, 2021, 327:129434.

[68] FATTAHI M, GOVINDAN K, FARHADKHANI M. Sustainable supply chain planning for biomass-based power generation with environmental risk and supply uncertainty considerations: a real-life case study[J]. International Journal of Production Research, 2021, 59(10): 3084-3108.

[69] 李健,王亚静,冯耕中,等.供应链金融述评:现状与未来[J].系统工程理论与实践,2020,40(8):1977-1995.

[70] 曹华林,王晓丹,景熠.考虑可持续性设计的闭环供应链差异定价研究[J].工业技术经济,2016,35(6):73-83.

[71] JIA F, ZHANG T, CHEN L. Sustainable supply chain Finance: towards a research agenda[J]. Journal of Cleaner Production, 2020, 243:118680.

[72] SUDUSINGHE J I, SEURING S. Social sustainability empowering the economic sustainability in the global apparel supply chain[J]. Sustainability, 2020, 12(7):2595.

[73] 莫赞,傅丽红,闻祥,等.政府补贴政策对可持续供应链决策的影响[J].系统工程,2020,38(1):85-92.

[74] 肖序,曾辉祥.可持续供应链管理与循环经济能力:基于制度压力视角[J].系统工程理论与实践,2017,37(7):1793-1804.

[75] KUMAR A, MOKTADIR A, LIMAN Z R, et al. Evaluating sustainable drivers for social responsibility in the context of ready-made garments supply chain[J]. Journal of Cleaner Production, 2020, 248: (119231).

[76] QIAN X, CHAN F T S, ZHANG J, et al. Channel coordination of a two-echelon sustainable supply chain with a fair-minded retailer under cap-and-trade regulation[J]. Journal of Cleaner Production, 2020, 244:118715.

[77] 田虹,崔悦,姜雨峰.绿色供应链管理能提升企业可持续发展吗?[J].财经论丛,2018(10):77-85.

[78] 陈玉玉,李帮义,徐健腾,等.碳限额交易政策下寄售契约对两级可持续供应链的协调[J].控制与决策,2019,34(5):1085-1093.

[79] ZHOU M, GOVINDAN K, XIE X. How fairness perceptions, embeddedness, and knowledge sharing drive green innovation in sustainable supply chains: an equity theory and network perspective to achieve sustainable development goals[J]. Journal of Cleaner Production, 2020, 260: 120950.

[80] SHERAFATI M, BASHIRI M, TAVAKKOLI-MOGHADDAM R, et al. Achieving sustainable development of supply chain by incorporating various carbon regulatory mechanisms[J]. Transportation Research Part D: Transport and Environment, 2020, 81: 102253.

[81] 朱新球.供应链弹性如何影响供应链绩效:可持续性的中介效应[J].中国流通经济,2019,33(12):42-54.

[82] 谢玬,王婷,戴君.可持续供应链管理实践对企业绩效的影响:基于中国的实证研究[J].数理统计与管理,2017,36(4):693-702.

[83] 杨晓艳,蒋云凤.基于TBL理论的可持续供应链优化模型[J].管理现代化,2016,36(2):62-64.

[84] KUNKEL S, MATTHESS M, XUE B, et al. Industry 4.0 in sustainable supply chain collaboration: Insights from an interview study with international buying firms and Chinese suppliers in the electronics industry[J]. Resources, Conservation and Recycling, 2022, 182: 106274.

[85] KAZANCOGLU Y, OZKAN-OZEN Y D, SAGNAK M, et al. Framework for a sustainable supply chain to overcome risks in transition to a circular economy through Industry 4.0[J]. Production Planning & Control, 2021: 34(10): 902-917.

[86] PENG J, CHEN L, ZHANG B. Transportation planning for sustainable supply chain network using big data technology[J]. Information Sciences, 2022, 609: 781-798.

[87] BAG S, WOOD L C, XU L, et al. Big data analytics as an operational excellence approach to enhance sustainable supply chain performance

[J]. Resources, Conservation and Recycling, 2020, 153: 104559.

[88] MUNIR M A, HABIB M S, HUSSAIN A, et al. Blockchain adoption for sustainable supply chain management: economic, environmental, and social perspectives[J]. Frontiers in Energy Research, 2022, 10: 899632.

[89] SABERI S, KOUHIZADEH M, SARKIS J, et al. Blockchain technology and its relationships to sustainable supply chain management[J]. International Journal of Production Research, 2019, 57(7): 2117-2135.

[90] BUBICZ M E, DIAS BARBOSA-PÓVOA A P F, CARVALHO A. Social sustainability management in the apparel supply chains[J]. Journal of Cleaner Production, 2021, 280: 124214.

[91] SABUJ S U, ALI S M, HASAN K W, et al. Contextual relationships among key factors related to environmental sustainability: Evidence from an emerging economy[J]. Sustainable Production and Consumption, 2021, 27: 86-99.

[92] NAYAK R, AKBARI M, MALEKI FAR S. Recent sustainable trends in Vietnam's fashion supply chain[J]. Journal of Cleaner Production, 2019, 225: 291-303.

[93] FERNANDO Y, BEE P S, JABBOUR C J C, et al. Understanding the effects of energy management practices on renewable energy supply chains: Implications for energy policy in emerging economies[J]. Energy Policy, 2018, 118: 418-428.

[94] MASTOS T, GOTZAMANI K, KAFETZOPOULOS D. Development and validation of a measurement instrument for sustainability in food supply Chains[J]. Sustainability, 2022, 14(9): 5203.

[95] MA J Q, YUAN Y, ZHAO S N, et al. Research on sustainability evaluation of China's coal supply chain from the perspective of dual circulation new development pattern[J]. Sustainability, 2022, 14(15): 9129.

[96] WANG B, HE L T, YUAN X C, et al. Carbon emissions of coal supply chain: An innovative perspective from physical to economic[J]. Journal of Cleaner Production, 2021, 295: 126377.

[97] SUN J S, LI G, LIM M K. China's power supply chain sustainabili-

ty: an analysis of performance and technology gap[J]. Annals of Operations Research,.

[98] 宋彧,刘洪德.基于低碳经济的煤炭企业供应链绩效评价[J].资源开发与市场,2013,29(7):700-703.

[99] 达博文.碳交易背景下煤电供应链清洁煤技术和发电减排投资策略研究[D].江苏:中国矿业大学,2021.

[100] 王强.煤电能源供应链协调运行机制及优化模型研究[D].北京:华北电力大学,2020.

[101] 刘平阔.煤电能源供应链交易稳定匹配及风险管理研究[D].北京:华北电力大学,2016.

[102] 李巍巍.不确定条件下电煤供应链协调的机制设计及评价方法研究[D].哈尔滨:哈尔滨工业大学,2016.

[103] 靳妮倩君.政府环境规制下的煤炭产业供应链动态减排策略研究[J].中国矿业,2020,29(8):24-30.

[104] DING H, HUANG H, TANG O. Sustainable supply chain collaboration with outsourcing pollutant-reduction service in power industry[J]. Journal of Cleaner Production, 2018,186:215-228.

[105] 吴必善.煤化工产业链的碳足迹计量及控制机制研究[D].北京:中国矿业大学,2015.

[106] 孙学军.基于信息协同的煤炭产业低碳供应链建构研究[D].北京:中国地质大学,2013.

[107] CAO Y, ZHAO Y H, WEN L, et al. System dynamics simulation for CO2 emission mitigation in green electric-coal supply chain[J]. Journal of Cleaner Production, 2019,232:759-773.

[108] RAO C, WANG C, HU Z, et al. Sustainable procurement decision of electric coal under fuzzy information environment[J]. Scientia Iranica, 2019,26(2):1039-1048.

[109] 路世昌,李丹,张荣兰.基于博弈论视角的绿色煤炭供应链库存问题研究[J].环境污染与防治,2013,35(3):111.

[110] 李丹,路世昌,赵球,等.煤炭绿色供应链概念模型研究[J].科技管理研究,2013,33(22):210-214.

[111] 吴强.乳品供应链质量协同控制及其运行机制研究[D].泰安:山东农业大学,2020.

[112] 梁文卓.创意农产品供应链运行机制研究[D].天津:中国农业大学,2018.

[113] 谭丹.集成化农产品绿色供应链运行机制研究[D].长沙:中南林业科技大学,2014.

[114] 刘增金.基于质量安全的中国猪肉可追溯体系运行机制研究[D].北京:中国农业大学,2015.

[115] 许金立.基于供应链战略协同的农产品物流运行机制研究[D].北京:北京交通大学,2012.

[116] 肖钠.图书馆供应链信息生态链的运行机制研究[J].图书馆理论与实践,2016(12):44-48.

[117] 许孝君.商务网络信息生态链的形成机理与运行机制研究[D].长春:吉林大学,2014.

[118] 单丽辉.基于耗散结构的物流网络系统运作模式与运行机制研究[D].北京:北京交通大学,2012.

[119] 帕尔马.利益相关者理论:现状与展望[M].北京:知识产权出版社,2013.

[120] 赵斯昕.煤炭企业社会责任体系及评价研究[D].北京:中国矿业大学,2012.

[121] 贾县民.煤炭企业绿色低碳化影响机理及提升路径研究[D].西安:西安建筑科技大学,2018.

[122] LAMBERT D M, COOPER M C.Issues in supply chain management[J].Industrial Marketing Management,2000,29(1):65-83.

[123] RAMANATHAN U, GUNASEKARAN A.Supply chain collaboration: Impact of success in long-term partnerships[J].International Journal of Production Economics,2014,147(B):252-259.

[124] CAO M, ZHANG Q. Supply chain collaboration: Impact on collaborative advantage and firm performance[J]. Journal of Operations Management, 2011, 29(3): 163-180.

[125] ZIMMER K, FRÖHLING M, BREUN P, et al. Assessing social

risks of global supply chains: A quantitative analytical approach and its application to supplier selection in the German automotive industry[J]. Journal of Cleaner Production, 2017, 149: 96-109.

[126] ROSTAMZADEH R, GHORABAEE M K, GOVINDAN K, et al. Evaluation of sustainable supply chain risk management using an integrated fuzzy TOPSIS-CRITIC approach [J]. Journal of Cleaner Production, 2018, 175: 651-669.

[127] LINTON J D, KLASSEN R, JAYARAMAN V. Sustainable supply chains: An introduction[J]. Journal of Operations Management, 2007,25(6):1075-1082.

[128] SEURING S, MüLLER M. From a literature review to a conceptual framework for sustainable supply chain management[J]. Journal of Cleaner Production, 2008,16(15):1699-1710.

[129] 窦园园,范中启.煤炭服务供应链概念界定及结构分析[J].中国矿业,2017,26(12):64-69.

[130] 赵洋.煤炭企业供应链的构建优化探讨[J].内蒙古煤炭经济,2019(15):115-117.

[131] 杨蕾,张厚保.煤炭供应链新模式研究[J].数字通信世界,2019(8):38.

[132] 李晓华.内蒙古煤炭绿色供应链构建与绩效评价研究[D].大连:大连海事大学,2013.

[133] 李丹.大型煤业集团煤炭绿色供应链系统构建与优化研究[D].阜新:辽宁工程技术大学,2013.

[134] WU J, ZHANG X, LU J. Empirical research on influencing factors of sustainable supply chain management—evidence from Beijing, China[J]. Sustainability, 2018,10(5):1595.

[135] VALDERRAMA C V, SANTIBANEZ-GONZáLEZ E, PIMENTEL B, et al. Designing an environmental supply chain network in the mining industry to reduce carbon emissions[J]. Journal of Cleaner Production, 2020, 254:119688.

[136] ZHU Q, SARKIS J, LAI K. Green supply chain management:

pressures, practices and performance within the Chinese automobile industry [J]. Journal of Cleaner Production, 2007,15(11-12):1041-1052.

[137] 赵盼红.基于结构方程的企业可持续供应链驱动机理研究[J].商业经济研究,2018(20):109-112.

[138] KOBERG E, LONGONI A. A systematic review of sustainable supply chain management in global supply chains[J]. Journal of Cleaner Production, 2019,207:1084-1098.

[139] OLUGU E U, WONG K Y, AWALUDDIN M S, et al. Sustainable supply chain management in malaysian smes: perspectives from practitioners[J]. Environmental Engineering and Management Journal, 2017, 16 (9):2123-2132.

[140] WANG J, DAI J. Sustainable supply chain management practices and performance[J]. Industrial Management & Data Systems, 2018,118(1): 2-21.

[141] WILHELM M M, BLOME C, BHAKOO V, et al. Sustainability in multi-tier supply chains: understanding the double agency role of the first-tier supplier[J]. Journal of Operations Management, 2016,41(1):42-60.

[142] 熊志辉.广西汽车制造业可持续供应链管理对企业绩效的影响研究[D].柳州:广西科技大学,2021.

[143] 王夫冬.供应链管理商主导的煤炭服务供应链协调机制研究[D].徐州:中国矿业大学,2020.

[144] COOPER, RICHARD N. Good capitalism, bad capitalism, and the economics of growth and prosperity.[J]. Foreign Affairs, 2007.

[145] BRANDENBURG M, GOVINDAN K, SARKIS J, et al. Quantitative models for sustainable supply chain management: Developments and directions[J]. European Journal of Operational Research, 2014, 233 (2): 299-312.

[146] GUILLÉN M F, POWELL W W, DIMAGGIO P J. The New Institutionalism in Organizational Analysis[J]. university of chicago press economics books, 1991,87(2):501.

[147] 彭罗斯.企业成长理论[M].赵晓,译.上海:上海人民出版社,2007.

[148] ALVAREZ S A, BUSENITZ L W. The entrepreneurship of resource-based theory[J]. Journal of Management, 2001, 27(6): 755-775.

[149] BARNEY J B. Firm resource and sustained competitive advantage[J]. Journal of Management, 1991, 17(1): 99-120.

[150] LAI K H, CHENG T, TANG A. Green retailing: factors for success[J]. Operations Research, 2010, 52(2): 6-31.

[151] KIM K, JEONG B, JUNG H. Supply chain surplus: comparing conventional and sustainable supply chains[J]. Flexible Services and Manufacturing Journal, 2014, 26: 5-23.

[152] LOTFI M, WALKER H, RENDON-SANCHEZ J. Supply chains' failure in workers' rights with regards to the SDG compass: a doughnut theory perspective[J]. Sustainability, 2021, 13(22): 12526.

[153] 哈里森, 圣约翰. 战略管理:原理与案例:第6版[M]. 陈继祥, 胡文华, 王志文, 译. 沈阳:东北财经大学出版社, 2016.

[154] 金乐琴. 非政府组织:可持续发展制度创新的亮点[J]. 山西财经大学学报, 2005, 27(1): 33-36.

[155] ZHU Q, SARKIS J, GENG Y. Green supply chain management in China: pressures, practices and performance[J]. International Journal of Operations and Production Management, 2005, 25(5): 449-468.

[156] HSU, CHIN-CHUN, TAN, et al. Supply chain drivers that foster the development of green initiatives in an emerging economy.[J]. International Journal of Operations and Production Management, 2013, 33(6): 656-688.

[157] ESKANDARPOUR M, DEJAX P, MIEMCZYK J, et al. Sustainable supply chain network design: an optimization-oriented review[J]. Omega, 2014, 54: 11-32.

[158] MARSHALL D, MCCARTHY L, MCGRATH P, et al. Going above and beyond: how sustainability culture and entrepreneurial orientation drive social sustainability supply chain practice adoption[J]. Supply Chain Management An International Journal, 2015, 20(4): 434-454.

[159] WALKER H, BRAMMER S. The relationship between

sustainable procurement and e-procurement in the public sector[J]. International Journal of Production Economics,2012,140(1):256-268.

[160] HALL J. Environmental supply chain dynamics[J]. Journal of Cleaner Production,2000,8(6):455-471.

[161] 赵敏.煤炭企业绿色责任行为模式与驱动策略研究[D].太原:山西财经大学,2022.

[162] SAEED M, KERSTEN W. Drivers of Sustainable Supply Chain Management: Identification and Classification[J]. Sustainability, 2019, 11(4):1137.

[163] 刘伯恩.组织合法性视角下矿业企业社会责任驱动机理研究[D].北京:中国地质大学,2014.

[164] 宋岩,续莹.平台企业社会责任、媒体关注度与企业价值[J].烟台大学学报(哲学社会科学版),2022,35(3):109-124.

[165] 宋福琳.绿色技术创新、市场压力与财务绩效[D].南京:南京信息工程大学,2021.

[166] 唐洁.反收购条款、市场竞争压力与企业社会责任履行[D].南京:南京大学,2019.

[167] LEE S Y, KLASSEN R D. Driver and enablers that foster environmental management capabilities in small and medium sized suppliers in supply chains[J]. Production and Operations Management, 2009, 17(6): 573-586.

[168] HANNA M D, NEWMAN W R, JOHNSON P. Linking operational and environmental improvement through employee involvement[J]. International Journal of Operations and Production Management,2000,20(2):148-165.

[169] 张强忠.国有企业社会责任驱动机理研究[D].大连:大连理工大学,2020.

[170] 王林秀.清洁生产驱动因素及调控机制研究[D].徐州:中国矿业大学,2009.

[171] 周曙东,张家峰.江苏农村工业化中环境污染的规模效应、污染排放强度效应与产业结构效应研究[J].江苏社会科学,2014(4):263-268.

[172] 叶林祥,李实,罗楚亮.行业垄断、所有制与企业工资收入差距:基于第一次全国经济普查企业数据的实证研究[J].管理世界,2011(4):26-36.

[173] SRIVASTAVA M K, GNYAWAL D R. When do relational resources matter? leveraging portfolio technological resources for breakthrough innovation[J]. Academy of Management Journal, 2011, 54(4):797-810.

[174] WANG Q, WANG C, REN K, et al. Enabling public auditability and data dynamics for storage security in cloud computing[J]. IEEE Transactions on Parallel and Distributed Systems, 2011, 22(5):847-859.

[175] REINHOLT M, PEDERSEN T, FOSS N J. Why a central network position isn't enough: the role of motivation and ability for knowledge sharing in employee networks[J]. Academy of Management Journal, 2011, 54(6):1277-1297.

[176] 丁晓慧.电煤供应链的耦合机理分析及优化研究[D].北京:华北电力大学,2021.

[177] 李莹莹.内蒙古煤电企业供应链协调及收益分配机制研究[D].呼和浩特:内蒙古工业大学,2019.

[178] LI Y, TONG Y, YE F, et al. The choice of the government green subsidy scheme: innovation subsidy vs. product subsidy[J]. International Journal of Production Research, 2020, 58(16):4932-4946.

[179] DAWID H, KEOULA M Y, KOPEL M, et al. Dynamic investment strategies and leadership in product innovation[J]. European Journal of Operational Research, 2023, 306(1):431-447.

[180] YAN Y, ZHAO R, LAN Y. Asymmetric retailers with different moving sequences: Group buying vs. individual purchasing[J]. European Journal of Operational Research, 2017, 261(3):903-917.

[181] ZHANG L J, FU S K, TIAN J L, et al. A review of energy industry chain and energy supply chain[J]. Energies, 2022, 15(23):9246.

[182] KIM C, SHIN K. Developing fair investment plans to enhance supply chain visibility using cooperative games[J]. Sustainability, 2019, 11(11):3209.

[183] CHEN G, CHEN B, ZHOU H, et al. Life cycle carbon emission

flow analysis for electricity supply system: A case study of China[J]. Energy Policy, 2013, 61: 1276-1284.

[184] ZHOU R J, LI L J. Joint capacity planning and distribution network optimization of coal supply chains under uncertainty[J]. Aiche Journal, 2018, 64(4): 1246-1261.

[185] 车晓静. 跨界知识协同演化博弈与协同效应提升研究[D]. 镇江: 江苏科技大学, 2018.

[186] IVANOV D, DOLGUI A. Viability of intertwined supply networks: extending the supply chain resilience angles towards survivability. A position paper motivated by COVID-19 outbreak[J]. International journal of production research, 2020, 58(10): 2904-2915.

[187] SAWIK T. Supply chain disruption management[M]. Berlin: Springer, 2020.

[188] MURRAY-WEBSTER R, HILLSON D. Making risky and important decisions: A leader's guide[M] Florida: CRC Press, 2021.

[189] GURTU A, JOHNY J. Supply chain risk management: Literature review[J]. Risks, 2021, 9(1): 16.

[190] ROSTAMZADEH R, GHORABAEE M K, GOVINDAN K, et al. Evaluation of sustainable supply chain risk management using an integrated fuzzy TOPSIS-CRITIC approach [J]. Journal of Cleaner Production, 2018, 175: 651-669.

[191] ALSHEHRI S M A, JUN W X, SHAH S A A, et al. Analysis of core risk factors and potential policy options for sustainable supply chain: an MCDM analysis of Saudi Arabia's manufacturing industry[J]. Environmental Science and Pollution Research, 2021, 29(17): 25360-25390.

[192] MOKTADIR M A, DWIVEDI A, KHAN N S, et al. Analysis of risk factors in sustainable supply chain management in an emerging economy of leather industry[J]. Journal of Cleaner Production, 2021, 283: 124641.

[193] AMIN F U, DONG Q, GRZYBOWSKA K, et al. A novel fuzzy-based vikor-critic soft computing method for evaluation of sustainable supply chain risk management[J]. Sustainability, 2022, 14(5): 2827.

[194] CARTER C R, ROGERS D S. A framework of sustainable supply chain management: moving toward new theory[J]. International Journal of Physical Distribution and Logistics Management, 2008,38(5):360-387.

[195] ZSIDISIN G A, RITCHIE B. Supply chain risk: a handbook of assessment, management, and performance[M]. New York: Springer, 2008.

[196] AHMAD M, CHANDIO A A, SOLANGI Y A, et al. Dynamic interactive links among sustainable energy investment, air pollution, and sustainable development in regional China[J]. Environmental Science and Pollution Research, 2021,28(2):1502-1518.

[197] MUSAAD A S, ZHUO Z, MUSAAD A O, et al. A fuzzy multicriteria analysis of barriers and policy strategies for small and medium enterprises to adopt green innovation[J]. Symmetry, 2020,12(1):116.

[198] XIE X, YANG Y, GU J, et al. Research on the contagion effect of associated credit risk in supply chain based on dual-channel financing mechanism[J]. Environmental Research, 2020,184:109356.

[199] ZHANG X, ADAMATZKY A, CHAN F T S, et al. Physarum solver: a bio-inspired method for sustainable supply chain network design problem[J]. Annals of Operations Research, 2017,254(1-2):533-552.

[200] KHAN M N, SINHA A K. Development of a sustainable supply chain network for the cement manufacturing industry using real-coded genetic algorithm[J]. Soft Computing, 2022,26(22):12235-12255.

[201] 耿殿明,傅克俊.大型煤炭企业集团供应链风险的系统识别及防范[J].煤炭经济研究,2008(12):70-72,78.

[202] 王冬冬.煤炭供应链风险分析与管控研究[J].煤炭技术,2013,32(2):270-272.

[203] GHOSH P, JHA A, SHARMA R. Managing carbon footprint for a sustainable supply chain: a systematic literature review[J]. Modern Supply Chain Research and Applications, 2020,2(3):123-141.

[204] MOHAMMED N A A, XIANHUI G, SHAH S A A. Non-oil economic transition for economic and environmental sustainability in Saudi Arabia: a multi-factor analysis under fuzzy environment[J]. Environmental Sci-

ence and Pollution Research,2021,28(40):56219-56233.

[205] NIEUWENHUIS P,TOUBOULIC A. Sustainable Consumption, Production and Supply Chain Management:Advancing Sustainable Economic Systems[M]. Cheltenham:Edward Elgar Publishing,2021.

[206] MANGLA S K,KUMAR P,BARUA M K. Risk analysis in green supply chain using fuzzy AHP approach:A case study[J]. Resources,Conservation and recycling,2015,104:375-390.

[207] MENON R R,RAVI V. Analysis of barriers of sustainable supply chain management in electronics industry:An interpretive structural modelling approach[J]. Cleaner and Responsible Consumption,2021,3:100026.

[208] 杜礼玲.公共图书馆数字文化服务绩效评价研究[D].湘潭:湘潭大学,2020.

[209] 吴健.赋能视角下社区居家养老服务优化路径与保障机制研究[D].重庆:重庆大学,2021.

附　录

附录1　煤炭企业可持续供应链影响因素调查问卷

尊敬的女士/先生：

您好！非常感谢您百忙之中参与本次调查！

本次问卷调查目的在于了解目前煤炭企业可持续供应链现状，分析煤炭企业构建可持续供应链系统的内外部影响因素，为进一步推动煤炭企业构建可持续供应链系统，促进煤炭企业可持续发展提供切实可行的依据，也为有关部门决策提供参考。

本次问卷调查所获得的全部信息将用于学术研究，没有任何商业目的，敬请放心！

衷心感谢您的合作与帮助！

河南理工大学工商管理学院

注：煤炭企业可持续供应链(C-SSC)作为一种先进的管理系统，强调要将经济、社会和环境三者有效结合、相互促进，以大型煤炭生产企业为核心，以机械、木材、设备等企业为生产辅助物资供应商，以电力、冶金、建材、化工等企业为客户，通过以绿色环保为基础、履行社会责任为己任、以供应链管理技术为支撑点，促使产品和服务在采购源头、加工过程、包装材料和过程、物流运输、仓储管理、最终消费以及产品回收的所有环节实现经济、环境和社会的可持续发展。

第一部分：基本信息

1.贵企业的名称是：[填空题]_____

2.您的工作职位:

　A.高层管理人员　　　　B.中层管理人员　　　　C.基层管理人员

　D.一线职工　　　　　　E.行政人员　　　　　　F.其他

3.您的学历水平:

　A.初中及以下　　B.高中或中专　　C.大专　　D.本科　　E.硕士及以上

4.贵企业的性质:

　A.国有企业　　　　　　B.国有独资企业　　　　C.股份制企业

　D.民营企业　　　　　　E.合资企业　　　　　　F.其他

5.企业成立的年限:

　A.3年以下　　　　　　B.3～5年　　　　　　　C.5～10年

　D.10～15年　　　　　　E.15～20年　　　　　　F.20年以上

6.企业现有正式员工人数为:

　A.500以下　　B.500～1000　　C.1000～2000　　D.2000～5000

　E.5000～10000　F.10000～20000　G.20000以上

7.企业年营业收入为(单位:元):

　A.500万～1000万　　　　B.1000万～5000万　　　C.5000万～1亿

　D.1亿～1亿5000万　　　E.1亿5000万～2亿　　　F.2亿～3亿

　G.3亿～5亿　　　　　　H.5亿～10亿　　　　　　I.10亿以上

第二部分:企业可持续供应链影响因素调查

关于监管压力的描述,请根据企业实际情况选择最符合的选项:

JG1 国家针对煤炭企业出台了一系列环境保护、清洁生产、资源节约、生态恢复、社会责任方面的法律法规及管理条例和政策。

　很不同意　　　1　　2　　3　　4　　5　　很同意

JG2 地方政府定期对企业进行审查,确保遵守法律法规,对不合规的企业进行严厉处罚。

　很不同意　　　1　　2　　3　　4　　5　　很同意

JG3 国家积极鼓励倡导企业承担环境和社会责任。

　很不同意　　　1　　2　　3　　4　　5　　很同意

JG4 国家对在环境保护和社会责任方面做出突出贡献的企业给予财政减税、减免利息或补贴等政策。

　很不同意　　　1　　2　　3　　4　　5　　很同意

JG5 行业协会要求企业主动承担环境和社会责任，并为负责任的企业提供支持和表扬。

很不同意　　　1　　　2　　　3　　　4　　　5　　　很同意

JG6 上级（主管部门、董事会）要求积极履行环境和社会责任。

很不同意　　　1　　　2　　　3　　　4　　　5　　　很同意

关于社会压力的描述，请根据企业实际情况选择最符合的选项：

SH1 对社区负责的经营理念备受本地公众的推崇。

很不同意　　　1　　　2　　　3　　　4　　　5　　　很同意

SH2 非政府组织要求企业要根据社会责任标准发布企业的社会责任报告。

SA8000©即"社会责任标准"，由社会责任国际组织（SAI）制定与执行，是全球首个道德规范国际标准。其宗旨是确保供应商所供应的产品皆符合社会责任标准的要求，即组织的运营必须考虑社会公平工作条件、卓越的健康和安全条款以及环保的生产状况，通过 SA8000 标准来展示组织的社会责任，这将强化组织的社会职责（CSR），改善员工、客户和公众对组织的信心。

很不同意　　　1　　　2　　　3　　　4　　　5　　　很同意

SH3 媒体对有关企业环境和社会责任报道与关注。

很不同意　　　1　　　2　　　3　　　4　　　5　　　很同意

SH4 公众对煤炭企业绿色低碳发展达成共识。

很不同意　　　1　　　2　　　3　　　4　　　5　　　很同意

关于市场压力的描述，请根据企业实际情况选择最符合的选项：

SC1 大多数竞争对手已经将环境保护和社会责任实践落实到管理政策中，提升了企业形象和声誉。

很不同意　　　1　　　2　　　3　　　4　　　5　　　很同意

SC2 业内认为，环境和社会责任有助于企业在市场上保持竞争优势。

很不同意　　　1　　　2　　　3　　　4　　　5　　　很同意

SC3 下游企业的环境和社会责任意识增强。

很不同意　　　1　　　2　　　3　　　4　　　5　　　很同意

SC4 履行更多的环境和社会责任信息可以使企业更容易获得金融机构的贷款。

很不同意　　　1　　　2　　　3　　　4　　　5　　　很同意

SC5 投资者要求企业披露 ESG 报告。

ESG 即环境（Environmental）、社会（Social Responsibility）和公司治理（Corporate Governance）的综合指标，是公平和价值投资的基础，是绿色金融体系构建的关键指标。

很不同意　　　　1　　2　　3　　4　　5　　很同意

关于内部管理认知的描述，请根据企业实际情况选择最符合的选项：

NB1 企业高层领导支持实施环境友好型和社会责任管理。

很不同意　　　　1　　2　　3　　4　　5　　很同意

NB2 在企业战略规划中考虑可持续发展，企业倡导实施可持续发展文化。

很不同意　　　　1　　2　　3　　4　　5　　很同意

NB3 企业重视职工健康和工作安全的保护。

很不同意　　　　1　　2　　3　　4　　5　　很同意

NB4 员工认同并支持企业承担环境和社会责任。

很不同意　　　　1　　2　　3　　4　　5　　很同意

NB5 企业内部一致认为，承担环境和社会责任有利于公司的长期利润。

很不同意　　　　1　　2　　3　　4　　5　　很同意

关于组织资源的描述，请根据企业实际情况选择最符合的选项：

ZZ1 企业拥有较为先进的低碳清洁生产设备和安全生产技术。

很不同意　　　　1　　2　　3　　4　　5　　很同意

ZZ2 企业科技贡献率在行业内处于较高水平。

很不同意　　　　1　　2　　3　　4　　5　　很同意

ZZ3 企业积极引进和培养科技创新人才。

很不同意　　　　1　　2　　3　　4　　5　　很同意

ZZ4 企业内部设置有可持续发展相关部门或职能机构。

很不同意　　　　1　　2　　3　　4　　5　　很同意

ZZ5 企业对履行环境和社会责任提供资金保障。

很不同意　　　　1　　2　　3　　4　　5　　很同意

第三部分　企业可持续供应链实施意愿和行为调查

关于企业可持续供应链实施意愿的描述，请根据企业实际情况选择最符合的选项：

YY1 企业愿意投入较多费用进行绿色低碳和安全技术研发引进。

很不同意　　　1　　　2　　　3　　　4　　　5　　　很同意

YY2 企业愿意改造生产工艺和流程适应环境和社会责任要求。

很不同意　　　1　　　2　　　3　　　4　　　5　　　很同意

YY3 企业愿意采用 SA8000（社会责任标准）规范企业社会责任行为。

SA8000©即"社会责任标准"，由社会责任国际组织（SAI）制定与执行，是全球首个道德规范国际标准。其宗旨是确保供应商所供应的产品皆符合社会责任标准的要求，即组织的运营必须考虑社会公平工作条件、卓越的健康和安全条款以及环保的生产状况，通过 SA8000©标准来展示组织的社会责任，这将强化组织的社会职责（CSR），改善员工、客户和公众对组织的信心。

很不同意　　　1　　　2　　　3　　　4　　　5　　　很同意

YY4 企业愿意听取利益相关者对本企业环境和社会责任实践的评价。

很不同意　　　1　　　2　　　3　　　4　　　5　　　很同意

YY5 企业愿意按照国家"绿色矿山"标准要求建设企业。

很不同意　　　1　　　2　　　3　　　4　　　5　　　很同意

YY6 企业愿意持久、持续地进行环境友好和社会友好的生产。

很不同意　　　1　　　2　　　3　　　4　　　5　　　很同意

关于企业可持续供应链实践的描述，请根据企业实际情况选择最符合的选项：

JJ1 企业考虑管理成本、生产成本、采购成本、以及其他成本。

很不同意　　　1　　　2　　　3　　　4　　　5　　　很同意

JJ2 在实践中，企业考虑其行为的结果：例如，是否违反相关法律法规，或是否会导致潜在对企业的处罚。

很不同意　　　1　　　2　　　3　　　4　　　5　　　很同意

JJ3 企业考虑自己的行为是否会损害企业形象。

很不同意　　　1　　　2　　　3　　　4　　　5　　　很同意

JJ4 在实际操作中，企业不仅考虑短期利润，还注重长期利润。

很不同意　　　1　　　2　　　3　　　4　　　5　　　很同意

HJ1 企业已通过或正准备通过 ISO14001（环境管理系列标准）认证。

很不同意　　　1　　　2　　　3　　　4　　　5　　　很同意

HJ2 企业在采购和供应行为中表现出对环保产品的优先选择。

环保产品包括绿色标志产品、低能耗、可回收产品；含有最少或零有毒物质的产品;使用绿色包装或可回收包装的降级产品。

  很不同意 1 2 3 4 5 很同意

  HJ3 环保理念贯穿于企业的设计、采购、生产、销售、使用、再利用、加工等各个环节。

  很不同意 1 2 3 4 5 很同意

  HJ4 企业希望其供应商拥有环保认证。

  很不同意 1 2 3 4 5 很同意

  HJ5 企业积极与合作伙伴分享良好的环保实践经验。

  很不同意 1 2 3 4 5 很同意

  SS1 企业采用 SA8000(社会责任标准)规范企业管理层的行为。

  很不同意 1 2 3 4 5 很同意

  SS2 企业建立了健康安全的管理体系。

  很不同意 1 2 3 4 5 很同意

  SS3 企业注重改善工作环境和福利待遇。

  很不同意 1 2 3 4 5 很同意

  SS4 企业经常从事社区慈善工作。

  很不同意 1 2 3 4 5 很同意

  SS5 企业在选择合作伙伴时,优先考虑遵守和支持有关社会可持续发展的法律、法规和标准。

  很不同意 1 2 3 4 5 很同意

附录2 煤炭企业可持续供应链风险因素调查问卷

尊敬的女士/先生：

您好！非常感谢您百忙之中参与本次调查！

本次问卷调查目的在于了解目前煤炭企业构建可持续供应链系统的风险因素，盼您根据真实情况填写，以期找到其中的关键性风险因素指标，烦请各位支持！请根据您的经验，分析相应风险因素对煤炭企业构建可持续供应链系统的影响程度，并对每个风险因素指标评分。

衷心感谢您的合作与帮助！

注：本次调查采用匿名形式，我们将严格保密您的信息，您可以放心作答。

1.经济风险[矩阵量表题]

	很不重要	不重要	一般	重要	非常重要
经济周期风险					
融资风险					
财务约束					
偿债风险					
研发投入					

2.安全作业风险[矩阵量表题]

	很不重要	不重要	一般	重要	非常重要
自然灾害					
安全生产培训意识					
采掘技术升级					
机械设备故障					
员工操作风险					

3.生态环境风险[矩阵量表题]

	很不重要	不重要	一般	重要	非常重要
环境治理					
矿区生态保护					
降污减排风险					
环境事故					
能源消耗					

4.管理政策风险[矩阵量表题]

	很不重要	不重要	一般	重要	非常重要
相关政策风险					
法律风险					
地方政府监管力度					
煤炭行业准入限制					
企业可持续发展战略					
合作伙伴风险					

5.需求风险[矩阵量表题]

	很不重要	不重要	一般	重要	非常重要
国际能源市场价格波动性					
煤炭行业周期性					
清洁能源替代性					
牛鞭效应风险					
关键客户中断					
合作伙伴风险					

6.可持续供应风险[矩阵量表题]

	很不重要	不重要	一般	重要	非常重要
供应商合法合规性					
供应商绿色承诺					
供应商质量管理					
核心供应商中断					

	很不重要	不重要	一般	重要	非常重要
采购成本风险					
煤炭资源衰竭风险					
产能约束风险					
物流运输风险					

7.技术风险[矩阵量表题]

	很不重要	不重要	一般	重要	非常重要
绿色创新风险					
人工智能风险					
数字化供应链系统稳定性					
物联网设备可靠性					
信息系统安全性					
信息获取及时性					

8.社会风险[矩阵量表题]

	很不重要	不重要	一般	重要	非常重要
员工健康和安全					
员工薪酬待遇和福利					
社区关系维护					
公众舆论风险					

附录3 A企业可持续供应链风险水平调查问卷

尊敬的女士/先生：

您好！非常感谢您百忙之中参与本次调查！

本次问卷调查目的在于了解目前您所在的煤炭集团可持续供应链系统的风险水平，盼您根据真实情况和工作经验填写，对集团所面临的每个风险水平指标进行评分。烦请各位支持！

衷心感谢您的合作与帮助！

注：本次调查采用匿名形式，我们将严格保密您的信息，您可以放心作答。

一、基本信息

1. 您的职位：[填空题]＿＿＿＿＿＿＿＿＿＿

2. 您的性别：[单选题]　男　　　女

3. 您的年龄段：[单选题]

| 18岁以下 | 18～25 | 26～30 | 31～40 |
| 41～50 | 51～60 | 60以上 |

4. 您的工作年限：[单选题]

1～5年　　　5～10年　　　10～15年　　　15年以上

5. 您的学历：[单选题]

初中及以下　　高中/中专　　大学专科　　大学本科　　研究生及以上

二、A集团风险水平评价

6. 经济风险[矩阵量表题]

	低	较低	一般	较高	高
经济周期风险					
融资风险					
财务约束					
偿债风险					
研发投入					

7.安全作业风险[矩阵量表题]

	低	较低	一般	较高	高
自然灾害					
安全生产培训意识					
采掘技术升级					
机械设备故障					
员工操作风险					

8.生态环境风险[矩阵量表题]

	低	较低	一般	较高	高
环境治理					
矿区生态保护					
降污减排风险					
环境事故					
能源消耗					

9.管理政策风险[矩阵量表题]

	低	较低	一般	较高	高
相关政策风险					
法律风险					
地方政府监管力度					
煤炭行业准入限制					
企业可持续发展战略					
合作伙伴风险					

10.需求风险[矩阵量表题]

	低	较低	一般	较高	高
国际能源市场价格波动性					
煤炭行业周期性					
清洁能源替代性					
牛鞭效应风险					
关键客户中断					
合作伙伴风险					

11.可持续供应风险[矩阵量表题]

	低	较低	一般	较高	高
供应商合法合规性					
供应商绿色承诺					
供应商质量管理					
核心供应商中断					
采购成本风险					
煤炭资源衰竭风险					
产能约束风险					
物流运输风险					

12.技术风险[矩阵量表题]

	低	较低	一般	较高	高
绿色创新风险					
人工智能风险					
数字化供应链系统稳定性					
物联网设备可靠性					
信息系统安全性					
信息获取及时性					

13.社会风险[矩阵量表题]

	低	较低	一般	较高	高
员工健康和安全					
员工薪酬待遇和福利					
社区关系维护					
公众舆论风险					